人间
书话

安琪 著

中国华侨出版社
·北京·

图书在版编目（CIP）数据

人间书话 / 安琪著 . —北京：中国华侨出版社，2019.6
ISBN 978-7-5113-7838-5

Ⅰ . ①人… Ⅱ . ①安… Ⅲ . ①读书笔记－中国－现代
Ⅳ . ① G792

中国版本图书馆 CIP 数据核字（2019）第 075566 号

人间书话

著　　者 / 安　琪
责任编辑 / 刘雪涛
责任校对 / 王京燕
经　　销 / 新华书店
开　　本 / 787 毫米 × 1092 毫米　1/16　印张 / 20　字数 / 362 千字
印　　刷 / 三河市华润印刷有限公司
版　　次 / 2022 年 2 月第 1 版第 2 次印刷
书　　号 / ISBN 978-7-5113-7838-5
定　　价 / 56.00 元

中国华侨出版社　北京市朝阳区静安里 26 号通成达大厦 3 层　邮编：100028
法律顾问：陈鹰律师事务所
编辑部：（010）64443056　　64443979
发行部：（010）64443051　　传真：（010）64439708
网　址：www.oveaschin.com
E-mail：oveaschin@sina.com

序

带着作者体温和气息的阅读

邱华栋

　　大约从 2016 年 9 月，安琪在微信上开始了"读书记"直播，隔几天就能看到一篇，篇幅不长，大都在千字以内，所读的书古今中外都有，相当庞杂，据安琪自述，此前因为不写"读书记"，所读的书均已忘光，此番发狠开写"读书记"，不想就像刹不住的江河，两年间写了近 300 篇，现在它们即将出版，安琪希望我能为此书写序，因为"您可能不知道，我是在您的博客读了几百则读书随感后才萌生写'读书记'念头的"，安琪如是说。

　　确实我有写书评和读后感的习惯，并且已结集成《挑灯看剑》出版，我的"读书记"篇幅都不长，多是评论某一个外国作家，或其著名作品，或某一作家群体。对各位文学巨匠，我并不一味褒奖，而是有喜有恶，直抒胸臆，这点我发现安琪也是如此，有个性的作家总不会轻易附和他人，他们希望真正带着自己的眼睛和见识去读书，去判断，这也是作家写"读书记"的可爱之处。这样的"读书记"必然带着作者的体温和气息，有血有肉，很容易感染他人。作家的"读书记"更像中国传统文学的"诗话""词话"，性情挥洒，读得服气便拍案叫绝，非得引路人围拢过来同享，读不服气施之以白眼加骂骂咧咧，为作者浪得虚名而愤怒。每个作家的"读书记"都提供了一份独属于他的文学地图，方便读者按图索骥，寻找真正的文学精品，体会文学的精妙与伟大。浩如烟海的文学书籍，实在需要作家们来指路。

我一直记得 1980 年，11 岁的我，在邻居大哥的推荐下，读到一本没有封皮的外国小说。当时的我已经囫囵吞枣地读过《红楼梦》和《三国演义》，对文学阅读产生了很大的兴趣，那本没有封面的外国小说，讲述了两个美国普通男人在社会里的纠葛和挣扎。小说语言朴实、幽默，又饱含辛酸，深深地吸引了我。由于那本书没有封皮和扉页，我一直不知道那是一本什么小说。后来上了大学，在武汉大学的图书馆里，我才发现，原来那本书是美国犹太作家马拉默德所写的《伙计》。

从此，我就开始大量阅读各类外国小说，其中重点是 20 世纪的外国小说。读得天昏地暗，书读多了，一些图像就在脑中形成，我感到 20 世纪的小说家的作品在空间和时间上有其连续性的图像，推而广之，文学精神在全世界有一个潜在的运动轨迹，纵观世界文学，20 世纪小说波澜壮阔的总体发展态势和情景，犹如地理学上的"大陆漂移"一样。今日的欧亚大陆、美洲大陆等，产生于大陆板块的互相漂移和互相冲撞，文学，同样也是互相影响的产物。在某种程度上，世界上所有的优秀作家，互相影响、传承，仿佛是一位作家，大家们实际上在写着有统一文学精神的同一本巨著。每一个作家，则是在写作这个巨著的一个章节。比如，从卡夫卡到福克纳，再到马尔克斯，又到莫言，他们之间存在着内在的关联。甚至从最古老的诗人荷马，到 20 世纪这些优秀的作家，都是一个"家族"的。再比如，在曹禺的戏剧中，一定会有希腊悲剧和莎士比亚的元素。而卡夫卡在有自己的先驱的同时，也影响了后辈的福克纳、马尔克斯、莫言。所以，文学，不过是一条滚滚的大河，带着人类的记忆前进。

我的这个"大陆漂移"说就是在大量阅读的基础上建立起来的。当然，阅读不是胡乱读，不能把有限的时间用在拉拉杂杂的阅读上，要阅读经典作品，很多读者总抱怨经典作品"死活读不进去"，唉，如同吃饭，读书这件事也是别人代替不了的。读艰深、高级、复杂的书，宛如爬山，你不想去爬，那也没办法。有时我也会感叹，读书这个事情，从来都是一部分人的事情。

我认为读书有三种境界，第一种境界是见书就读，什么书都读，白纸式的阅读。我在小学、中学和大学时代都是这样。上小学五年级的时候，我已经读完了四大名著中的三本。我半懂不懂，连蒙带猜地读完了它们。王蒙等一百多个当代作家发表于 20 世纪 80 年代的作品，我大多读过。上大学的时候，我读莫言、苏童等十几个作家的作品，同时全面阅读西方大师级作家的作品，也开始阅读其他人文类图书。

我当时的梦想，就是把文史哲都打通，那种畅快读书的感觉，真是很过瘾。

第二种境界就是缩小范围，读一部分你喜欢的作家的作品。这是我现在正在经历的阶段。你明白了，原来你的兴趣和兴奋点会在哪些作家身上，也许他们只有十几个人，但是，你应该读他们的全集和文集，甚至还该读有关他们的传记、研究资料和他们所处时代的背景。这样，你会把这些作家吃透，你会明白，他们在他们的时代里到底是如何写作的，你也明白了，从人到文，你为什么喜欢这些作家和作品，为什么会缩小到这一小部分人。

第三种境界是困难的，是很难达到的。很多人达到读书的第一种境界之后，就消失了，不再读书了。当需要确定阅读一本书的时候，就变得有些困难了。我就很难确定我最喜欢的是哪一本书，这本书它到底在哪里。到最后的境界就是钻研的境界，执着的境界，人类文化是一个金字塔，人类的精神现象是有高度的，一旦你攀缘到了一定的高度，那么这之下的很多东西，就不用理会了。我会更多地将目光投向那些被时间淘洗后剩下的少数感兴趣的东西。

最近十年，由于经常在一些大学讲课，我发现，很多与语言、文学专业有关的学生，读书的劲头和热情不大、读书的范围不广，一问三不知，这真让人惋惜。不少文学写作者的阅读量也成问题，阅读量少造成了他们对基本的文学技巧、语言、结构都不了解，其文学经验很贫乏。一些 20 世纪作家的作品，都是最普通的文学常识，如果你不读，你就不知道，你的写作可能就是无效的，你所写的前人都已写过并且比你写得好。

安琪是我一直关注的诗人，无论长诗还是短制，安琪均有佳作，譬如，《轮回碑》《像杜拉斯一样生活》《极地之境》等。我认识的一些诗人，动辄以"诗有别材，非关书也"来为自己的不读书找借口，却不想严羽后面还写了一句话"然非多读书，多穷理，则不能极其至"。同为热爱读书的写作者，我为安琪的"读书记"能顺利出版而高兴，写了这些阅读感受与安琪共勉。

2018-3-16

（邱华栋，小说家，诗人，1969 年生于新疆昌吉市。曾任《青年文学》主编，《人民文学》副主编，著有长篇小说，小说集，诗集，散文评论集数十种。现为中国作家协会书记处书记。）

目录
contents

[第二辑]

[第三辑]

第一辑

书　名	《毛姆读书随笔》
著(译)者	［英］毛姆著，刘文荣译
版　别	上海三联书店 2012 年出版

近距离对打

20 世纪 90 年代初，我读了一段时间的外国文学作品，两套书记忆比较深：一套是《外国中篇小说选》，大约 8 卷本；另一套是世界名著，其内文字号很小、封面由电影剧照构成，现在能想起的有《简·爱》《嘉莉妹妹》《悲惨世界》《飘》。后来我的写作主要定位在诗歌这一文体，对小说的阅读便告终止。今天读《毛姆读书随笔》，仿佛是对 20 世纪 90 年代我的阅读记忆的唤醒，本书第三辑中所谈到的《傲慢与偏见》《大卫·科波菲尔》《呼啸山庄》《堂吉诃德》《红与黑》《高老头》《包法利夫人》《战争与和平》《卡拉马佐夫兄弟》，当年我都读过。

之所以炫耀式地罗列书名，一是很惊讶我对经典的选择和毛姆的选择竟然如此不约而同，二也是表达一种遗憾，确实 2016 年 9 月 7 日之前我没有写"读书记"的习惯，此前的阅读没有留下任何文字印记，倘要写就必须重读，而这世界遍地皆书，经典堆叠，我又是属于贪多之辈，重读是不可能了，这些书因此不能进入我的"读书记"，于是借写毛姆让它们亮亮相，权当到此一游吧。但毛姆却不如此，在《谈俄罗斯三大长篇小说》一文中他如此写道，"关于托尔斯泰，我原先想劝你读他的《安娜·卡列尼娜》而不是《战争与和平》，因为在我的记忆中前者好像比后者更好一点；但是，为慎重起见，我又把这两本书都重读了一遍，现在我可以毫无疑问地对你说，还是《战争与和平》更为出色"，天哪，《战争与和平》中文版四大册，英文版想必也如此，我真是佩服毛姆的认真。本书类似"重读"的表达出现多次，也证明了毛姆的精力实在旺盛。

毛姆一直强调"读书应该是一种享受"，如果一本书使你感到枯燥无味、感到厌倦，尽可以丢开不读，包括毛姆所推介的书。当然毛姆不忘苦口婆心地劝导，

"没有哪种娱乐比读书更便宜了",他说,"养成读书习惯,也就是给自己营造一个几乎可以逃避生活中一切愁苦的庇护所"。我读《毛姆读书随笔》真是读得高兴,用一个成语"字字珠玑"总归不错,画了一道又一道(好观点好词句),仿佛跟随一个浑身嵌满珠宝的人,他一路走珠宝一路掉,我便也一路跟一路捡,譬如,对惠特曼他如此总结,"如果我们也用一棵树来表示美国文学的家谱的话,那么像欧·亨利、林·拉德纳……这样的美国作家就是这棵树上的一根根树枝,那么,粗壮的树干就是辉煌的、无畏的和独创的瓦尔特·惠特曼",对艾米莉·迪金森,毛姆毫不客气地说,"在我看来,她不配受到那么高的赞誉"。

作家读作家、作家写作家都属于近距离对打,直接拳脚相加,谁虚谁实过两招就知道,尤其隔着年代隔着国家,更不必来什么客套也不用担心落下仇恨,毛姆对英国、法国、俄罗斯、美国都来了一篇文学综述,前三个国家他赞不绝口,后一个国家他说,"你千万不要指望他们会像我在前面谈到的那些书一样振奋人心"。

2016-9-7

书　　名	《万物静默如谜·辛波斯卡诗选》
著(译)者	〔波〕维斯拉瓦·辛波斯卡著,陈黎、张芬龄译
版　　别	湖南文艺出版社 2016 年

翻译是一项艰辛而危险的活

我一直还是习惯称希姆博尔斯卡,但在今日媒体,辛波斯卡已完全替代了希姆博尔斯卡,证明了陈黎译本的受众之广和影响力之大。家里曾购有红皮本的《呼唤雪人》,林洪亮翻译,漓江出版社"诺贝尔文学奖获奖作家丛书"2000 年出版。记得我也是读完的,对其中一首《在赫拉克利特的河流里》印象很深,因为它提供了一种崭新的句式，"一条鱼"怎么怎么"另一条鱼"，模仿者很容易引申，"一物怎么怎么另一物"，本书并未收入此作。屡次搬家，已找不到《呼唤雪人》了，不然我很想拿两本译作来做个比较。由此我想到翻译确实是一项艰辛而危险的活，艰辛指的是工作过程，危险则在于谁也不能保证你的译本不会被取代。远一点，现代文学史上冰心翻译的泰戈尔、戴望舒翻译的洛尔迦，已被当代翻译家伊沙和赵振江重新翻译过了。近的就是陈黎对林洪亮的取代（"取代"这个词不好听，但事实基本如此）。现在我脑子里只有朱生豪翻译的莎士比亚、草婴翻译的列夫·托尔斯泰好像还没人去碰，朱生豪和草婴提供了一个翻译秘密：要全力以赴翻译一个人，这个人最好是巨匠，有庞大的创作量。从这个角度而言，我觉得应该有一个翻译家主攻《追忆似水年华》，我读过的七卷本《追忆似水年华》分属不同译者，虽然译得很棒但我一个译者都记不住。

《万物静默如谜·辛波斯卡诗选》又一次确证了一个译界法则：优秀的诗人总能译出优秀的诗作。从我读过的陈黎两个译本（另一本《二十首情诗和一首绝望的歌》，巴勃罗·聂鲁达著，南海出版公司2014年）我尝试着下此断语：这是一个内心特别柔软、神经有点过敏、感性非常发达、形象思维丰沛的诗人。这样的诗人所翻译的作品自然诗味浓厚，是真正的诗的译本。我也曾读过非诗人翻译的译作，干枯、僵硬，读之如同嚼蜡。

事实上读译著就是读译者，对读者而言，有没有符合原著不是很重要（主要指的诗这个文体），重要的是必须"诗"（这是我的观点，别人不一定认同）。当然，辛波斯卡的诗在内容上应该不会有让人译错的地方，她的诗作总体上是明晰的，她擅长从日常生活中寻找写作的素材，譬如，衣服、履历表、桥上的人们，等等。她也擅长写虚，譬如，奇迹、然而、寓言，等等，照理来说，有这样超强写作能力的人应该产量颇丰才对，奇怪的是辛波斯卡产量极少，少到可以与特朗斯特罗姆媲美。重读辛波斯卡我发现她真的影响了不少中国诗人，譬如，"我说出什么词，然后就怎么样"，至于那句"我偏爱写诗的荒谬 / 胜过不写诗的荒谬"早成格言了，以至于我看到中国诗人诗中出现"偏爱"二字就马上产生不良反应。

2016-9-12

书　　名	《无限的清单》《美的历史》《丑的历史》
著(译)者	［意］翁贝托·艾柯著，彭淮栋译
版　　别	中央编译出版社 2013 年

艾柯没有引用中国文学作品

小 16 开，精装铜版纸。极沉极厚，无法捧读，更无法躺读，只能放在书桌上正襟危坐地读。忘记前后费时多久把这三本全部读完，只记得吸引我的有如下几点。

全书引用的古今世界各地各种文学作品的部分最为精彩，其精彩度已超过艾柯本人的文字，这应该是艾柯本人的图书馆库存。倘记忆无误，艾柯没有引用中国文学作品。

全书所附古今世界各地各种绘画作品的部分也非常精彩，似乎也没有中国国画。由此可知，艾柯对中国文化十分陌生。

21 世纪初曾听过叶延滨老师讲强势文明对弱势文明的入侵，叶老师举例"中国书店都是欧美译著，基本没有越南老挝的文字引进"给我留下了很深印象。此番读艾柯，仿佛是在印证叶老师的论断。

2016 年 9 月 11—17 日在上海大学参加中国诗歌网举办的第二届中国网络诗人高级研修班，赵丽宏老师在讲课中说，中国翻译家非常了不起，中国非常注重翻译出版，有许多专业出版社专门出版译著，中国几乎翻译了世界上所出现的所有优秀文学作品。他说他到印度，说起泰戈尔他如数家珍，让印度文学界朋友吓了一跳。赵老师说国外对中国的翻译完全和中国对他们的翻译不对等。他们翻译中国的文学作品都是古典文学那一块，最多停留在唐朝。当然，赵老师也说过中国翻译外国也主要是翻译欧美，对一些小国家就译得少了。

我个人的理解是，中国当代社会要有能向别国输入自己价值观的东西，人家才会关注你、翻译你，如果你的思想比古人还保守、还腐朽，人家翻译你干吗呢？

从《文艺报》或微信上偶尔获悉，近几年中国作家协会有许多翻译举动，但享受的也只是庙堂之上那部分人，并未惠及众生。倒是来自民间力量的《新世纪诗典》，只要伊沙选出来的作品，就能免费被翻译家洪君植译成韩语，运气好的话被维马丁看中还能译成英语和德语，伊沙确有他获得拥戴的理由。

回到艾柯这三本书，我觉得译者彭淮栋的笔力也堪可称赞，其来自海峡对岸，译笔中偶露台湾文绉绉的文艺腔，但总体上语言前卫、思绪跃动，读之令人兴奋。那些比艾柯文字多无数倍的引文都是他翻译的，真是好功夫。

2016-9-23

书　　名	《我是你的莫扎特——莫扎特书信集》
著(译)者	[奥]沃尔夫冈·莫扎特著，钱仁康译，阳军编选
版　　别	中国财政经济出版社 2016 出版

一本破除天才偏见的书

在读《我是你的莫扎特——莫扎特书信集》前，坦白地说，我脑中的莫扎特是这样一个形象，绝对天才，在生活上等同于白痴，在人际交往上也是懵懂无知到极点。看得出，我把莫扎特和顾城画了等号，把莫扎特和一切艺术史上的弱智天才画了等号。其实这是一种偏见，是被诸多似是而非的信息灌输到脑中的偏见，也是被现实生活中形形色色、假冒伪劣的"天才"虚张声势的表演蒙骗而在脑中形成的偏见。现在，有这么一本破除天才偏见的书摆在你面前，让你了解，真正的天才也有他的儿女情，也有他必须面对的柴米油盐。就这本《书信集》的文字而言，莫扎特欠缺梵·高那种吸引人的撞击心灵的不规则语言。幸好，莫扎特是以音乐闻名于世的，在他短暂的一生中，创作了数量惊人且异常杰出的音乐作品，这是人类的幸事。

2016-9-9

书　　名	《T·S·艾略特诗选》
著(译)者	查良铮等译，紫芹选编
版　　别	四川文艺出版社 1988 年

艾式语言的现代性

家里艾略特诗选很多，各种版本、各家译者都有，此书是我购买的第一本艾略特诗选，扉页题签：1990.3.9，江。当时我还未用"安琪"做笔名，也还不得现代诗之门而入，估计也不太清楚艾略特是谁。

我对艾略特有比较明确的记忆源自 1992 年，诗人道辉北漂两年回乡与漳州市文联《芝山》杂志杨西北主编合作主编《中国当代爱情诗鉴赏》一书，我应杨西北主编之邀加盟该书编选工作，认识诗人道辉，才开始从他口中听到艾略特。道辉经常用艾略特"黄昏好似病人麻醉在手术台上"来说明语言的重要性，他用浓厚的漳浦普通话说："太可怕了，看看人家怎么写黄昏，我当时一读到这句就惊呆了。"因此时至今日，一说到艾略特我脑中浮现出的他的诗句，除了"四月是最残酷的季节"外，就是"黄昏"这句了。我发现许多书、许多诗作我们也读过，但总要等别人引用了以后我们才惊觉它们的妙，也才牢牢记住，我不知道这在心理上属于什么反应。

　　《艾略特诗选》的译本很多，大家通常知道的赵萝蕤译本我也有，我没去比较不同译本的优劣，就我分头读过的感受，好像无论谁译艾略特都很出彩。就好比阿赫玛托娃，谁译她也都很出彩。我由此又得出一个结论，无论谁译都出彩的作品一定是好作品。

　　我要介绍的这本《艾略特诗选》，选编者紫芹不知是谁，全书收入艾略特三首诗：《阿尔弗瑞德·普鲁弗洛克的情歌》《荒原》《四首四重奏》，译者分别为查良铮、赵毅衡、张子清，真是个个不凡。我零零星星读艾略特也有好多回了，每回都像新读，印证了那句老话"经典就是常读常新"。"注解"是艾略特写作手法中突出的一个，但说实话，我都把这些"注"跳过去了，它们跟中国也没啥关系，读起来也不亲切。但艾略特的"注解"法委实影响了中国许多诗人，特别是第三代诗人，第三代诗人应该是最早从艾略特受益的一拨人，以我的嗅觉，我觉得"玻璃工厂"时期的欧阳江河应受过艾略特的影响——那种哲理的、思辨的、不容置疑的肯定句式颇具艾略特的风格，当然这只是我的推测，未经证实。近年兴起的"注解"风，前有柏桦的《水绘仙侣》，后有欧阳江河的《凤凰》和翟永明的《随黄公望游富春山》，是否也来自艾略特的启发？存疑。我乐意读中国诗人的"注解"，因为它贴近我们的现实，无论这注解注的是古代还是现代，终归都是中国的。

　　近年来，我和许多诗人交流时，都说到现在的我们更喜欢读中国当代诗人的诗作（年轻时我们几乎唯翻译诗马首是瞻），读当代诗人的诗作我们可以第一时间比较自己的写作得失，面对同一个现场，我们身边的诗人是怎么写的，这种启发比国外诗人来得更直接。此番重读《艾略特诗选》，感触更多的还是艾式语言的现代性，但这现代性归根到底还是拜译者所赐，这个版本的三个译者真的很棒！

2016-9-25

书　　名	《事物的味道，我尝得太早了》
著(译)者	［日］石川啄木著，周作人译
版　　别	上海人民出版社 2016 年

我觉得石川啄木确实稍显单薄

石川啄木是"截句教父"蒋一谈推荐给我的，推荐理由是石川啄木有自己的气息。

2016 年 7 月 23 日网购回来的当天，我拍了张照片发给蒋一谈：木啄川石到了。蒋一谈回：石川啄木。这一方面表明我对石川啄木确实一无所知，另一方面，本书封面设计可说是莫名其妙，大标题放在右上角，竖排，字体字号都不显眼，状如广告语，作者的名字却大大地排在中间偏下部位，像正规书名，且横排，作者和译者放在最下面，字体字号极小，也横排。问题就来了，作者译者依据从左到右的现今中国人的阅读习惯来排，但"石川啄木"四字却按照从右到左的古代中国人习惯，这让人怎不混乱糊涂？

两个月时间断断续续地读，中间经常被其他书插进来，凡是能被其他书插进来，至少表明，此书对我的吸引力还不足以大到让我一口气读完的地步。怎么说呢，就是太琐碎，拉拉杂杂都是生活中的长长短短和自己对生活的零思碎想，这样的文字如果不是石川啄木来写，如果石川啄木不是已经被认可了，那会有谁把它当作文学作品呢？每个人都可以写，我是这么认为的。当然，这也是我认可"截句"概念提出的意义之所在，截句如果普及开来，也是每个人都可以写的。

从写到被认可，应该类似从卡拉 OK 到登台演唱，这里面除了自身的实力，还应该有运气、平台和推手的作用。蒋一谈目前担任的是截句的推手角色。石川啄木是如何获得认可的，我不知道，从百度上获悉，他属于自学成才，19 岁就出版了第一部诗集，资料说他"对日本和西方文学均有惊人的造诣"，被誉为"少年诗人"，这就是了，先有"少年诗人"，才有这本三行短歌体的诗被认可。

2016 年 9 月 20 日下午，台湾诗人陈黎在首都师范大学中国诗歌研究中心的讲座中展示了诸多创意性极强的诗作，并一一做了讲解，其中甚至有纯标点符号构成的"诗"，我在提问中以杜尚在便器上签名遂成名作来比拟陈黎先生的诗歌创新，倘若不是杜尚而是一个非艺术界的人在便器上签字，那绝对构不成名作。陈黎先生不同意我的观点，他说，杜尚因为签名于便器才成为杜尚。我还是认为杜尚必须在签名前就是艺术界的人，他的签名于便器方才构成一个事件，也方才成为一件名作。

绕了半天回到石川啄木，他必须先是一个已被知晓的诗人，他的三行生活口语诗才能引人注目。是的，从后记中可以清楚地看到石川啄木对诗歌写作的态度，"诗不可作得像所谓诗的样子"（这句话西川近几年也多次表达过，并获得众多诗人的认可，可见诗写到一定程度诗人都会有反诗的冲动，这冲动其实指向的就是创新），他说，"诗必须是人类感情生活的变化的严密的报告，老实的日记。因此，不能不是断片的"，证实了我前面的阅读感想和作者本人在后记中所表达的意思是一致的。后记中的石川啄木也传递出了他的语言观，"总而言之，明治四十年代以后的诗非用明治四十年代以后的语言来写不可，这已经不是把口语当作诗的语言合适不合适、容易不容易表达的问题，而是新诗的精神，也就是时代的精神，要求我们必须这么做"，看看这段话像不像胡适在《文学改良刍议》中提出的语言观——人类的灵感在某个时候是会重叠的，优秀与优秀之间更是如此。

曾游学日本的福建作家鲁亢告诉我，在石川啄木所处时代日本尚有夏目漱石、谷崎润一郎、永井荷风，更有稍后获诺贝尔奖的川端康成，可谓才人兴盛。石川本人 26 岁即因病早夭，才华尚未充分展露，仅以我读到的这本短歌集来看，我觉得石川啄木确实稍显单薄，这单薄还有一层原因来自译者周作人，周作人没有译出石川啄木自己崇尚的口语的一面，但凡口语总会生猛些、原生些，周作人笔下的石川啄木，又文又酸，透出一股娘娘腔。这也是本书不能吸引我，使我一口气读完的理由。伊沙就直接在微信上说"译得差"，我觉得口语诗人伊沙应该译一下石川啄木，让石川啄木回到他所追求的口语诗人的位置。

今天是鲁迅诞辰 135 周年纪念日，我读完了先生弟弟周作人的译著，也是一个巧合。是为记。

2016-9-25

书　　名	《第二性》
著(译)者	［法］西蒙娜·德·波伏瓦著，郑克鲁译
版　　别	上海译文出版社 2011 年

一个了不起的发现

买来了郑克鲁译的《第二性》才知此前所购的湖南文艺出版社 1986 年版为节选本，我是从两书的厚度上得此判断。

当年（1990-10-29）购买《第二性》完全是在国门初开西学纷涌而进大潮下的随大流之举，20 世纪 80 年代末的大学生都经历过此潮，那种见西方译著就买的疯狂劲，家里书柜里那批发黄的拿在手上手感有点潮潮的依稀散发着陈腐之味的各类名著见证了我的文青时代。那段时间哲学书尽管也买了很多，但基本不读，读得最多的还是文学类，所以 2014 年 1 月 21 日购进郑克鲁翻译的《第二性》后我才扎扎实实读了起来。这里面也有吴子林对该版本的强力推荐，他问我："知道郑克鲁吗？"我摇摇头，他连声说，"没学问，没学问，连郑克鲁都不知道。"

时隔两年，我现在并不能回忆起读《第二性》的点滴感受，这是读非文学书的普遍状态，它没有一个情节可供你复述，也没有若干个主人公让你可以拿出来证明你曾读过，好在此书有一句名言是大家都能背诵的，"女人不是天生的，而是后天形成的"，这是阅读史上最为著名的为数不多的几个开篇之一，与之并列的尚有《百年孤独》和《飘》的起始句，详情不赘。

波伏瓦在本书开篇即抛出论点，然后用 40 万字的篇幅对此论点进行阐述，其间当然夹杂各种论据。这个论点是一个了不起的发现（它确实是一个事实存在，但此前无人发现并指认出来），堪比上帝之"要有光，就有光"（我对此句的理解是，"光"并不是因为上帝说了才冒出来，"光"本来是存在的，因为无名，人不知如何称谓它，上帝一"说"即为"光"命名，"光"因此为人所知），难怪《第二性》被誉为"女性主义的圣经"（说到《圣经》，我就想到了里面的性别歧视，诸如女人是男人的肋骨，诸如蛇唆使夏娃，夏娃又唆使亚当吃知善恶的果子致使上帝把亚当、夏娃逐出伊甸园）。

我不好意思在说波伏瓦的时候说到萨特，萨特题献给波伏瓦的巨著《存在与虚无》在书架上放 20 多年了，我一直还读不下去。

2016-9-26

书　　名	《阁楼上的疯女人：女性作家与 19 世纪文学想象》
著(译)者	［美］桑德拉·吉尔伯特，苏珊·古芭著，杨莉馨译
版　　别	上海人民出版社 2015 年

此书就是一部文学批评专著

读女性主义文章时经常会发现作者提及这本书，并且誉此书为"女性主义文学批评的圣经"（《圣经》也太抢手了，动辄拿它作譬），确实，此书就是一部文学批评专著，它涉及了奥斯汀、弥尔顿、埃米莉·勃朗特、乔治·艾略特、埃米莉·狄金森等作家作品的分析与评述，当然都是基于女性主义的视角。

有必要对"阁楼上的疯女人"做个解释，此人来自《简·爱》一书，似乎就是为了扯平罗彻斯特和简爱在身份上的不平等，作为罗彻斯特疯狂了的前妻，有一个晚上她举着烛火伫立于简·爱的床头，惊醒熟睡中的简爱的那幅木刻插画时至今日还会在夜里闭上眼的瞬刻让我的心怦怦跳，那个夜晚，时年 20 岁的我读书翻到此页突然被吓住的一幕还在眼前。就是这个阁楼上的疯女人，烧毁了罗彻斯特的庄园，弄瞎了罗彻斯特的眼，自己也葬身火海，从而使罗彻斯特反过来成为需要简·爱照顾的对象，两人的爱情因身份的平衡而走向圆满。

简·爱式的爱情是对灰姑娘式的爱情的反对，女性不需要借助男性的力量来完成自己生命的飞跃，一切全靠自己，甚至可以帮助男性完成自己生命的飞跃。这确实很令女性主义者振奋。但阁楼上的这个疯女人也是女性，她的存在就是为了成全另一个女性自我价值的完美实现，还是说，每一个女性身上都住着一个阁楼上的疯女人？

也许我应该重新读读《简·爱》，这部对琼瑶有过重大影响的小说，多年前我曾读过琼瑶访谈，她说，有两部小说影响了她的爱情小说创作，一部是《红楼梦》，另一部就是《简·爱》。作为文学批评作品集的《阁楼上的疯女人》，我学到更多的还是它对经典作品的读解和分析能力——倘此书不是冠以此名并有关于"女性作家"的副标题，很难说它会引发我的阅读兴趣，家里文学批评、文学理论类书籍真是太多了。

2016-9-26

书　　名	《论人类认识之盲点》
著(译)者	［美］威廉·詹姆斯著，郝瑞丽、谢芹、孙晓磊译
版　　别	中国对外翻译出版有限公司 2013 年

打开脑洞，让脑子受受阅读难度的刺激

2016 年 9 月 11-17 日，我在上海大学参加第二届中国网络诗人高级研修班期间把这本 32 开、97 页的书读完，用的是每晚临睡前的一两个小时，其间还翻翻微信。读这种纯理论的书一般读个 10 页就头昏脑涨，文字再也进不了心，此时微信就是最好的调剂，因此，这么一本薄薄的书我竟然用了 6 个夜晚，效率实在太低。不仅时间的效率低，吸收的效率也低，坦白说，除了书中的题目，内文我是一点都记不住。全书由六篇文章组成，我就是被题目吸引才在家中数千藏书中选中此书：1. 论人类认识之盲点；2. 印度的老虎；3. 人生值得过吗；4. 实用主义的含义；5. 一些从实用主义考量的形而上学的问题。阅读过程中也划了一些重点。读这类书我的想法是，打开脑洞，让脑子受受阅读难度的刺激，知道有这么一个作者涉及这些方面的论题，今后如果自己在写与此论题有关的文章时可以引经据典以显得自己有学问。其实说起威廉·詹姆斯我倒真不陌生，国内著名学者的言谈或行文中常灌进此名（记忆无误的话至少有陈晓明、张清华、欧阳江河等提及，但不知他们口中、笔下的詹姆斯是否这个詹姆斯），今天我百度了一下，原来是"心理学之父"，此外还是哲学家、教育家，等等。好吧，无论如何，也算读了一本詹姆斯的书了。

2016-9-19

书　　名	《我的孤独是一座花园》
著(译)者	［叙利亚］阿多尼斯著，薛庆国译
版　　别	译林出版社 2009 年

仿佛青春中人不妥协于这个世界

每年 10 月诺贝尔奖颁奖月，诗人之道的"诗人文摘"博客就开始播报叙利亚诗人阿多尼斯的相关信息，间杂以诗人自己和阿多尼斯的合影，我看了不免暗笑。我们的之道兄比阿多尼斯还迫切地希望阿多尼斯得奖。作为之道和阿多尼斯见面的牵线人，我自然也希望阿多尼斯得奖。

话说 2009 年 3 月某天，我突然接到青海诗人章治萍的电话，言及诗人杨炼现在中国，要我打听一下杨炼在哪儿，他们几个诗人想专程上京一见。对章治萍类似追星的举动我虽然不以为然但也不好意思拒绝，遂从唐晓渡老师处打听到杨炼会在当月 15 日去北外阿拉伯文化中心。到的那天，章治萍、之道、张兴材三位分别来自青海、陕西、山东的诗人竟然真的在济南张兴材处碰面，再驾车奔赴京城，拉上我后迅速赶到北外。一行四人看到主席台上大条红色横幅才知来的是阿拉伯大诗人阿多尼斯。外面签到席上有一摞精装诗集《我的孤独是一座花园》，旁边一清瘦老师模样的人正在签名，很快就知道那是阿多尼斯的翻译、北外教授薛庆国。张兴材买了四本，我们各自请薛教授签了名。活动开始了，能容纳几百人的大礼堂座无虚席，主席台上坐着阿多尼斯、杨炼、唐晓渡、薛庆国、树才、高兴、胡续冬，见面会采用对话的方式，一方中国诗人，一方阿多尼斯。杨炼介绍了阿多尼斯的来历和成就，说实话，在此之前，我连听都没听说过阿多尼斯，相信跟我有着共同"没听说"的中国诗人不止我一个。那天的对话我没记住多少，但记住了树才朗诵阿多尼斯的诗作《在意义丛林旅行的向导》，树才朗诵时沉稳优雅的嗓音及全诗一连串"什么"构成的追问及阐释，鲜明地凸显了阿多尼斯感性和理性完美交织的一面，"什么是死亡？/在女人的子宫/和大地的子宫间/运行的班车。""什么是床？/夜晚/在夜晚的内部。"你可以想象诸如此类意象奇谲、寓意深刻的 88 个"什么"在会场中心萦绕的效果，全场屏息静思。对话结束后数十名学生排队等阿多尼斯签名、合影，之道也认真地加入队伍，我则和杨炼合了影，就近感受他勃勃的气息。

那天从北外出来，我仿佛被激活般喜气洋洋，内心有着说不出的激动，脑中翻滚着一个个充沛的意象。回家后我认真读完薛庆国版的阿多尼斯，译笔现代感极强，对当代诗人而言，有无现代感是判断翻译家好坏的重要标志。一言以蔽之，现代感是一种饱含译者创作激情和旺盛生命力的东西，其新鲜的语词和独特的语句构造让诗作面目一新，而平庸的译者则会把诗译得很陈旧，词汇陈旧，句式陈旧，于是诗作便散发出一股腐朽之气。阿多尼斯很幸运遇到薛庆国这样的译者，年迈的阿多尼斯在薛庆国的译笔下思想尖锐、语言富有冲击力，仿佛青春中人不妥协于这个世界。我始终认为，读外国书就是读译者，在我们看不懂原文的情况下，相比于作者，译者更重要。

2012 年 10 月 24 日，阿多尼斯又一次来到中国，依然由薛庆国担任翻译，在首师大中国诗歌研究中心和《读诗》编辑部联合主办的见面会上，阿多尼斯做了题为《诗歌的革新》的讲座，观点十分犀利，我有一小文记录，此处不再赘述。此时，阿多尼斯已像庞德、艾略特一样成为中国诗人熟悉的一员，这一切，确实与薛庆国教授一再推介有关。2012年，阿多尼斯文选《在意义天际的写作》由外语教学与研究出版社出版，薛庆国、尤梅翻译。这一次，我的扉页上留有阿多尼斯的签名。

2016-10-09

书　　名	《一间自己的屋子》
著(译)者	［英］弗吉尼亚·伍尔夫著，王还译
版　　别	生活·读书·新知三联书店 1992 年

"她是一个天才"

书不厚，32开，140页。以前的人朴实，出版社也朴实，不会为了提高定价而想尽办法（最通常是：1.版心做小，行间距做大；2.大量插图；3.使用轻型纸）。1994年1月购买的此书，前一阵刚重读但已记不清具体内容了，只知道作者设想了莎士比亚有一个妹妹，姑且叫裘底斯吧，作者说，裘底斯和哥哥一样大胆、富有想象力，且有天赋，她也想像哥哥一样去看外边的世界，可是父母不准她上学，偶尔她拿起哥哥的书还没看一两页，父母就叫她去做饭、补袜子。当父母逼迫她嫁给她不喜欢的人时，她终于忍不住了，天才发作，离家出走，结果被一个戏子兼经济人骗了，最后自杀。

伍尔夫对虚拟的莎士比亚妹妹人生轨迹的设想即使在今天也没有过时——作

为 20 世纪初的作家，她的作品在 21 世纪依然具有现实意义。当青年都在欢呼娜拉出走的时候，鲁迅提出了一个问题：娜拉走后怎样？出走总是浪漫的，至于出走后怎样谁去管这些扫兴的事。很多作家完成了前半部分，他们鼓励极端、鼓励激情、鼓励天才，少部分作家则拎出了后半部分，让你不得不面对极端之后、激情之后、天才之后。伍尔夫就是这样的作家，当女子学院请她做题为《妇女和小说》的讲座时，她讲的却是，女人必须有一间自己的屋子。没有独立的经济和空间，女人写作小说就是空谈。当然这个道理现在我们懂，懂归懂，能不能做得到又是一回事。

和波伏瓦一样，伍尔夫也有女权主义者和作家双重身份，但她还多了一个——抑郁症患者，同时也有可能是同性恋者。我曾读过伍尔夫的小说《到灯塔去》和《墙上的斑点》，对其意识流写作印象颇深。伍尔夫强调作家应注重人物的内心世界而不是机械地描写现实生活，她和詹姆斯·乔伊斯（《尤利西斯》）、普鲁斯特（《追忆似水年华》）一起，把意识流小说推向世界。

关注伍尔夫，必须关注她的丈夫伦纳德，伦纳德接受伍尔夫的一切（不愿生育，不和丈夫同床），并且多次把伍尔夫从死亡边缘拉回来。伍尔夫自己也说，如果没有伦纳德，她早就开枪自尽了。1941 年 3 月 28 日，伍尔夫预感到自己又将发病（精神病），且这次的发作不可痊愈时，选择了投河自尽，这一年她 59 岁。因为伦纳德，伍尔夫没有早早离世，也因此创作了大量优秀的作品，这是伍尔夫的幸运，也是读者的幸运。伦纳德心甘情愿为伍尔夫做这一切，只因为"她是一个天才"。

我想说的正是，在庸人居多的世界，天才很稀罕，如果你遇到了，请像伦纳德珍惜伍尔夫一样，善待他 / 她，成全他 / 她的天才。

2016-10-19

书　　名	《静静的顿河》
著(译)者	［苏联］肖洛霍夫著
版　　别	人民文学出版社1990年

个人在时代面前的无力

2014 年的某天，我在微信上读到作家赵卡对《静静的顿河》的推崇，说此书是他每隔几年必重读的一部，赵卡还附了一首诗《顿河悲歌》，并落款赵卡斯基，我自然知道这首诗来自《静静的顿河》：

我们光荣的土地不是用犁来翻耕……/ 我们的土地用马蹄来翻耕 / 光荣的土地上种的是哥萨克的头颅，/ 静静的顿河到处装点着年轻的寡妇，/ 我们的父亲，静静的顿河上到处是孤儿，/ 静静的顿河的滚滚的波涛是爹娘的眼泪。// 噢嘿，静静的顿河，我们的父亲！/ 噢嘿，静静的顿河，你的流水为什么这样浑？/ 啊呀，我静静的顿河的流水怎么能不浑！/ 寒泉从我静静的顿河的河底向外奔流，/ 银白色的鱼儿把我静静的顿河搅浑。

仅为这首诗我就为 1992 年 5 月 3 日购买此书却迟至 2014 年还未读深感羞愧（我甚至已经做好此生不读此书的准备——没有一个人能把家中的藏书读完）。尽管我曾在电脑上看完同名电影和同名电视连续剧，但和真正阅读四卷本的原著相比，两者对心灵的冲击还是不一样的——文字的想象空间更大，进入心灵的力量更强。

因为《静静的顿河》，世界文学史有了"哥萨克"这样一个群体。以主人公葛利高里为代表的哥萨克人，在时代的风云变幻中身不由己，他"徘徊于白军与红军之间两次参加红军三次加入白军最后成了身处绝境的散兵游勇，年纪不到 30 却已鬓发斑白"，情感上葛利高里一生爱着有夫之妇阿克西妮娅，对自己的妻子娜塔丽娅却是冷酷无情，前者因为跟他私奔死于哨兵的枪下，后者则为他自杀未遂而致残。葛利高里是一个十分复杂、个性鲜明的人物，我们不能一言以蔽之以正面或反面来定义他。

阅读《静静的顿河》，我感到个人在时代面前的无力，越是波澜壮阔越是波诡云谲的时代，个人不由自主的悲剧感越是强烈。葛利高里也是有英雄梦的人，他的身上流淌着哥萨克人奔放自由、英勇善战的血，他从自身阶级立场出发想寻找一条超越革命与反革命的中间路线，最终在无产阶级钢铁般的现实面前宣告失败，他坎坷艰辛的命运也由此注定。

这是一本应该重读的书，就像赵卡一样，一生中不断地重读，但我没有那么多的时间。我要赵卡给出他对此书的评价，赵卡拿出诺贝尔奖授奖词的气势如此写道：

"长篇小说的教学经典，小说语言的播种机，写景大师，写人宗师，不可遏制的气势磅礴的才华，用弯刀剖析人性，以史诗清算历史。"

1965 年，肖洛霍夫因《静静的顿河》获诺贝尔文学奖。

2016-11-04

书　　名	《编年史》
著(译)者	［美］鲍勃·迪伦著，徐振锋、吴宏凯译
版　　别	河南大学出版社 2015 年

鲍勃·迪伦是代表一代人获奖的

我犹豫了几次终于决定，不再硬撑着读完全书，要不是 2016 年 10 月 13 日诺贝尔文学奖将本年度奖颁给鲍勃·迪伦，我一定不会读他的书，可读的书太多，怎么都轮不到他，尽管 20 世纪 90 年代我就熟悉他的歌曲《答案在风中飘》——对一个歌手，听他的歌就够了。

事实上，鲍勃·迪伦就是一个歌手，一个有原创力的歌手，他的一生更关乎音乐而非文学。他的《编年史》之所以不好读理由也在于此，书中涉及的人物大都为歌手、乐手，对中国读者来说，都是一些陌生的名字，读起来难免晕乎产生不了感情。鲍勃·迪伦自然也有他的文学性，他的原创歌词就是他文学性的表征，在《编年史》中，可以看到鲍勃·迪伦对诸多作家的阅读，他们充斥在他的成长历程中。《编年史》名为鲍勃·迪伦自传，却不是按照自传体例写的，没有一个时间的先后脉络，它更像作者的随笔集，一篇文章接着一篇文章来构成的随笔集。鲍勃·迪伦获奖只在文学圈热了一小会儿就销声匿迹了，因为从文学的角度确实无法对他做出怎么样的论述。

2016 年 11 月 24 日下午，鼓浪屿国际诗歌节中外诗人交流之"诗与歌"专场在鼓浪屿外文图书店举行，该专场以鲍勃·迪伦为主题，诗人、翻译家树才以出口成章的绝技主持了这个专场，中国诗人廖伟棠、张定浩和来自印度的诗人墨普德、来自亚美尼亚的诗人马尔莲娜·加布里扬作为嘉宾在台上分享了他们对鲍勃·迪伦获得本届诺贝尔奖的感受。廖伟棠肯定鲍勃·迪伦的歌词"以文学家的思考与笔触来命中时代的精神"；张定浩认为鲍勃·迪伦的获奖扩大了诗歌的边界，让人看到了诗歌更加宽广的视角。相比于中国诗人对鲍勃·迪伦的普遍认可，印度诗人墨普德则不以为然地说，印度到处都是鲍勃·迪伦（确实，一说到印度电影，脑海中浮现的就是载歌载舞），墨普德还现场自编自唱了一首印度歌为证。亚美尼亚诗人马尔莲娜·加布里扬则说她没关心过鲍勃·迪伦，所以无从谈起（马尔莲娜·加布里扬是以诗人歌手的身份参加本次鼓浪屿国际诗歌节的，开幕式上她第一个献唱，非常专业）。

某微信公众号约我就鲍勃·迪伦获诺贝尔奖一事发表看法，我如是说——

"鲍勃·迪伦是代表一代人获奖的，20 世纪 60 年代发生在美国的变革，包含民主、女权主义、反对种族歧视、反战、和平、环境保护，等等，经由摇滚、嬉皮士、吸毒、流浪等形式表现，这里面有文学界熟知的金斯伯格和凯鲁亚克等'垮掉的一代'，至今健在的鲍勃·迪伦已然成为一代人的精神符号，他的获奖是一代人的获奖，是诺贝尔奖评委会对 20 世纪 60 年代美国变革的礼赞和致敬，在中国所赢得的欢呼主要来自受惠于 20 世纪 80 年代国门开放西潮涌进，曾经的一代热血青年对自己青春记忆饱含热泪与深情的回望。"

2016-11-06

书　　名	《西方超现实主义诗选》
著(译)者	［美］爱德华·B.格梅恩编著，柔刚译
版　　别	海峡文艺出版社 1988 年

非常棒的一本译著

　　大概是 1990 年我在漳州晓风书屋门口的地摊上找到了一本《西方超现实主义诗选》（可见它的销量在当时是不如意的），柔刚翻译，定价 5.10 元，在地摊上它以 2.5 元出售，这本书至今依然在我的书桌上，是我从福建带到北京的两本诗集之一，另一本也是外国诗，是庞德的《比萨诗章》，我以后会写到。但我桌上的这本并不是我从家里带到京的那本，在漂泊不定的迁居生活中，那本早已不知去向。翻开扉页，上面写着，"安琪雅正。柔刚，2008 再赠"，柔刚确实先后赠送过我两本。

　　《西方超现实主义诗选》1988 年 12 月第 1 版第 1 次印刷后就再无加印，更无重版，这成为我的不解之谜。我多次劝柔刚再版此书，他总是谦和地笑而不答。2016 年 4 月 20 日柔刚在转朋友圈发布的我的一篇题为《外国诗歌之于我》的文章时终于"顺答安琪：很多人问我为什么该书没有再版？为何我这厦大科班出身的没有从事翻译工作？ 28 年前我翻译完几十万字的《西方超现实主义诗选》，我跟好友说该书的思维模式要 50 年以后才会走入中国普通民众的生活"。

　　柔刚，1963 年生于福州。1984 年毕业于厦门大学外文系，后在福州海关工作，退休后居厦门，创办了柔刚艺术学苑。1992 年创办柔刚诗歌奖并一直持续到今，成为诗歌界最重要的一个民间奖项。柔刚翻译这部诗集时年龄不超过 25 岁，正是青春激情勃发的时候，译作也因此充满生猛的力量。柔刚和《比萨诗章》译者黄运特是对我的诗歌创作有过重大影响的翻译家，他们的译文直接塑造了我福建时期诗歌创作的语言风格。我内心对他们一直念念不忘。

　　《西方超现实主义诗选》真的是非常棒的一本译著，棒在哪里？我认为棒在译者自己也不懂被译者到底写些什么、说些什么，他就把自己理解不了的诗直通通地译了出来，而这，恰好是超现实主义诗人的特色，什么是超现实主义？在百度中我们看到如下定义——

超现实主义（surrealism），探究此派别的理论根据是受到弗洛伊德的精神分析影响，致力于发现人类的潜意识心理。因此主张放弃逻辑、有序的经验记忆为基础的现实形象，而呈现人的深层心理中的形象世界，尝试将现实观念与本能、潜意识与梦的经验相融合。

于是我们看到的超现实主义诗作，都像是梦呓，梦是没有道理的，梦是反常规的，梦是无所不能、无所不可的。《西方超现实主义诗选》编选者格梅恩在编选前言中写了一个例子，他说，如果你问一个清洁工"扫帚有什么用"，他会挥舞扫帚清扫地板，或给你看工资单，但你要问一个超现实主义诗人，他会说，"我看到扫帚在挥动着头发，那圆柱似的肌肉在颤抖"。你瞧，这就是超现实主义的思维和表达。

超现实主义对诗歌乃至对整个文化艺术最大的贡献在于，它打破了艺术家惯常的逻辑条理，它告诉诗人，每个词都可以重新赋予它的词性，词与词的组合也不必按照语法规定，一句话，超现实主义提倡的就是陌生化而且是最大限度的陌生化，因为太过陌生化而变成了自说自话，因为没人能懂超现实主义者到底要表达什么。所以对超现实主义运动我记得有一个外国批评家（我忘了这个批评家的名字）这么说过，大意是，超现实主义群体最后只留下"超现实主义"这个概念，但没有留下任何一个文本。确实，整整一本《西方超现实主义诗选》，没有一首诗能被记住，你记住了布勒东这个超现实主义诗人，但你记不住他写了什么。这就是超现实主义。

因为柔刚一直没有再版此书，2015年我曾打算把《西方超现实主义诗选》全部敲打出来然后发给柔刚以激励他，但在敲打了几首诗以后自觉工作量大，就放弃了。今天我想说的还是，《西方超现实主义诗选》真的应该再版了。

2017-2-7

书　　名	《裴多：柏拉图对话录》
著(译)者	［古希腊］柏拉图著，杨绛译
版　　别	中国国际广播出版社 2016 年

事关生死、事关灵魂

　　书不厚，一天可读完。杨绛译笔行文流畅，语句清新，没有西方译文通常所见的句子缠绕、语病一堆。全书以对话体构成，苏格拉底授课方式即为对话式。内容为苏格拉底临刑前与弟子们的对话。虽然每个句子都懂，但合在一起就懵了，大都不懂。很惭愧，21 世纪的人思维赶不上公元前 399 年的人，所谓的进化论看来是靠不住的。苏格拉底惯用设问和反问让学生露出破绽，自己在解答中层层推进，我跟不上苏格拉底的逻辑。哲人的警言妙句自是不少，我也随机画了一些，诸如，一加一等于二，一分又为二，到底一是增多了才为二还是减少了才为二，以前没想过这个问题，苏格拉底一说，我才若有所思。诸如此类的还有很多。本书事关生死、事关灵魂，是杨绛在钱瑗、钱锺书先后离世后的译笔，当时先生已过百岁，各种资料说，先生借译此书获得心灵的一种平衡和超然。我比较困惑的是，作者柏拉图并未参与老师苏格拉底临刑前的这场交流，书名"裴多"按书中解释是参与者"裴多"将整个过程告诉一个叫"伊奇"的，既然如此，为什么作者会是柏拉图？

2016-9-8

书　　　名	《蒙田随笔全集》
著(译)者	[法] 米歇尔·德·蒙田著，马振骋译
版　　　别	上海书店出版社 2016 年

蒙田随笔有太多让你读下去的元素

嗨，在蒙田面前，怎么说呢？怎么说都行，他一定这么说。

但我不是蒙田呀，没法像他一样，随便拿个题目就能撸起袖子甩开膀子写，那时还没电脑，也没搜索引擎，我们的蒙田怎么就能记住那么多逸闻趣事、那么多诗歌佳句，无论什么主题都像是这个主题的小百科全书，比如说，论撒谎，他就把与撒谎有关的事例和诗文都往这篇文章里放，于是你读蒙田，就不只是读蒙田，而是读蒙田带给你的几十倍额外的知识。

仅是资料的堆砌不足以吸引我读蒙田，一定是黏合这些资料的语言，蒙田的语言！自信、轻松、嘲讽、婉转、智慧、俏皮……有太多让你读下去的元素。这是一套高密度的思想随笔（"随笔"这个文体就是蒙田开创的），难得的是却不用艰涩的表达让你望而却步。你只要捧起蒙田，你就会欲罢不能地读下去，读下去，并且会不时哈哈大笑，每一篇都有让你捧腹的故事。我只举两例：

1.有一位弓箭高手被判死刑，他若能出手不凡证明他的技术精湛，就可免于一死，但他拒绝去试，他担心意念过于集中会失手，不但救不了自己，还会败坏他一生百发百中的英名。

2.哲学家波希多尼乌斯患了一种痛苦的急性病，恰好庞培来向他讨教哲学问题，于是他就大谈蔑视痛苦这个主题。期间疼痛不断发作，使他难以忍受，他就对着疼痛大喊，"疼痛，我不说你弄痛了我，你就是发作也白搭"。

每次读蒙田都被逗得睡意全无，只能用贫瘠的"太厉害了，太厉害了"表达我对蒙田说不清楚的情感，蒙田生前一定很讨姑娘喜欢吧，我忍不住冒出这个想法。

蒙田喜欢在文章里穿插诗句，这些诗句也是增加文章看点的重要元素，贺拉斯、维吉尔、阿里奥斯托、卢卡努、塞涅卡等诗人因为被引用而激起了我阅读他们的兴趣，他们恰到好处在蒙田需要他们的时候出现，每一句诗都那么准确地传递出作者想要的效果，我就举一例：有一个叫凯利乌斯的因为不想去应酬罗马权贵，假装得了风湿病，后来"命运讨好他真的让他得了风湿病"，然后蒙田引用了马提雅尔的两句诗：

模仿痛苦的本领那么到家 / 凯利乌斯的风湿病再也不用装假。

诗人臧棣也喜欢蒙田，在他的诗话专著《诗道鳟燕》里有两处提到蒙田，其中一处这么说，"有时，为对付它可能造成的异化，我会时常读读《论语》和蒙田的随笔"，"它"在此指的是"语言的神秘主义"倾向。

蒙田，1533 年生于法国南部佩里戈尔地区的蒙田城堡的贵族家庭，38 岁开始隐居，闭门读书思考，39 岁（1572 年）开始写作"随笔集"，1592 年去世。我算了一下，《蒙田随笔全集》107 篇，平均每年 5 篇以上。要是蒙田写个 1000 篇，那就要难死我了，不读放不下，全读太费时。

《蒙田随笔全集》和普鲁斯特的《追忆似水年华》被誉为法国文学最出色的随笔和小说，幸好我都读过。最后，我得向本书译者马振骋先生致意，从他的译笔里，我读到了一个庞杂鲜活、博学高才、平易可亲、文采飞扬、有朝气的蒙田。

2018-2-2

书　　名	《什么是世界文学？》
著(译)者	［美］大卫·丹穆若什著，查明建、宋明炜等译
版　　别	北京大学出版社 2014 年

翻译是文学成为世界文学最重要的一环

书非推荐不能读也。

2016 年 9 月 2 日，北京师范大学，白鹿餐厅，谭五昌老师召集的文学小聚会，话题自然与诗歌、文学有关，谈到文学的世界性问题时旅日翻译家田原教授推荐了一本书，就是这本，《什么是世界文学？》，回家后我即从书柜里找出来开读。和很多外来译著语言晦涩不明不同，本书译笔流畅，语言理解上没有难度，有难度的是本书所举的作家作品。如果你不熟悉的话自然就会影响阅读效果，譬如，《吉尔伽美什史诗》、丽格伯塔·门楚等。全书从歌德首倡"世界文学"说起，1827 年 1 月，77 岁的歌德对他年轻的门徒爱克曼说："民族文学在现代算不了很大的一回事，世界文学的时代已快来临了。现在每个人都应该出力促使它早日来临。"爱克曼所著的《歌德谈话录》我 20 年前就读过了，歌德谈的话也多，若非专门研究世界文学，想来大家也跟我一样左眼进右眼出。

《什么是世界文学？》阐述了翻译的作用，阐述了文学的经典化，阐述了文学如何流通到世界各地成为世界文学。我觉得翻译是文学成为世界文学最重要的一环，翻译端上什么菜，读者就只能吃什么菜，读者甚至没有点菜的权利，这是我在一些以翻译为主题的研讨会上表达的观点。因此，世界文学这个概念更多与翻译有关。

2016-10-04

书　名	《西方正典》
著(译)者	［美］哈罗德·布鲁姆著，江宁康译
版　别	译林出版社 2005 年

对经典作家的再次经典化

我已记不起在什么场合听到西川介绍《西方正典》这部巨著，但我确确实实是经由西川对《西方正典》的隆重推介，才知道有这么一部巨著并开始捧读的。西川的大意是，本书作者布鲁姆以莎士比亚为核心作家、为坐标系，来考核其他作家，勾勒出了西方文学的创作力之所在。而莎士比亚，在布鲁姆看来，是一位不与任何人打招呼就大摇大摆地进万神殿的作家。

对布鲁姆我不陌生，20 世纪 90 年代初那套封面滑溜溜的《现代西方学术文库》曾是当年文学青年的案头书，其中就有布鲁姆《影响的焦虑》，及至后来，"影响的焦虑"已成为一个常用概念被作家、批评家经常引用。2000 年他的另一部专著《批评、正典结构与预言》，书名曾被我囫囵吞枣写进诗作《第七维》里，引来青年学者王晓渔的批评，也算一段趣事。

布鲁姆总是有创新性的观点提出，其文气象恢宏、荡气回肠，爱用不容置疑的肯定判断，他学理深厚、才华横溢，能把枯燥的批评文章写得诗意飞扬，具有极强的感染力。我不想一一列举《西方正典》论述到的 26 位作家，无论哪一位都大名鼎鼎，我只是注意到，这 26 位作家中并无一位中国作家，再看书名，"西方正典"，难怪，但也证明了布氏对东方作家的陌生。《西方正典》是对经典作家的再次经典化，按照大家都熟悉的一部书名可称，"作家中的作家"。相信每一个热爱文学的人都会被此书所吸引，这确实是一部激动人心的批评巨著，几乎可以说，它所批评的对象都会是你喜爱并阅读过的，这极大提升了读者对本书的亲切感和理解力。

我确认我读过此书一遍（太厚了，不敢读第二遍），当时是 2012 年，但我也遗憾地发现，如同我读过的任何一部理论书，我永远记不住书中具体说了些什么。我以为理论书的作用、本质就是潜移默化，让你的思维能硬朗些，必要的时候能引用那么一两句，足矣。

2016-10-05

书　　名	《兰波作品全集》
著(译)者	[法]阿尔蒂尔·兰波著，王以培译
版　　别	作家出版社 2011 年

一个诗歌的"通灵者"

　　读兰波，首先要读他的《奥菲利娅》，并且脑中伴随着张清华老师的画外音，相信北京的诗人大都跟我一样会用这种方式阅读兰波，因为我们都有幸多次聆听过张清华老师那比专业水准更理解原作的朗诵，而且是不看稿子的朗诵。朗诵前张老师会由衷地对兰波的天才表达敬意，他说，一个17岁的少年像长者一样表达了对奥菲利娅无限怜爱、无限叹惋的深情。我在对照王以培版的兰波后认定，张老师朗诵的是飞白译本。无论谁的译本，兰波的语言天赋都不会走样，兰波是诗歌史上真正的天才，14岁时用拉丁文写了一首60行的诗寄给拿破仑的第三个儿子。本书收入的是他17岁至19岁的作品。19岁后兰波停笔，37岁辞世。

　　兰波提倡"通灵"，他也确实是一个诗歌的"通灵者"，他的诗句飘忽、神秘，有如幽灵在说话，又像天神降语，本质上兰波确实就是一个少年诗人，思维并未被成人化，我们经常说，孩子是天生的诗人，兰波即是这样的孩子。只是他比目不识丁、全凭天赋说诗的孩子多了知识却又未被知识捆绑住。兰波写作有点像巫师作法，我年轻时也曾遭遇过兰波式写作，敲打出第一句，后面的句子就源源不断地出来，写作时双手发抖，头皮发麻，后背发凉。过了30岁后这种状态就不再有了。后来我才知道，我有一个老师是超现实主义，而兰波，正是超现实主义的鼻祖。

兰波19岁以前即完成了作为诗人一生的工作，37岁即被上帝召回天国，是否上帝也认为，他降临人间的使命已经结束？中国许多诗人有兰波情结，海子把兰波归为没有成为王的王子，在诗中称兰波为"诗歌烈士"，臧棣（《我喜爱蓝波的几个理由》）、潘维（《追随兰波直到阴郁的天边》）也均有很好的诗作献给兰波。有一个诗歌词汇很通行，"语言的炼金术"，也是出自兰波。我曾看过反映兰波和魏尔伦关系的电影《心之全蚀》，我觉得天才就像莲花，可远观而不可近玩焉，生活中的天才大都让人受不了。

2016-10-06

书　　名	《瓦尔登湖》
著(译)者	[美]梭罗著，徐迟译
版　　别	上海译文出版社 1997 年

一个思想者和行动者所能做出的生活和文本记录

合上《瓦尔登湖》，我长吁一口气，终于读完了，也终于算读过了。回看扉页，本书购于1998年12月19日，期间也曾翻开数次，却没有一次扎扎实实读下去。有一些书不读会成为你心头持久的包袱，因为它们太著名了，著名到你不读它们，它们也常常来挑衅你——从其他人的文字中。《瓦尔登湖》就是这样一本书。

它通常出现在与海子有关的回忆文字中，1989 年 3 月 26 日，25 岁的海子在山海关卧轨自杀时，随身携带的四本书里有一本就是《瓦尔登湖》（另三本为《新旧约全书》《孤筏重洋》《康拉德小说选》），这四本书当然不必借助海子来成全自己，但这四本书也确实因为海子的选择而四条好汉般地让人注目并猜疑：何以是它们？海子曾有诗《梭罗这人有脑子》，用民谣体写的，其中有这样一句"梭罗这人有脑子 / 看见湖泊就高兴"。

检点我的朋友中喜欢《瓦尔登湖》的，脑中浮现的是漳州诗人康城，记忆中他说过，每隔一段时间他会翻翻《瓦尔登湖》，在康城的口述中，梭罗和陶渊明是一类人，都可归为隐士。

回到我对《瓦尔登湖》的阅读感受，我觉得这是一部生态文明加心灵鸡汤随笔集，梭罗在瓦尔登湖畔筑屋居住两年，一定做了精心的观察笔记，日日记下湖水、鸟兽、春夏秋冬的变化，梭罗的观察力和描写能力真强啊！其中所抒发的对自然、对人类自身的思考跟我们的老子、庄子差不多但比我们的老子、庄子简单些，诸如视万物为人的同类，诸如天天拂拭三块石灰石还不如拂拭自己心灵的灰尘，等等。

梭罗对中国儒学所研甚深，经常引用孔子的言论，偶也有孟子的。当然，他对古希腊传说也烂熟于心，古希腊诸神典故也经常被他拿来论证自己的观点。梭罗是一个思想者，写有《消极反抗》（此书对"圣雄"甘地和托尔斯泰有影响），也是一个行动者，他支持反对美国蓄奴制度的运动，《瓦尔登湖》正是一个思想者和行动者所能做出的合乎逻辑的生活和文本记录。

2016-10-08

书　名	《忏悔录》
著(译)者	[俄]列夫·托尔斯泰著，简·肯蒂什英译，马睿汉译
版　别	中译出版社 2010 年

心灵的自省而非自传式的叙述

在书架上找书的时候看到这一本《忏悔录》，此前并不知道托尔斯泰也著有《忏悔录》，西方国家的"忏悔文学"特别发达。同名书籍就有古罗马奥古斯丁版和法国卢梭版，我知道这两版更早一些，但迄今未读，托尔斯泰版一无所知反而先读了，是谓读书的缘分。茫茫书海，你也只能看到你能看到的一角。

说到读书，不由想起 2016 年 9 月 11—17 日在上海大学参加中国诗歌网组织的网络诗人高研班听到的两位老师的课，赵丽宏老师的课直接就是《关于书的记忆》，叙述了自己从 4 岁开始读书的经历，其人其言其神像从古书里走出一样，有着一种迷离感、渺茫感。年轻的贾鉴老师一眼看去也是浸淫书中很深的人，他讲的是《从"纯诗"到"不纯诗"》，讲课之间穿插了一个小故事，大意是在某个地方遇到某个人，那人对他说，大可不必以有限的生命投入到无限的书籍中，他瞬间顿悟了。我理解他的顿悟就是，读书也如生活诸事，不要那么贪。2002 年 12 月我刚到北京，赤手空拳，好几年无书可读以至于朋友来看我问需要带什么时，我说，带几本书吧，那时我为没书读而焦虑。2012 年蒙诗神赐福进入了一个有书的家庭，望着一柜一柜的书我又很焦虑，此生如何读得完？无亦忧有亦忧，然则何时而乐耶，其必曰：写作。

是的，对作家而言，弥补阅读之焦虑的就是写作。回到托尔斯泰的《忏悔录》，我觉得更应名之为《思想录》，篇幅不长，主要思索两个方面的主题：1. 生命有无意义？2. 宗教的是与非？托翁坦承，生命无意义，既无意义，人为何存在？因为的确存在。

托翁此书是心灵的自省而非自传式的叙述，与卢梭著的《忏悔录》确乎不是一个模式。赵丽宏老师上课时拿卢梭的《忏悔录》来比喻巴金的《随想录》，说两本书都给予他阅读的震撼，赵老师直言，自己不敢像他们一样如实解剖自己。这"不敢"我以为与儒家传统有关，儒家讲究"隐"，在《论语》中，"父为子隐，子为父隐"都是必须的、正当的（所谓"直在其中"）。

2016-10-09

书　　名	《铁器时代》
著(译)者	［南非］J.M.库切著，文敏译
版　　别	浙江文艺出版社 2012 年

以作品论我个人认为莫言高于库切

2013 年 4 月 3 日，第二届中澳文学论坛在北京中国现代文学馆举行，莫言和库切两位诺贝尔文学奖得主的巅峰对话是当天重头戏，我们鲁 19 学员也作为听众参加了此次论坛，大家纷纷购买了莫言和库切的作品集请他们签名，我网购到的库切作品是《铁器时代》和《凶年纪事》。

库切身材高挑，体格完美，满头白发好像不是年纪大的那种白，而是白种人的白，脸上皱纹不多，皮肤白里透红，穿着黑皮衣，总之气质极好。虽然我们也不想灭自己威风，但确实我们的莫言在库切面前颜值稍逊。说是对话，其实是自说自话，两人各自上台做主题发言。莫言梳理了自己与诺贝尔奖的渊源，提到了最初把自己的名字和诺贝尔奖绑在一起的是日本诺贝尔奖作家大江健三郎，莫言强调诺贝尔奖并无"潜规则"，他说，诺贝尔奖评判的标准从来是文学本身，而非其他。接下来，莫言谈到了获奖后的生活，对外界质疑他不对社会公共事件发声做了解释，"写作也是一种发声"，他知道有相当一部分人希望他以诺贝尔奖得主的身份来改变社会上存在的种种弊端，但"作家转行做政治家也是一种选择，我没有这个能力，也没有这个兴趣"。莫言说，他只想安静地写点东西，当然也会悄悄做些有益于社会但与写作无关的事。莫言甚至这样说："不管我配不配，我确实是一个诺贝尔文学奖获得者。我现在最应该做的事，就是尽快回到书桌前，写出好的作品。我认为这是一个作家对社会最好的发言、最好的回报。"

听着莫言这一番堪称肺腑的话我还是有点不是滋味，觉得在这样一个有老外诺贝尔奖得主的场合应该说些宏大命题为好，如此这般掏心窝的话大可以关起门来说。果然，库切在发言中表示"非常同情莫言先生"，库切谈了诺贝尔奖审美标准的变化，指出，尽管诺贝尔文学奖具有独一无二的地位，但也并非完美无缺。他说，根据诺贝尔的遗嘱，诺贝尔文学奖要颁给"表现出理想主义倾向并有最优秀作品的人"，但此后有三个例子并非表现理想的，他们是耶利内克、奈保尔和贝克特。2003年即获得诺贝尔奖的库切通过轻微批评诺贝尔奖表明了自己的个性，比2012年才获诺贝尔奖的莫言，其姿态自然要高些。

其实就两人的作品而言，我个人认为莫言高于库切，我这个论断是建立在阅读库切这两本小说（《铁器时代》和《凶年纪事》）和莫言的六本小说（《酒国》《天堂蒜薹之歌》《丰乳肥臀》《檀香刑》《蛙》《红高粱家族》）的基础上，库切的小说，情节简单，走的是个人化写作路子，以冥想式的语言带动读者。而莫言的小说，开阔宏大，每一部均关注中国社会，诸如土地改革、抗日战争、计划生育、三农问题，等等，莫言的小说语言叙述能力强悍，汪洋恣肆，莫言的小说故事性强，能牢牢抓住读者，当你欲罢不能把他的小说读完，他想要告诉你的他对诸多中国社会问题的思考也在你的阅读中告诉你了——只要你读完莫言的小说，你就明白莫言要告诉你什么！

莫言不是一个好的发言人，但一定是一个好的小说家，他得诺贝尔奖，当之无愧！

2016-10-09

书　　名	《追忆似水年华》
著(译)者	［法］M.普鲁斯特著，李恒基、徐继曾等译
版　　别	译林出版社 2012 年

读语言读气氛就对了

　　妹妹看我在写读书记，在微信中要我写写《追忆似水年华》，理由：看得晕乎乎的，想读读你的心得。妹妹从我家抱走了那套 1989 年版的《追忆似水年华》后就开始追读，我对那套封面有红白蓝法国国旗的书有感情，那是我青春阅读记忆的一部分。那时我 30 岁，我们 20 世纪 60 年代出生的人成熟得晚，30 岁了还有很多浪漫、感伤、幻想萦绕于心，正是读普鲁斯特最好的年龄和情境，就这样一本又一本把《追忆似水年华》读下来并且还写了一篇读后感——《听普鲁斯特自言自语》，刊登于福建发行量最大的报纸《海峡都市报》上。该报文学版编辑彭振东也是文学中人，年轻，有激情，有创意，时常策划一些与本省文学有关的专题，对素未谋面的我关爱有加，客观上激励了我当年诸多读书笔记的出手。

　　今天为了写作此文，我百度了一下《听普鲁斯特自言自语》，不想竟未得一字，20 世纪 90 年代没有博客，文字大都发布在各诗歌论坛上，后来乐趣园一关闭，顺便抹掉了所有论坛上的一切。至于样报样刊，离京北漂后也早已散佚，许多诗文就此作别，也罢。曾在微信上读到一文，《没有这四位编辑，唐诗几乎失传》，文中说杜甫 40 岁之前的诗几乎全部无存，想想都心疼。跟"诗圣"相比，我丢失的诗文不值一提。虽然如此，我还是有点遗憾，《听普鲁斯特自言自语》一文的遗失，明显地，我不可能重读七卷本《追忆似水年华》，以我的经验，一定要趁年轻（40 岁以前吧）把那些个三卷及三卷本以上的书读完，一到中年，眼花了，心也乱了，腰也酸了，背也痛了，想再啃大部头著作那真是有心无力。

　　所以我只能凭记忆回想 26 年前读这套书的感受，我是这么跟我妹妹说的，"本书是意识流杰作，由心理活动构成，你跟着他的心理走，走到哪算哪，不要管情节，情节在本书不重要。中国的小说讲究故事发展、人物形象、动作对话等，却不擅长于心理活动，外国就不这样了，比如同样被誉为'黄书'的《查泰莱夫人的情人》和《金瓶梅》，前者哪是黄书，都是心理描写，后者才当得起'黄'，都是赤裸的动作。反正，读《追忆似水年华》，读语言读气氛就对了"。说来惭愧，煌煌七卷本《追忆似水年华》被我这么三言两语打发了，实在对不起普鲁斯特。

2016-10-10

书 名	《里尔克：一个诗人》
著(译)者	［美］拉尔夫·弗里德曼著，周晓阳、杨建国译
版 别	华东师范大学出版社 2014 年

这么一本大厚书读得真是耗神

《里尔克：一个诗人》是我迄今所读到的堪称全世界最厚的诗人传记，16 开，745 页，捧在手上就像一块砖头，读之必须端端正正摊开在桌上，阅者端端正正对文字行注目礼。它整整耗了我大半年时间。

作家传记当然不止叙述一个人的生活历史，它一定要有对作家作品的评述，所以本书事实上就是"里尔克评传"，评的成分占了相当的分量。作者拉尔夫·弗里德曼乃美国普林斯顿大学比较文学系教授。老先生（教授生于 1920 年）这一生以两部作家评传享誉世界，另一部是《赫尔曼·黑塞传》，估计也是一块大砖。有意思的是，我们中国的燎原教授手头也有两部作家评传：《海子评传》和《昌耀评传》，我曾问燎原教授，他的下一部会是谁，燎原教授说，目前还没找到他心仪的、值得他写的对象。燎原教授坚信，作者和传主的相遇必须靠缘分。

以燎原教授的观点来看里尔克和拉尔夫·弗里德曼教授的缘分，那真是比天高比海深，全书对里尔克多次逃离家庭为了自己的创作的行为给予不露声色的呈现，因而读者也就没觉得里尔克此行为有何不妥。倒是刘皓明先生题为《真实的和扮演的感情》的序言中引用了德国学界对里尔克的辛辣讽刺——诗人对其贵族保护人的阿谀所散发的势利和做作，给我留下深刻的印象。我感觉刘皓明的序言对里尔克也是一种批评的态度——诗人在诗和文之间的"不一致性"。

里尔克对中国诗人尤其学院派诗人的影响是非常大的，张松建教授就有专论《里尔克在中国：传播与影响初探，1917-1949》。里尔克"深邃的思想和精湛的艺术"（张松建语），提供了一种诗歌精神上的范式，不仅对西南联大时期的诗人，也对今日诗人产生强力渗透。著名诗人、批评家臧棣教授在其诗学专论《汉语中的里尔克》的开篇即写道：里尔克堪称中国新诗中历久不衰的神话。臧棣教授定位里尔克为"令人着魔的伟大诗人，一位风格卓越、技艺娴熟、情感优美的现代诗歌大师"。臧棣教授对里尔克熟稔到在微博、微信里信口就能引用里尔克的名言，这让我十分佩服。

阅读《里尔克：一个诗人》时我会想，仅从一个诗歌写作者的角度我们就能从作者拉尔夫·弗里德曼对里尔克的作品分析中学到很多创作上的教益，但对里尔克复杂的生命历程，我们好像也没有了解的必要，这么一本大厚书读得真是耗神。而如果里尔克没有这么一本大厚书的丰富经历，他的那些具有神秘主义倾向的、发出钻石一样光芒的诗篇又会怎样产生？真是读也不得，不读也不得。好在阅读名人传记，你能时时碰到一些与名人有过交往的同时代名人，譬如，罗丹、纪德、茨维塔耶娃等，这感觉就像疲惫时端上来的一杯又一杯咖啡。

2016-10-15

书　名	《蒙古国文学经典·诗歌卷》
著(译)者	［蒙古］琛·达木丁苏荣等著，哈森译
版　别	内蒙古人民出版社 2016 年

打开了蒙古国诗歌之门

　　蒙古族翻译家、诗人哈森没有想到，她翻译的《蒙古国文学经典·诗歌卷》填补了我家书籍收藏的一项空白，这项空白相信许多藏书家依然保持着。若非哈森此译著，我不会去想家里的万册藏书竟然没有蒙古国一席之地。这不能怪我，读者就是坐在餐桌旁的食客，并且是连点菜的资格都没有的食客，翻译家就是厨师，并且是有绝对权威的厨师，他端上什么菜你就得吃什么菜。在哈森之前，谁端上来过蒙古国的菜？没有。现在，哈森以一本《蒙古国文学经典·诗歌卷》告诉你，蒙古国不是没有文学，不是没有诗人，不是没有好的诗作，你们，该补课了！

　　翻开《蒙古国文学经典·诗歌卷》，平生第一次读蒙古国诗人的诗作。当我看到全书依照诗人的出生年代排序，第一个作者琛·达木丁苏荣出生于 1908 年，且逝于 1986 年时，我想到了中国翻译界对欧美和俄多斯诗人的推介都已到了 20 世纪 80 年代那批诗人了，至于那些经典诗人更是有多个不同译本，一个阿赫玛托娃就至少有五个翻译家在翻译。细致的哈森为每首诗标明了创作时间，有创作于 1930 年的，也有创作于 2013 年的，这其实是把蒙古国的诗歌史用文本的方式呈现在读者面前。

　　我读蒙古国诗人的诗作，常常读到大草原的开阔，他们的语言是撒开野马的那种，由着自己的情绪跑，不玩花样，不走险招，他们喜欢直抒胸臆，想到什么就说。他们的诗篇，传递出爱国、爱乡、爱家、爱人、爱生活、爱生命的主题，这和中国传统题材十分相似，因此读他们的诗我感到亲切。其中冬·朝都勒有一首诗我印象特别深刻，该诗题为《吝啬鬼一家的传说》，是一首长达 47 行的叙事诗，诗的前面极力铺垫吝啬鬼一家如何富有（羊多得可以覆盖整座山，马多得填满整座山谷，等等），却对自己如何吝啬（穿补丁衣服，舍不得穿鞋，舍不得吃羊等等），但当边境爆发战争，吝啬鬼却捐出了全部的马，并将两个儿子送去参军，最后两个儿子都战死在战场。这首诗让我想到了社会主义国家共同的教育模式和价值理念：国家利益高于一切，舍身殉国是光荣的。我对此诗的感情是复杂的。毕竟两个儿子的性命丢了，尽管是在诗中，也让人心生不忍。诗的最后，作者如此写道，"在这最最沉重的时刻，祖国啊 / 吝啬鬼一家，连生命都没有吝惜"，我的眼泪差点掉下来。

2016-10-18

书　　名	《阅读的时光》
著(译)者	［法］马塞尔·普鲁斯特著，约翰·斯特罗克英译，魏柯玲汉译
版　　别	中译出版社 2016 年

作家评论评论家

　　中译出版社这套书名为"企鹅口袋书系列·伟大的思想"，总共 20 本。32 开。英汉双语。每本 200 页左右，轻便，易于携带。出发到鼓浪屿参加国际诗歌节前打点完行装后，我便蹲在这套书系前左挑右选，都是名家名著啊：梭罗、爱默生、尼采、叔本华、卢梭、托尔斯泰，等等。最后我的目光锁定在普鲁斯特的这本，于是，2016 年 10 月 20 日 10：55 分，《阅读的时光》跟我一起乘 MF8118 航班，一路飞往厦门。在飞机排队等待起飞的一个小时里我开始了我的阅读时光。

　　本书第一篇《约翰·拉斯金》，依据注解，约翰·拉斯金系英国艺术评论家，一个有趣的现象出现了，本来应该是评论家评论作家，现在变成了作家评论评论家。普鲁斯特在《追忆似水年华》中展现了他蜿蜒曲折的叙述语言和细腻的心理，在《阅读的时光》中则展露了他理性思辨的一面，同时也保留了优秀作家都具有的敢发常人未敢发之言的勇气，他说，"死亡使人类拥有了拉斯金留下的巨大遗产"，好像拉斯金的死是件好事一样，他继续说，"他（指拉斯金）的思想在某种意义上暂时与他相伴一生。他死之后它们便回归全人类并予以启示"。其实我并不知道拉斯金何许人也，于是我把拉斯金当成普鲁斯特笔下的一个人物，这个人物具有非凡的能力，因为普鲁斯特说，"他（指拉斯金）天神般的工作不在于唤醒生者，而在于使死者复活"，由此我知道拉斯金评论所具有的力量。

本书只有五篇文章，第二、第三篇均为《阅读的时光》，分两部分，作者认为，"阅读是友谊的一种"，是的，阅读是阅读者和作者和作者笔下的人物、动物乃至事件、情感……的友谊。一件尴尬的事出现了，读到第 36 页时我突然看到我用铅笔画的一条线，原来，这本书我已经读过了，但确实，我压根儿就记不得我曾读过。"这很正常，过一阵子你再拿起来读，你还是会像没读过一样"，在鼓浪屿国际诗歌节期间和福建省批评家邱景华老师聊到此事时，邱老师很认真地说。

2016-10-25

书　　名	《时尚和死亡的对话》
著（译）者	［意］贾科莫·莱奥帕尔迪著，［英］乔凡尼·切凯蒂英译，史红丽汉译
版　　别	中译出版社 2016 年

既智慧又幽默

"企鹅口袋书系列·伟大的思想"这套书究竟有多少本我目前不知道，我所知道的是，按照封底罗列的书目，应该已出版 60 本了。32 开，最厚不超过 300 页，大都 200 页左右，更兼英汉双语，汉语部分就显得更少，一本书夜以继日两天内读完，这两天外出活动多，我就抽了一本最薄的《时尚和死亡的对话》，果然四趟地铁下来就读完了。

最初选择这本只因为它薄，读得快，我对作者一无所知。读下来就喜欢上了作者，这个生于 1798 年、卒于 1837 年的意大利诗人和哲学家真是好创意，全书 11 篇，8 篇采用对话体，1 篇采用诗剧形式，2 篇散文形式，可谓体裁多样。最好的自然是对话体那 8 篇。以书名《时尚和死亡的对话》这篇为例，开篇时尚大喊，"死亡夫人，死亡夫人"，死亡回答，"请你依序等待，届时无须召唤我也会来的"，读之令人粲然，这样既智慧又幽默的句子在书中随处可遇。本文把"时尚"和"死亡"视为两姐妹，借"时尚"之口诉说人类为了"时尚"而不惜穿耳洞、唇孔、鼻孔；用火辣辣的烙印烧焦男人们的皮肤；穿紧身胸衣导致呼吸困难，等等，想想"时尚"的生命力可真顽强，21 世纪的今天人类不也依然在做这些伤害身体的事吗？

贾科莫·莱奥帕尔迪有悲观主义者之称，他经常用幽默表达他的悲观，以《普罗米修斯的赌注》为例，该文说的是缪斯学院举办一场比赛，评选有价值的发明，结果，酒的发明者、护肤油类的发明者、节能铜锅的发明者三人获奖，而用泥捏出第一个人并附上了对其功能及品德的介绍，人类种族始于他之手的普罗米修斯却落选了，普罗米修斯很不服气，他认为，人类才是神族给予世界的最好作品。于是，他和他的朋友莫摩斯打赌，两人飞往地球去看看人类到底如何好。结果，普罗米修斯输了。

不用再一一列举其他篇目了，仅以薄薄的一本《时尚和死亡的对话》，我确实记住了我第一次读到的意大利诗人和哲学家——贾科莫·莱奥帕尔迪。

2016-10-24

书　名	《与孤独为伍》
著(译)者	[德]弗里德里希·尼采著，马里昂·法博、斯蒂芬·莱曼、R.J.霍林代尔英译，孙若颖汉译
版　别	中译出版社 2016 年

哲学家中的文学家

　　我确实不是有意要为这套名为"企鹅口袋书系列·伟大的思想"丛书做广告，但我又确确实实已多次写到这套书，它们真是太便捷了，像我刚读完的尼采的这本，32 开，英汉双语，汉语部分只有 48 页，对我这进进出出都要依靠地铁的忙人来说，最好的阅读时间自然是在地铁上的时间，而这样一本薄薄的小书只要两趟地铁就能读完，选择它们也是自然的。

　　读了尼采的这本我方明白，原来这套"口袋书系"是各大作家、哲学家的作品精选，我在这本《与孤独为伍》中读到了 20 世纪 80 年代我对尼采的阅读。那个年代大学文科生谁不把阅读西方哲学名著视为时尚？谁不言必尼采、萨特、叔本华、荣格、弗洛伊德、海德格尔……我就是在那样一个西潮涌入、国门大开的时代中读完了尼采的《悲剧的诞生》《善恶之彼岸》《偶像的黄昏》《查拉图斯特拉如是说》《瞧，这个人》《人性，太人性了》，等等。和其他哲学家文辞不通、謷牙诘屈的语言表述不同，尼采行文激情、晓畅、雄辩、深邃、强烈……极易带动读者和他一起进入他的情绪和论证中并被其感染，尼采是能够让人热血沸腾的那种人。我现在已不能确切说出尼采各书的内容，但脑海里依稀有"日神精神""酒神精神""强力意志""超人"这些属于尼采的词。尼采是哲学家中的文学家，单看他的作品题目就已注定他的文字会牢牢镌刻在读者心里。我不想引用尼采的精彩句子来证明《与孤独为伍》的价值，尼采不需要证明。

　　为了写此文，我特意从书柜里抽出紫红色封面的《尼采传》(丹尼尔·哈列维著，谈蓓芳译，百花洲文艺出版社 1994 年)，我翻到了最后一页，其时尼采已经疯了，一天，从事他作品出版的年轻人和他一起出门进行短时间散步，尼采看见路边有一个小女孩并且被她迷住……他带着微笑仔细端详着这张真诚的脸，说："这不是一幅天真烂漫的图画吗"？我的眼泪顿时流了下来，我确切地记得，那一天，1995 年 5 月 21 日，一个平常的日子因为读了尼采而流泪，而被 2016 年 10 月 30 日的我记下。

2016-10-30

书　　名	《枕草子》
著(译)者	［日］清少纳言著，林文月译
版　　别	译林出版社 2013 年

这部随笔其实就是她的个人日记

2004 年 1 月，我到诗人叶匡政的"合德堂"图书公司上班的第一件事是，把公司出版的图书翻阅一遍，这里面有一本铜版纸印制、封面为一日本艺妓的书，书名《日本格调》。编者叶匡政在后记里说，本书文字部分系清少纳言所著《枕草子》摘选，插画则是浮世绘，确实无论文还是画都是典型的"日本格调"。这几日终于认认真真读完《枕草子》，至此，连同 20 多岁时读完的《源氏物语》，就算把日本平安时代的文学双璧都过了一遍。

《枕草子》之"草子"系指"卷子"或"册子"，"枕"字在日本学界有多种解释，我认同如下一种，即它来源于白居易《秘书后厅》中的诗句：尽日后厅无一事，白头老监枕书眠。我们平时不也有在枕头上翻书的习惯吗？日本的平安时代相当于中国中唐至南宋中前期，这样漫长的一个历史时段里，日本出现了紫式部和清少纳言两位顶级女作家，并为日本留下了堪称古典文学高峰的两部著作，而中国却没有出现一个能写这样大部头的可以记录历史的女作家，真的是太遗憾了，可见中国古代对女性的压制比日本更甚。

读《枕草子》，读到很多日本宫廷里的趣事，清少纳言是一条天皇的皇后藤原定子身边的女官，她的许多章节都不避讳地写到皇后，她笔下的皇后和女官们的关系并不是严厉苛刻，反而是友好温和的，皇后甚至会和女官们一起谈诗作和歌，女官们在皇后面前，也经常谈话谈得"哄堂大笑"，这样的细节被清少纳言随手记下，成为后人研究日本宫廷珍贵的历史资料。清少纳言这部随笔其实就是她的个人日记，她善于观察且心思机灵，又有文学才华（其祖父和父亲都是擅长和歌的高手，她也得到真传），更兼有宫中生活的经历，使得她的《枕草子》具有了多重意义，全书总 323 条，涉及面极广。

我读《枕草子》时，忍不住会揣测唐朝的一些状况，知道日本受唐文化影响很深，就想，唐朝人与人的关系是否就像《枕草子》所述？《枕草子》里多次引用白居易的诗作，可见白居易的诗在日本平安时代已很流行。"枕草子式的写作"在今天也有现实意义，如果我们没有办法谋篇布局写完整的大文章，尽可以像清少纳言这样片段式的 12345……地写，能写多少算多少。我认识的诗人梁小斌的《地洞笔记》采用的就是清少纳言体，我自己也曾用此法写过《灯市西口笔记》，不过那时确实不曾读过《枕草子》。

我预备在京源学校上写作课时推广清少纳言，点滴记录生活，一切信笔写来，以破除学生们对写作的恐惧。

2016-11-8

书　　名	《神曲》
著(译)者	［意］但丁著，朱维基译
版　　别	上海译文出版社 1989 年

"知道很伟大，可读得糊涂，不求甚解"

在阅读《神曲》的过程中我一直在想，中国诗人里究竟有多少人像我这样一字一句耐着性子完完整整读完这三卷本，察看扉页，本书购于 1990 年 3 月 7 日，不可谓不早，但却从未认真详读过。

2016 年 11 月 5—6 日，北京师范大学举办了"但丁·世界·中国"国际学术研讨会，得微信之便，读到了来自世界各地但丁专家提交的会议论文，真是各种角度都有，有从宗教生活入手的，有专门针对《神曲》中的动物象征的，有探讨但丁文本在商人阶层中的传播的，有拿但丁与里尔克进行比较的，还有追索但丁与马克思主义文论关系的，五花八门。经典就是你不用读原典就会有无数的研究文章让你好像读过一样对原典有大致不差的了解，譬如，《神曲》，每个中文系学生或者文学爱好者都能说个大概，它由三部曲构成：地狱篇、炼狱篇、天堂篇。但丁的精神导师维吉尔引领他走了地狱和炼狱，看到许多在地狱和炼狱受苦的死者。而但丁在尘世爱慕的女孩俾斯丽采（通常译作贝雅特丽齐）则是他游历天堂的引路人。然后你也知道《神曲》象征了"人要经过迷惘和苦难，才能到达真理和至善的境界"（前言）。

但我想说的是，无论多少阐述文本都不能带给你阅读原典所得到的真实感受，譬如，这四天三夜的"神曲时间"，我被一大串又长又陌生的西方名字搞得晕头转向，这些名字大都来自古希腊神话，起初我还跟着注解去了解这些名字背后的故事和它们的象征意义，后来我就不读注解了（实在太多了），脑中想的是尽快把书读完，边读边好奇中国读者读懂《神曲》、读得下《神曲》的有多少？但我不否认我不敢质疑《神曲》，它太经典了，我只能反省自己的理解力。也因为《神曲》

太经典了，尽管一大串让我头晕的名字穿插其间（还有许多说教式的语言），我还是静静地读完了，无论如何，今后我可以说，我读过《神曲》了。我在想，基督徒读《神曲》应该比较会心，至少里面的很多宗教典故他们不陌生。曾听西川说《神曲》之所以伟大，是因为它有"十个基督教世纪"作为背景，我迄今也没明白"十个基督教世纪"指的是什么。为了看看我的朋友圈里对《神曲》如何评价，我特意搜索了一下，哈！竟看到诗人杨克的这一句——

"翻阅过《浮士德》和但丁的《神曲》，知道很伟大，可读得糊涂，不求甚解。"

2016-12-1

书　名	《追忆》
著(译)者	［美］斯蒂芬·欧文著，郑学勤译
版　别	上海古籍出版社 1990 年

"中国古典文学中的往事再现"

《追忆》这本书有一个副标题，"中国古典文学中的往事再现"，书很旧很薄，塞在书架某一层的缝隙处，我想这么薄的书可以一口气读完好写读书记，遂抽出来，这就读到了宇文所安这么一本值得推介的好书。不错，斯蒂芬·欧文就是诗歌界没见过也听说过的大名鼎鼎的宇文所安，家里已有署名宇文所安的四本书：《初唐诗》《盛唐诗》《中国"中世纪"的终结》《迷楼》，吴子林每每把它们推到我面前要我学学人家是如何读诗读书的，我就以"我要读原典"为由把宇文所安推开，此次自己瞄上了吴子林购于 1992 年 3 月 8 日的斯蒂芬·欧文的《追忆》，也算机缘到了，那就读吧。

三天时间零星读完，必须说，斯蒂芬·欧文首先是一个优秀的作家，然后是一个优秀的学者，《追忆》一书用的是非常富于诗意的文学笔法来演绎作者的学术观点和分析推理，译者郑学勤无疑也是优秀的翻译家，他的译笔准确地传达了作者的文学性。《追忆》全书由8篇文章构成，仅从书名和副标题我们便能知晓此书指涉中国古典文学中与往事有关的诗文，我愿意逐篇做介绍。第1篇读的是《黍稷》和岘山羊祜碑。第2篇题为《骨骸》，抽取中国古典文学中与骷髅有关的诗文如庄子的《至乐》、如张衡的《髑髅赋》、如谢惠连的《祭古冢文》、如王守仁的《瘗旅文》。第3篇以"繁盛与衰落"为主题，选取了杜牧的《赤壁》、鲍照的《芜城赋》进行论述。第4篇从"断片"入手，作者认为，断片能"把人的目光引向过去"，是"某个已经瓦解的整体残留下的部分"，本篇选取《论语》《易经》以及李贺、白居易、李商隐、李白等人的诗作，此处不一一点出诗作题目。第5篇以李清照的《金石录后序》为分析重点，近乎是对李清照与其夫赵德父（通称赵明诚）的爱情叙述，这乱世中的爱情也并非十全十美，此篇让我感怀最深。第6篇从"复现"的角度以沈复的《浮生六记》之"闲情记趣"为例，让读者重温了沈复对陈芸的情感忆念。第7篇的主角是南宋词人吴文英和他的词《莺啼序》，这是宋词中最长的一首。第8篇也非常妙，以张岱在《陶庵梦忆》的书写达成"从绝望中逐渐产生被人回忆的希望"的实现，其实已经回到了本书导论《诱惑及其来源》的命题，"中国古典文学渗透了对不朽的期望，它们成了它的核心主题之一"，这确实是中国文人的千古梦。而我对本书最大的感慨是它晓畅干净、智慧深情的文笔，它在每一篇的敞开论述中穿插与此主题相关的其他诗文的继续追踪。

读完本书后，我觉得我应该把这8篇文章中涉及的诗文都找出来读，它们，在斯蒂芬·欧文笔下发出了值得留恋的气味。

2016-12-24

书　名	《神秘北纬 30°》
著(译)者	[美]詹姆士·伯烈斯特等著，杨博一编译
版　别	吉林文史出版社 1999 年

对秘境的探险和解析

　　我的目光在书架上逡巡，最后定格在《神秘北纬 30°》，这是一本旧书，购于 2000 年 8 月 14 日，一看书的挺括和整洁，就知此书并未被读。虽如此，对书中内容，却不能说陌生。沿地球北纬 30° 前行，这里既是地球山脉最高峰珠穆朗玛峰所在地，也是海底最深处马里亚纳海沟的藏身之所。这条纬线又是世界上无数难解之谜所在地：恰好建在地球大陆重力中心的古埃及金字塔群、死海、巴比伦"空中花园"、大西州沉没处、百慕大海域、玛雅文明遗址……本书就是对包含如上秘境的探险和解析。

　　说是解析，归结起来大略为：（1）在我们现有的人类文明之前，曾有过比我们现有文明文明程度更高、更优异的文明；（2）外星文明一直在帮助或探测着我们现有文明。以金字塔为例，书中列举了种种人力难为之处，诸如，石头的切割、搬运、堆叠，最神秘的当为金字塔群与太空星群的对应，及金字塔的边长、高度与地球重量、圆周率等的对应，种种迹象表明，设计师精通宇宙万象。书中认为，建造者得到了来自已经沉没的大西州亚特兰提斯岛的秘籍，这秘籍记录在"翠绿碑板"上，这"翠绿碑板"现今还镶嵌在某座金字塔内无人能够破解。再看众所周知的百慕大海域"魔鬼三角"，那些被吞没的船只、飞机死不见尸，究竟到了哪里？前阵子与江西师范大学一教授闲聊，说起他的家乡江西鄱阳湖老爷庙水域和百慕大海域同一纬度，也是"死亡之地"。阳光灿烂的湖面会瞬间阴云密布、暴雨倾盆，待掀起的滔天巨浪吞没过往船只后，又突然天光放亮，水波不兴，而被吞没的船只自此尸骨无存。我听了非常好奇，赶紧百度搜索了一下，果然。

　　《神秘北纬 30°》一书大都写的是国外秘境，未尝见到中国的，其实中国的也不少。像我曾去过的四川广汉三星堆文明，也在这条纬度上，古蜀国"青铜立人像"，人物的造型灵感取自何方？如此高超的青铜铸造技术如何具备？也都是无解之谜。

我们总是用地球生命的生成条件来衡量一切生命，从而得出太阳系其他行星没有生命的结论，但如果其他生命不以地球生命为衡量准则，譬如他们不需要水、阳光、空气，他们的存在就是可能的。就算太阳系只有地球上有生命，那太阳系以外的无限的宇宙呢？我不认同达尔文的"猴子进化论"，怎么没看到公园里的猴子继续进化？

我在漳州三中读高中时（1983—1986）每月时间一到，就到市中心绿色外壳的漳州邮政局购买两本书，一本《读者文摘》，一本《飞碟探索》（偶尔也买买《丑小鸭》），这两本书带给我的青年之心两种截然不同的感受，前者温馨、浪漫，有如今日心灵鸡汤；后者以神秘得恐怖的姿态撞击心灵，我对世界的好奇是从阅读《飞碟探索》开始的。高考报志愿时我报了一堆地质院校，在我看来，"地质"就是考古，考古就是探索大地的秘密。

此刻当我写下这则读书笔记时，窗外轰响着高音量的过年喜气歌，这就是尘世和书的距离。要是此刻神秘发生，让我突然置身《神秘北纬30°》所描述的神秘地方，该有多好！

2017-1-24

书　　名	《理所当然》
著(译)者	[希腊]奥德修斯·埃利蒂斯著，刘瑞洪译
版　　别	译林出版社 2008 年

在永恒的光明中

　　《理所当然》，再一次确认了超现实主义手法了不起，启发了这么多诗人创作出不朽的诗篇。无论埃利蒂斯，还是特朗斯特罗姆，均受益于超现实主义。长诗《理所当然》有很强的结构性，全诗分为三章：创世、受难、赞美，有很强的基督教色彩。内文中许多注释确也与基督教有关，作为非基督教徒，我把这些注释都跳了过去（近几年中国诗人写诗作注也蔚为风气，我读过的有柏桦的《水绘仙侣》和欧阳江河的《凤凰》。前者自写自注，后者自写他注）。在"受难"一章，又分有"赞美诗""颂歌"和"朗诵文"三种文体。个人最喜欢第三章"赞美"，澎湃的激情如海潮翻涌一浪接一浪扑打过来，充满着自信和喜悦，实现了埃利蒂斯这样一个观点，"欧洲人及西方人总是在黑暗和夜色中发现神秘，而我们希腊人则是在永恒的光明中找到它"。前两章我喜欢"朗诵文"部分，它们有具体的情境和沉下来的作者的心绪，而诗作部分因为词太多，不能使我读到希腊的自然风貌和民族神话。不可否认的是，译者刘瑞洪漂亮的译笔，他译出了埃利蒂斯现代性十足的语言的修辞。

2017-1-27

书　　名	《莎士比亚全集》第 8 卷
著(译)者	［英］莎士比亚著，朱生豪译
版　　别	人民文学出版社 1992 年

莎士比亚就是莎士比亚

家里有两套全集是我一直放在心上认为应该读完而没有读完的，《鲁迅全集》一套，《莎士比亚全集》一套。尤其《莎士比亚全集》不仅全集没读完，连其中的任何一卷都没读完。

翻了一下扉页，上面注明，购于 1992 年 12 月。它们被从漳州老家走物流到京城我家后占了一栏书架就无人问津。大约去年，我妹来电说老师要求学生读《罗密欧与朱丽叶》，要我寄给她女儿读。于是，这第 8 卷被抽了出来寄回厦门给我外甥女。此番回厦门开会在我妹床头看到此书，又把它带回京以补全集之全，这才跟着我走上厦门北至北京南的高铁。

长途列车真是读书的好地方，只一路这《莎士比亚全集》第 8 卷就被我全部读完并且增强了我阅读全集的信心，如果一天能读一卷，11 天即可读完全集。放在书架上 25 年未读的书因了外甥女的读而辗转京厦两地，而被我读，书和读者的缘分真是没道理可言。

第 8 卷收入四部剧作：《罗密欧与朱丽叶》《雅典的泰门》《裘力斯·恺撒》《麦克白》，无论从情节还是从语言我最喜欢《麦克白》，麦克白和麦克白夫人被三个女巫诱导出人性的贪婪和残忍，弑君登位却又有残存的天良以致出现恐惧的幻觉而自曝秘密，等等，有着逻辑发展的真实。而《雅典的泰门》里的泰门并不值得同情，你心甘情愿把钱撒给阿谀奉承之徒就不能要求阿谀奉承之徒必须对你给予回报，你穷困潦倒沦为乞丐时对人类的憎恨和抱怨也就毫无道理。《裘力斯·恺撒》中那些刺杀凯撒的元老们不懂得穷寇必追导致最后被安东尼追杀殒命又一次证明了，政治斗争中的妇人之仁之弱智。《罗密欧与朱丽叶》里牧师劳伦斯所出的主意本来就是馊主意，只要一个环节失误罗密欧与朱丽叶就必死无疑。从情节上这四部剧作乏善可陈，但莎士比亚就是莎士比亚，雄辩滔滔的语言、语言中的机锋与智慧、语言中的诗意和哲思，弥补了剧情的陈腐。

仅仅只为读莎士比亚的语言，《莎士比亚全集》就必须读。

哈罗德·布鲁姆在《西方正典》中以莎士比亚为西方经典的中心，考察了从但丁、乔叟、塞万提斯一直到乔伊斯、卡夫卡、博尔赫斯、贝克特等 20 多位西方一流作家，揭示出文学经典的奥秘所在：经典作品都源于传统与原创的巧妙融合。

2017-4-29

书　　名	《喜马拉雅诗篇》
著(译)者	［韩国］高银著，金冉译
版　　别	湖南文艺出版社 2016 年

高僧说家常话一样朴素

无法确切记得究竟是读到还是听到，总之，我脑中留存的印象是，高银是韩国最接近诺贝尔文学奖的优秀诗人。因此，当我在晴朗李寒的书店里看到他在销售高银诗集时我便下单订购，到手后才知道高银为喜马拉雅写了 98 首诗，结集为《喜马拉雅诗篇》。

1997 年 7 月，高银和一些媒体朋友喝酒的时候被他们倡议一起去喜马拉雅地区旅行，同时拍一部纪录片《诗人与喜马拉雅》，四十几天的艰难之旅好几次都让高银濒临死境，要知道当时的高银已是 64 岁高龄。从 4300 米一直爬到 6500米，高银感觉到自己已经在死亡线上挣扎过了，而此时，他"万里之外的母亲去了九万里之外的另一个世界"了，他的妻子独自操办了母亲的葬礼。当时高银和韩国报纸约好连载"喜马拉雅诗篇"，但只到第 6 天，他就再也写不出来了。"喜马拉雅的高原反应带来无法弄清的症状"，使高银回到韩国后的一年里依然写不出任何文字。恢复诗写能力后用很短的时间写下这本《喜马拉雅诗篇》。

此书不厚，我却读得很慢，首先我很羡慕诗人如此高龄却能在喜玛拉雅行走这么长的时间，迄今我依然对西藏心怀恐惧，不敢把它安排进我的行程。除了担心身体，我更担心一不小心触犯西藏诸神而受到惩罚。我读高银此书就像跟着他走了一趟西藏，知道西藏一般的山峰都搁置一边，只有海拔达到 7000 米或者7500 左右的山峰才给起个名字；知道米拉日巴的一生……

《喜玛拉雅诗篇》不是很快就能进入的一本书，初读的时候觉得有些平，慢慢地，你就走进了高银语言陈述的世界，高僧说家常话一样朴素却值得回味，慢慢地你的心就会动。高银翻译过屈原、李白、杜甫的作品，认为东亚诗人有共同的文化源头和传统，彼此间却很陌生。好在这种现象目前正开始得到修正。

2017-5-4

书　　名	《超现实主义宣言》
著(译)者	［法］安德烈·布勒东著，袁俊生译
版　　别	重庆大学出版社 2010 年

我又一次深陷超现实主义语言陷阱

我想了想，还是把后面 7 篇放弃。也就是说，这一本书我只读前面 3 篇。我不专职研究"超现实主义"，也就不想把后面那么专业的"超现实主义"政治立场，第二、第三宣言都读完，其实仅读本书《可溶化的鱼》这么一篇我觉得就够了，就非常能体悟超现实主义奥义了。

《可溶化的鱼》文体如何定位，小说也可，散文也可，书中注解部分定位它为散文诗就有点奇怪了。全文32节，65页，不算短，不夸张地说，每一句都闪现着作者绚烂的语言才华，真是超现实主义典型文本。文中所有的物都有充当主人公的机会，它们一现身就有话语权，我顺手引本文第一句，"此时此刻，公园将它那双淡黄色的双手伸展到神奇的喷泉之上"。

读《可溶化的鱼》，我又一次深陷超现实主义语言陷阱，内心继续涌起对布勒东的佩服。而我其实已经深知超现实主义对我写作的危害并时时进行反思。它是语言的空转，语言只承担语言奇异组合造成的炫技效果，犹如空中飞人，要命的是，空中飞人最终还要回到大地上，但超现实主义者绝不。

摘录本书前勒口所述，"超现主义运动涉及文学、绘画和音乐等艺术领域，强调人的潜意识和梦幻，重视思维的原始状态，是一次精神革命"，对此我完全认同。运用在文学上偶尔为之可以，长期如此就让自己处于悬空状态，现实看不见你，你也看不见现实。运用在绘画上我觉得很好，画面的视觉语言因超现实而格外冲击你的眼球，你看到了现实中看不见的东西时，你会惊叹作者为万物重新赋形的能力。目前我的钢笔画作完全得益于20世纪90年代我刚开始诗歌写作时"以超现实主义为师"的实践。

我在诗歌写作上极力要摒弃的超现实主义思维，在绘画行动上一次次成全了我，我该对它爱，还是恨？

2017-5-17

书　　名	《精神与金钱时代的中国诗歌》
著(译)者	［荷兰］柯雷著，张晓红译
版　　别	北京大学出版社 2017 年

一部有"史"的抱负的诗学专著

　　《精神与金钱时代的中国诗歌》的封面上的书名下面有一行字"从 20 世纪 80 年代到 21 世纪初"，给出了本书所论述内容的时间限度。本书其实不是一部通史，而是一部诗人个案评论集，但它以"章"为全书逻辑仿佛又想告诉读者，这是一部有"史"的抱负的诗学专著而非论文集。

　　本书其实更大意义在于作者对他熟悉的若干诗人的研究心得，依出场顺序为：韩东、海子、西川、于坚、孙文波、尹丽川和沈浩波（他们二人共享一章）、颜峻。其中西川、于坚除了独享专章外又分别有两次被拎出来作为作者诗学命题的个案出现在目录上，韩东则有一次。总之，仅从目录判断本书体例，一个词，有点懵。我于是把它当成作者的单篇论文的集结来读。可以说，"柯雷是中国诗人的老朋友"，2003 年我初到北京就在某个诗歌场合见到他，迄今零零星星见了三四次吧，依照我聚会几乎不与人交流只埋头苦吃的习惯，跟他几无交谈。柯雷的汉语极棒，普通话说得比大部分南方人还地道，我甚至认为他一定会用汉语写作，谁知本书确是张晓红教授翻译的，必须说，本书翻译语言非常适合阅读，从容、优雅，兼具西方思维的理性和火辣辣的中国诗歌现场的感性。

　　柯雷走南闯北的田野调查精神超乎许多中国批评家，他对中国诗歌的熟悉在这本书中可以看得到。以论及海子为例，许多与海子有关的书籍我这个堪称海子迷的都不曾读过，但柯雷就有本事——摆出来。汉学家的严谨、汉学家对材料的重视在柯雷此书中可以得到印证。对所论及的诗人，柯雷都能跟踪他们从出道至今的写作，不是只抓局部，许多诗人的写作确实是在变化的。

　　本书时间截止到 21 世纪初，因此盘峰论战中民间写作和知识分子的对垒成为本书的综论中比较重头的一章，两方人马、两方论战的文章交相在本章中上阵、厮杀，但于今看来不免有俱往矣之感。是的，从 2017 年的方向望回去，那场硝烟早已成为灰烬，哪怕重新拨弄也无法让它们死灰复燃。

2017-8-10

书　　名	《"萨福"：一个欧美文学传统的生成》
著(译)者	田晓菲编译
版　　别	生活·读书·新知三联书店 2003 年

它并不是一本纯理论书籍，而是萨福诗选

　　一直以为《"萨福"：一个欧美文学传统的生成》这本书是理论书所以一直没打开，直到那天一群人说到 20 世纪 80 年代那批因为诗歌特长而得以避开高考直接跨进大学校门的幸运儿，说到他们都是一群数学的低能者，要正式高考肯定是被挡在大学校门外，所幸有诗歌救了他们，这里面就有一个叫田晓菲的。又说到这群人里田晓菲应该是最出色的，并举了她对萨福的研究，于是我翻开放了几年的这本书，这才发现，它并不是一本纯理论书籍，而是萨福诗选。田晓菲在里面起的是翻译并注解的作用。嘿，真是意外收获。说起来我真的没读过萨福的诗，但对她自然不陌生，所谓经典诗人就是即使你没读到他 / 她本人的作品，你也会经常在他人的文本中读到他人引用的他 / 她的作品。对萨福，我记忆最深的有这两首，全部来自他人的引用。

　　其一，《暮色》：晚星带回了 / 曙光散布出去的一切，/ 带回了绵羊，带回了山羊，/ 带回了牧童到母亲身边。

其二,《一个少女》:像一只可爱的红苹果还在枝头,/ 还在顶梢,被采摘的人遗忘了——/ 不是遗忘了,是够不到。

在本书中,类似这样短而有意味的诗还不少,并不是萨福爱写这样的三两句,实在是年岁太久,她的诗只留下断简残篇,感觉就像甲骨文上的句子,读者只能遗憾地半蒙半猜地读。我读本书想到的是如果"截句教父"蒋一谈要编一套历史上著名诗人截句诗丛的话,这本直接拿去就可。我读萨福,心中能够闪现出受她影响的中国女诗人的名字,那种气息和造句方式。在田晓菲的文论里,荷马是欧美文学的父亲,萨福是欧美文学的母亲。最有意思的是,想把诗人逐出理想国的柏拉图,枕头底下压着一本《萨福诗选》,真是一个莫名其妙的家伙。

2017-8-15

书 名	《曼德尔施塔姆随笔选》
著(译)者	[俄]奥斯普·曼德尔施塔姆著,黄灿然等译
版 别	花城出版社 2010 年

读曼氏的联想

"评论"在曼德尔施塔姆笔下已成为独立的文体而超乎被评论者之外。通常评论文章总是依附被评论对象,但曼氏因其出众的才华和语言表现力,而使他的评论文字可以自成一格获得读者的青睐。本书中,曼氏评论到的维庸、勃洛克、索洛古勃,以及俄国众多诗人对我而言都是十分陌生的名字,但我可以撇开那些名字而不离不弃读下去全然因为曼氏本身的魅力。就我的阅读视野,在中国当代诗界,老一辈的燎原、年轻一辈的胡亮,也有这种独立于评论对象的文字表达能力。我读曼氏此书总是想到，如果他是中国人，如果他论及的诗人是我所熟知的中国诗人群体，那该有多好。当然，《曼德尔施塔姆随笔选》并不只是评论集，其中《时代的喧嚣》一文是曼氏前半生的自述，依然葆有曼氏警句迭出的语言风格，也有对俄国早期生活的回望。读曼氏，自然会联想到那些从 20 世纪 20 年代走到共和国的中国知识分子。1933 年曼德尔施塔姆因写诗讽刺斯大林，次年即遭逮捕和流放，最后悲惨地死在远东的转运营。

2017-8-23

书　　名	《一只狼在放哨——阿巴斯诗集》
著(译)者	［伊朗］阿巴斯·基阿鲁斯达米著，黄灿然译
版　　别	中信出版集团 2017 年

诗歌对电影和其他艺术的重要性

这是一本读起来很轻松的诗集，全书分三辑：一只狼在放哨，随风，风与叶。三辑都由没有题目的短诗构成，中间也没有阿拉伯数字隔开，只用排版的空行来隔。有点类似于去年开始流行的截句，但截句必须四行以内，阿巴斯这本诗集许多超过四行。我看到译者黄灿然在译后记定义阿巴斯此类诗写为俳句，特意查了一下，行数上也不对。那就姑且沿袭现代文学史上小诗派的叫法，叫"小诗"吧。阿巴斯的小诗以情趣、哲思取胜，无关政治、暴力等阴暗面，总体还是人生感悟。他善于从生活从大自然取点，譬如，第一阵秋风袭来，/ 一大群叶子 / 逃进我房间里避难。

譬如，蒲公英小花 / 经过漫长的旅行抵达池塘。/ 没有发生任何事情。

这种句子，怎不让人心动？阿巴斯主要以导演身份闻名于世，但其实，他还有另一种身份，诗人。阿巴斯不是把自己当诗歌票友，他很清楚诗歌对电影和其他艺术的重要性。他说："在悄悄绝望的时刻，感到无可安慰，我便使自己脱离野心的激流，伸出去拿一本诗集，并立即意识到我们周遭耗之不尽的丰富性……"阿巴斯编选和改写了许多古波斯诗歌。和大多数诗人以创作完整的一首现代诗为主业不同，阿巴斯主业就是写这种没有标题的短句，这也使他在这方面的写作非常成熟。当然，偶尔也有很平白的句子，如果说是我写的，一定引来很多嗤之，譬如：学生班长／应该规矩点。

譬如，那种人多可笑，／知道了还问。

2017-9-8

书　　　名	《雄鹿之跃》
著(译)者	［美］莎朗·欧茨著，周琰译
版　　　别	河南大学出版社 2015 年

离婚主题

读四卷本《约翰·克利斯朵夫》的间隙读读诗集是一种调剂和休息，于是顺手拿来《雄鹿之跃》翻阅，没想到读到了一本主题诗集。什么主题，离婚主题。全书 49 首诗围绕"前夫"而作，真是第一次见到。本书没有前言、没有后记，光秃秃都是诗，所以也不太了解作者的生活经历，作者简历也没告知作者年纪，诗集中有一首《给我们流产的那个孩子，现在该三十岁了》，由此判断，作者该 60 岁左右了吧。这些其实不重要，重要的是本书让我读到了西方国家对写作题材的宽容。这样一本完全私密的纯属作者个人情感际遇的诗集获得了 2013 年普利策诗歌奖，这在中国是不可能的。"雄鹿之跃"既是本书书名，也是书中一首诗的诗题，雄鹿即为作者的前夫，跃就是离开，无论如何，作者对前夫的不舍是真切的。中国诗人出书迫于无奈大都自费，于是个个把书出得贼厚。其实还是应该像莎朗·欧茨这样，为一个主题写一本书，既方便阅读，也容易记住。

2017-9-10

书　　　名	《毕加索诗集》
著(译)者	［西班牙］巴勃罗·毕加索著，余中先译
版　　　别	译林出版社 2016 年

词语堆积游戏

《毕加索诗集》是我读得最快的一本诗集，15 分钟吧，用来读译者序和编者序，至于诗嘛，我还挺费心一页一页翻了一遍。真的不用买这本书，没法读，毕加索也不想让你读，他说了，"我宁可心血来潮自作主张地造它一种语法，也不愿让我的词语屈服于并不属于我的规则"，所以这里面的句子就都属于毕加索自己的规则，你不是毕加索，你怎么进得去？我觉得毕加索压根儿就是用文字跟你玩一个游戏。我不明白余中先为什么想到翻译毕加索这本书（我都不想叫它诗集了因为它根本不是诗），他翻译的时候脑子不会炸裂吗？他一定是在头脑不清醒的时候决定并且着手翻译这本书的。希望他翻译完后能迅速恢复正常。

2017-9-11

书　　名	《月亮是夜晚的伤口——罗伯特·瓦尔泽诗集》
著(译)者	［瑞士］罗伯特·瓦尔泽著，江鑫鑫译
版　　别	译林出版社 2016 年

流水账式的写作

　　《约翰·克利斯朵夫》终于读到第三卷，这种书是不可能一口气读完了，读到一定的时候就堵了，这时候读读诗集就是一种疏通，尤其是小薄诗集。我们家的书都是我先生吴老师买的，他在亚马逊网上溜来溜去，看到诗集就下单，买了好多我听都没听过的诗人的诗集，譬如，这本罗伯特·瓦尔泽的诗集。

　　译者在序里说，此君和穆齐尔、卡夫卡、布洛赫是 20 世纪德语文学四大天王。译者告诉我们，卡夫卡和穆齐尔都很推崇罗伯特·瓦尔泽，并都有文字存证（序言也引用了卡氏和穆氏的文字），但兴许罗伯特·瓦尔泽主要以他的小说和散文……震撼欧美文坛吧，仅从收入本书的 63 首诗确实看不出他何以引发卡氏和穆氏的崇拜。从译文来看，罗伯特·瓦尔泽采用的是流水账式的写作，顺顺溜溜、平铺直叙把一件事说出来，说了也就说了，好像也没什么可以回味的。好在本书有三分之一诗作尚可（它们恰好都在前面），也有让人沉思的句子，譬如，"嘿，我总是不知道 / 供我休息和睡觉的世界在哪里"。罗伯特·瓦尔泽不幸发作了家族遗传的精神病，这倒让他说出了一句好诗，"我不想在这儿写了，我想在这儿发疯"，我觉得本书序言引用的罗伯特·瓦尔泽的诗句倒比内文好。

　　本书没有译者简介，我也不想去百度，但我猜译者喜欢海子，从书题《月亮是夜晚的伤口》可知，这个书名来源于罗伯特·瓦尔泽的一句诗，当然这句诗也是译者翻译的。海子真的非常了不起，他一个人就把很多词用旧了，麦子、黑暗、死亡、面朝大海、春暖花开……包括"伤口"，他说，"黑夜是神的伤口，你是我的伤口"，其实这不怪海子，怪学他的人太多，好端端的一个词就这样旧了。因此当我看到这个书名，我的第一反应是，如果是我，我不会用这个书名。我觉得里面有一个好的书名，今天我拿来为昨天我的钢笔画命名了，"周末上午的旗帜"。

2017-9-13

书　　名	《约翰·克利斯朵夫》
著(译)者	［法］罗曼·罗兰著，傅雷译
版　　别	人民文学出版社 1987 年

生活中谁遇到约翰·克利斯朵夫估计都要叫苦

看到第四卷开篇即长篇累牍大谈工人运动时，我终于决定，不读了。

其实，在第三卷我已萌生放弃的念头，但还是坚持住，我一直想看看主人公约翰·克利斯朵夫的人生走向。现在看来，这走向是看不到了。这就是小说区别于诗歌、散文乃至哲学的最大秘密，或可称之为小说的杀伤力，你如果不读完它，你就不知道主人公会遇到什么人、经历什么事，最终怎么死或怎么永生。其他文体你都可以翻阅而不必全书读完即可对作者的才华和思想有个大致了解，中途放下它们不会有什么遗憾，不会有没读完的感觉，而小说，没读完就是没读完。

但真的《约翰·克利斯朵夫》实在让我心绪复杂。这套书购于 1988 年元月 20 日，当时我还在读大二，不夸张地说，此书是当年爱好文学的大学生人手必备之物，煌煌四卷本，买了再说。30 年了，这套书纸页已发黄，翻开时中间都散架了，那天我翻了一下自己的读书记，小说类很少，大学刚毕业那几年我读了很多西方小说，后来专注写诗，就停了小说的阅读。我在书架前扫了扫，盯住了《约翰·克利斯朵夫》，它实在太有名了。有一回听西川说，中国作家到法国遇到法国同行，一开口就是约翰·克利斯朵夫，搞得法国作家很无奈，他们说，这本书早就是过去时了，法国还有很多很好的小说。

我说说我读三卷本《约翰·克利斯朵夫》的感受。第一卷，有点振奋，情节性强，而且有大段对音乐的陈述、评语，我赶紧在我们老黄家群里告诉陈唱和黄璐两个搞音乐的女生要读《约翰·克利斯朵夫》。第二卷、第三卷约翰·克利斯朵夫在母国德国仗义相助卷入打架斗殴后逃亡到法国，文风突变，罗曼·罗兰开始变成一个政论家了，开始大段大段评说时事了，人物对话也是西方惯用的洋洋洒洒式（是否可命名为莎士比亚体，但莎士比亚是剧本，对话虽长也不至于长得过分），不清楚生活中西方人讲话是否如此。毕竟这书写于1912年，许多事已很遥远，更兼法国的时事跟我们关系不大，读起来就有点疲倦了（其中倒带了一句德法联手侵犯中国的事）。不过，罗曼·罗兰还是有本事时时闪现妙语，还是能牵着人读。最关键的是，我一直想看主人公的走向。

这就往下读。各种评价此书的都把约翰·克利斯朵夫列为励志典型，但说实在的，我不觉得这励志典型塑造得成功，生活中谁遇到约翰·克利斯朵夫估计都要叫苦、冲动、暴烈、唯我独尊，至于如何天才书中写得也不是很清楚，总之，要我遇到约翰·克利斯朵夫我就赶紧躲，陪不起。

1915年，罗曼·罗兰凭借《约翰·克利斯朵夫》一书获诺贝尔文学奖。这是罗曼·罗兰的幸运。

2017-9-18

书　　　名	《没有个性的人》
著(译)者	[奥]罗伯特·穆齐尔著，张荣昌译
版　　　别	上海译文出版社 2015 年

把穆齐尔打入冷宫

　　好吧，趁热打铁，再来吐槽一下穆齐尔吧。天地良心，《没有个性的人》我已经看到上卷第 315 页，有书签为证。那应该是 2016 年 6 月的事吧，其时我还没开始写"读书记"，某一天在赵卡微信看到他对此书的评价，那是非常非常的高，于是赶紧从书架抽出买于 2015 年 11 月 24 日的《没有个性的人》，这就开读。读啊读啊读啊读，读得那是晕乎乎、迷糊糊，一个人物都记不住。但那语言还是很有魔力，有一种先锋性的东西。于是告诉自己，权当读哲学书吧。读啊读啊读啊读，读到 9 月份我开始要写"读书记"了，这就犯愁了，这本石头一样难啃、一天只读几页就想睡觉的书什么时候才能读完啊，先读其他书吧。这一"先读其他"，就把穆齐尔打入冷宫了。期间我跟赵卡抱怨过《没有个性的人》，赵卡回我，这本书没有高智商那是拿不下的。这真太打击人了，我早就知道我是没有情商的人（套用胡适的话，我不是情商多少的问题，而是有无情商的问题），现在连智商也没有了。我又翻了一下《没有个性的人》，决定不理赵卡的激将法，不读就是不读。这世界的书万千亿，既然读你穆齐尔一句都没往心里去，那就好比吃东西一口都没吃进肚里，能有营养吗？赵卡能吃进去当然对他有营养，我吃不进呀，再有营养对我也没用。OK，反正写个读书记表示我曾翻阅过，这本书咱们就让它过了。拜拜，罗伯特·穆齐尔，怎么说我也是有个性的人。

2017-9-18

书　名	《鲍勃·迪伦诗歌集》
著(译)者	［美］鲍勃·迪伦著，西川、冷霜、陈黎、周公度等译
版　别	广西师范大学出版社 2017 年

一首歌就把一件事给讲了

　　它们是穿着薯片的外衣进我家的。此前我已在微信中获悉，这套由飞地书局策划出版的 8 卷本《鲍勃·迪伦诗歌集》邀请了一些著名翻译，每首还附带英文原版，后勒口还可扫码试听鲍勃·迪伦演唱的歌曲。我没有按照顺序读，抽到哪本读哪本，读了五本，觉得可以了。歌词就是歌词，太顺溜了，总会出现哦、嗯、噢、啊这种语气词，自然也总有回旋重复的词句，读多了就有点腻味。从已读的这五本来看，鲍勃·迪伦所涉及的题材很广：战争、宗教、爱情、亲情、青春叛逆等。我注意到鲍勃·迪伦的歌词善于叙述，经常一首歌就把一件事给讲了。鲍勃·迪伦的歌词也有小说的一面，也会塑造人物。我读的时候耳朵会自动回旋一些旋律，当然不是鲍勃·迪伦的旋律，而是我自己编的，可惜我不会作曲，记录不了，否则可以重新赋予鲍勃·迪伦歌词不同的声音表现。

2017-9-22

书　　名	《西方文论关键词》
著(译)者	赵一凡、张中载、李德恩主编
版　　别	外语教学与研究出版社 2013 年

理论写作的工具书

　　尽管每天都被随处可见的书压得焦虑，慨叹此生短暂，但书多毕竟有书多的好处，譬如，今天因为要为一首有女性主义倾向的诗作写个简评，便临阵磨枪，搬出这一块大砖——《西方文论关键词》，从里面找到关键词"女权主义"，细致地读来。本词条由孙绍先先生撰写，梳理了女权主义的发生、发展和现状，算是对我进行了普及教育。虽然不一定就能用到我的简评中，但至少带领我从感性的诗歌语境，进入到理性的评论语境，此时我需要的是后一种语言系统。本书 16 开，厚达千页，收入 83 个西方文论关键词，60 位撰写者分别来自海内外 30 余所高校和科研机构，都是该关键词领域的研究专家。作为读者，尤其有理论写作需求的读者，把本书作为写作工具书摆放一本，像我一样，需要哪个即翻读哪个，不失为一种有动力也有实效的阅读经验。我想，没有人会从头到尾把这本书读一遍，就像没有人会从头到尾把《现代汉语辞典》读一遍。但这不影响每个人家里放一本"辞典"。

2017-9-25

书　名	《大地》
著(译)者	[美]赛珍珠著，王逢振、韩邦凯、沈培锴等译
版　别	漓江出版社 1991 年

赛珍珠对中国的爱

我是在微信上看到美国米高梅公司 1945 年拍摄了电影《龙种》后才决定读《大地》的。电影海报说，《龙种》是根据美国作家赛珍珠同名小说改编的（可见在美国，本书名《龙种》而非《大地》，个人当然认为《大地》更符合中国本义）。最有意思的是，影片中的中国人竟然由美国人扮演，其中还有凯瑟琳·赫本。

我刚参加工作的那几年，购买了一些漓江出版社出版的诺贝尔奖作家丛书，《大地》即为其一。捧起这部厚达 1200 页的巨著，心里头委实有点发怵，能读得下去吗？读得完吗？不承想却一口气一路读下来，感觉像年轻时读琼瑶、金庸的小说一般，竟然有点牵挂，牵挂着情节的发展。

《大地》的线索很简单，单线走，王龙—王虎—王源，祖孙三代，分占全书三部分主角：大地—儿子—分家。中国小说喜欢走家族路线，无论《红楼梦》《白鹿原》，还是年轻一代的《耶路撒冷》，均是如此。但像《大地》线索这样单一的，还是少见。

读《大地》，心情有点复杂，一方面佩服美国人赛珍珠对中国农民一生心心念念的土地情结这么了解，另一方面也有点不过瘾，背景的交代含含糊糊，当然作为一个中国人，我还是能判断出每个主人公置身于什么样的时代。阅读《大地》，我总忍不住要拿莫言的《丰乳肥臀》《生死疲劳》来比，感觉还是比较喜欢莫言小说的清晰度。《大地》的叙述语言安静、从容、细腻，极少长句，也没有其他西方小说所爱采用的缠绕式翻译体句式，读赛珍珠的获奖词，可见她对中国古典文学的精湛阅读。

本书的缺陷在于人物对话，每个人都讲得一口文绉绉的书面语，无论目不识丁的农民、武夫，还是丫鬟。资料获悉，美国文学史一直不认赛珍珠《大地》一书，认为它是通俗文学非纯文学。《大地》1938年获诺贝尔文学奖，对外国人了解中国自是有莫大的帮助。读《大地》，可见赛珍珠对中国的爱。

2017-10-7

书　　　名	《秘戏图考》
著(译)者	〔荷兰〕高罗佩著，杨权译
版　　　别	广东人民出版社 1992 年

"开天辟地以来第一件正经事"

在书架前巡视了一阵，看到了这本购于 1993 年、几年前被从福建走物流运到北京的书——《秘戏图考》。本书有一个副书名：附论汉代至清代的中国性生活。我在看版权页时发现一个有趣的现象，版权页上写着，"粤新登字 01 号"，又写着，"内部发行"，看起来像内部书，却有出版社和定价，我也确实是在书店购买的，按当年的购书惯例，此书应购于晓风书屋，但又找不到晓风书屋的盖章。总之这是一本很奇怪的书，有点来历不明。

从译者前言可知，本书作者高罗佩（作者自己取的名），1910 年生于荷兰，1934 年就读于莱顿大学（这不是汉学家柯雷现在所任教的大学吗），一直对东方文化情有独钟，长期担任荷兰驻外机构外交官，其中就有中国重庆和南京。前言说，高罗佩撰写并发表了一系列汉学著作，其中以《狄公案》和《中国古代房内考》最为著名，本书也是高罗佩的著作之一。所谓的《秘戏图考》，就是探讨的中国人的房事，书名虽有"图"字，书里"图"却不多，估计儿童不宜，不敢放多。

我觉得作者不是一个文字功力过硬的人,本书条理杂乱,时古文(引用)时白话文(作者自己的),加上排版和印制都颇为粗糙,让人静不下心读,我只是简略翻翻,了解一下中国古代哪些书目涉及性生活,最大的"涉及"当然是《金瓶梅》咯,但该书只要在大陆出版,就一定纯而又纯。关于性,本书有一句话颇有道理,"开天辟地以来第一件正经事",这句话不是高罗佩说的,是中国古人未央生说的。是的,若无性,则万物不存了。

这本书写得不咋样,我可以说没读,也不推荐。就这样。

2017-10-9

书　　名	《博尔赫斯文集·诗歌随笔卷》
著(译)者	[阿根廷]豪·路·博尔赫斯著,陈东飚、陈子弘等译
版　　别	海南国际新闻出版中心 1996 年

一个阴性气质浓郁的人

以我个人的阅读投入度而言,我偏爱第一部分博尔赫斯的诗胜于第二部分博尔赫斯的文,老实说,第二部分的文我没有读完,我这种头脑简单的人喜欢的是一剑劈开线团的亚历山大式而非屏息静气解开线团的婆婆妈妈式。虽然博尔赫斯的诗作也有线团缠绕的风格,但相较于文,他诗歌的清晰度明显好多了。

我认为博尔赫斯是一个阴性气质浓郁的人,这点他跟普鲁斯特可为同道。他们的文字弥漫着一股在密闭空间待久后的冥想气质、长时间未经阳光照射的恍惚气质、永远耽溺于自我的想象的自言自语气质。这气质所营造出的神秘、低回、感伤、颓废、踌躇无疑具有微妙的诱惑力,仿佛我们对悬疑剧不由自主地追寻。

这类人通常十分感性，其文字也十分感性。感性的文字通常让人心动。博尔赫斯擅长为人物写诗，本书中相当部分题目即为人物名字，有我们知道的文学名人，有他的亲人，当然也有我们不熟悉的陌生的名字，这类诗博尔赫斯都写得很好。看得出，博尔赫斯喜欢惠特曼，本书中多次出现惠特曼的名字。

博尔赫斯有名的论断"天堂应该是图书馆的模样"来自本书中的一首诗，原诗如下：我，总是在想象着天堂／是一座图书馆的类型。图书馆管理员确乎是个天生要出作家的行当，外国有博尔赫斯，中国有老子。老子不是我，他姓李，名耳，字聃，华夏族，楚国苦县厉乡曲仁里人，曾任周守藏史（国家图书馆馆长）。是中国古代伟大的哲学家和思想家，道家学派创始人。

2017-10-18

书　　名	《洛丽塔》
著(译)者	［美］弗拉基米尔·纳博科夫著，主万译
版　　别	上海译文出版社 2014 年

并无感官刺激

抱着想看性描写的小心思来读《洛丽塔》的读者一定会失望，本书虽曾因题材的敏感引发争议，被四家美国出版社拒绝出版，但书中并无露骨的性爱情节。我早就注意到中外小说在"性"上的表达态度迥异，中国写动作（譬如，《金瓶梅》《三言二拍》），外国写心理（譬如，《洛丽塔》《查泰莱夫人的情人》），两相比较，自然中国版的感官刺激更烈。

文学中人大都知道《洛丽塔》，知道这部讲述中年男子亨伯特与未成年少女洛丽塔之间不伦之恋的小说来自美籍俄裔作家纳博科夫。说到纳博科夫，我脑中同时闪现的还有他的《微暗的火》，1990年代湖南作家远人就曾向我推荐过此书，遗憾的是，我至今尚未读到，家里似乎也无此藏书。那天翻寻书柜，《洛丽塔》跳了出来，想想这部小说也是名声响亮且含有诸多暧昧元素，便开始阅读起来。倘要分类，《洛丽塔》可算通俗小说，可读性很强，文字的气息就像《飘》，行文流畅而有稍稍的揶揄，情节也很抓人。书中以第一人称叙述，系亨伯特的法庭自供状，其时亨伯特已经犯下杀人罪。

纳博科夫经常会借助亨伯特的口嘲讽他不喜欢的作家作品（譬如《约翰·克利斯朵夫》、陀思妥耶夫斯基）、表扬他喜欢的作家（譬如，艾略特、拜伦），小说家的这个权利让我羡慕。纳博科夫一定是个诗人，虽然我没读过他的诗，书中许多句式是诗歌的句式，许多表达是一种新鲜的诗意的表达。这也是这部小说能吸引我读下去的重要原因。对诗人而言，小说的冗长真是阅读的极大障碍。

纳博科夫反对作家过分依赖现成的文学传统或模式，他说，"世上只有一种艺术流派，就是天才派"，仅从《洛丽塔》，尚看不出纳博科夫的"天才"，也许他的天才在《微暗的火》里？

2018-1-2

书　　名	《吃火》
著(译)者	［加］玛格丽特·阿特伍德著，周瓒译
版　　别	河南大学出版社 2015 年

作为诗人、译者、戏剧工作者的周瓒

搜索了一下，根据周瓒译著《吃火》改编的同名话剧是在 2015 年 7 月 11 日南锣鼓巷蓬蒿剧场进行首场演出，那一天，我和娜仁琪琪格和苏笑嫣特意向本剧导演、年轻诗人陈思安要了三张票，前去观看学习。

这是我第二次观看陈思安导演的诗人话剧，第一次是翟永明诗作《随黄公望游富春山》。在那部戏里，周瓒扮演了其中一个角色，灯光独独打在她身上，她坐在椅子上，左手拿纸右手拿笔构想着诗作，发出了本场演出的第一声："有了！"凝重沉思的表情、望向灵感某处的表情，让我印象深刻。

周瓒的简介有三个身份定位：诗人、译者、戏剧工作者。

周瓒没有出演《吃火》一剧的角色但提供了剧本。本剧台词全部来自《吃火》，尽管时间已过去两年半，我还是能清晰地记住那个被粗大绳索捆住的年轻姑娘，她大大的黑眼睛如此惶恐不安，她凄厉的尖叫有如精神病患者。"她已经被判处绞刑。一个男人可以通过成为绞刑吏，逃过这种死刑；一个女人，则可以通过嫁给绞刑吏而免死。"灯光转暗，冷酷的话外音回荡在寂静的剧场里，我感觉身上满是鸡皮疙瘩。我听得见自己呼呼的喘息声。

所有从《吃火》中引出的台词都那么有震慑力，那么入骨入心。这就是周瓒的译笔。周瓒又一次证明了，只有优秀的诗人，才能翻译出优秀的诗篇。

《吃火》，加拿大著名诗人阿特伍德的诗集。据周瓒译后记所言，阿特伍德是迄今在中国被翻译和研究得最多的加拿大当代作家，但我的脑子里目前只有周瓒这个译本，仅此也就够了，因为阿特伍德在周瓒笔下所表现出的探索性、思想性和女性经验表达的神秘幽微性，已足够满足诗歌读者如我的期待。

堆砌赞美之词没有说服力，让我引用本书第一首诗吧。《这是我的一张照片》，前面三节描写了照片上的景物：模糊的线和灰斑、一棵树、斜坡、小木屋、湖、小山包。惊悚的地方从第四节开始，第四节到全诗结束的第七节特意加了括号，第四节这么说——

这张照片摄于／我淹死后的那一天。

2018-1-9

书　　　名	《图像与花朵》
著(译)者	［法］波德莱尔、［奥］里尔克著，陈敬容译
版　　　别	湖南文艺出版社 2012 年

失眠读波德莱尔和里尔克

昨夜失眠，就把这本 170 页的《图像与花朵》读完了，诗集是可以的，要是其他文体，就难了。本书是陈敬容先生翻译的法国诗人波德莱尔和奥地利诗人里尔克的作品合集，"图像"来自里尔克诗集《图像集》，"花朵"则来自波德莱尔《恶之花》。两人的诗作区别很明显，波德莱尔的阴暗、暴烈，诗中出现的都是死亡、疲病、罪恶、恐怖、疯狂等凶猛的词，里尔克的则安静，我甚至能读到他严谨认真的表情和哀歌般的叹息语调。此次重读波德莱尔（以前读过另外的波氏译本），竟然读出了一种不适感。套用辛弃疾"为赋新词强说愁"的句式，我感觉如果我们再学波氏的写作那就是"为赋先锋强叛逆"了。我特别注意到里尔克的《秋天》一诗有这么一句"谁此时没有房子，就不必建造"（百度说是北岛译的，现在大家普遍认同这个译本），在陈敬容的译本里是"没有房屋的人，谁也不为他建筑"，两个版本意思有点不同，前者指的是自己不必建造，后者指的是别人不会为他建筑，究竟哪个版本才正确？请教大家。

昨天也是我青春诗会同学江一郎辞世之日，2000 年 4 月以后我们便没再见面，知道江一郎诗写得好，也产生了很大的影响。但彼此互读不多。昨天翻阅微信读了江一郎不少诗作，很是喜欢。江一郎的写作可以代表新世纪的一种写作潮流：立足田野乡间，顺应四时天命，平定自己的内心，不妄想，不抱怨，在生活和写作中与自然达成和谐。相比于波德莱尔和里尔克，我被江一郎触动更多。

2018-2-6

书　　名	《小银和我》
著(译)者	［西班牙］胡安·拉蒙·希梅内斯著，［西班牙］达西安娜·菲萨克译
版　　别	人民文学出版社 1984 年

冥想能力和抒情能力

《小银和我》这本书我读了一半，就放下了，想写读书记，又把它拾起来读完。怎么说呢，本书以一头小毛驴"小银"为倾诉对象的写法，让我想起 20 世纪 90 年代初《诗歌报》月刊大量的、以某某（譬如，"静"或"菊"）为抒情对象的诗写模式，如今回想，颇有些矫情。《小银和我》被认为是散文诗的代表作，总共 136 章，倘若作者想无穷无尽地写下去是没有问题的，只要他不让小银死并且他不死。我觉得希梅内斯的冥想能力和抒情能力都很强，但叙事性欠缺，全书基本都是作者自言自语，倾听者：小银。小银当然也是我们：读者。全书立基于自然山川而非人事。1956 年，希梅内斯以作品《悲哀的咏叹调》获诺贝尔文学奖，获奖理由，"由于他的西班牙抒情诗，成了高度精神和纯粹艺术的最佳典范"，家里没有《悲哀的咏叹调》，从授奖词来看，《悲哀的咏叹调》似乎和《小银和我》风格差不多。如果差不多的话，那他得诺贝尔奖也就太幸运了。

本书翻译也是西班牙人，居然不是中国人。厉害了。

2018-2-6

书　　名	《自由的太阳》
著(译)者	［波兰］密茨凯维奇著，杨德友译
版　　别	北岳文艺出版社 2014 年

密氏的浪漫主义

昨晚喝茶，又失眠，选了一本薄书读，就是密茨凯维奇经典诗歌选《自由的太阳》。只要是文学爱好者，就对密茨凯维奇不陌生。自然先看前言、后记和封底，特别是封底，引了 1980 年诺贝尔奖得主米沃什的一段话，摘自《波兰文学史》，其中说到，"在密茨凯维奇之后，立陶宛也变成了缪斯们的某种栖息地"，米沃什认为，"密茨凯维奇之于波兰人，就像歌德之于德国人、普希金之于俄罗斯人"。但是当我开始阅读密茨凯维奇的诗作，我被那种直抒胸臆似的肤浅抒情吓住了，第一首《青春颂》是密氏的代表作，头两句："没有激情，没有灵魂，就等于行尸走肉；／青春年华！你给我羽翼、翅膀！"基本就是这样的句式和表达，很像今日诗歌爱好者初次练笔之作，用一些大而无当的词汇大喊大叫写诗。密茨凯维奇生于 1798 年，卒于 1855 年，当时尚没有现代主义一说，要求他有现代意识、要求他在语言上有新意的表达确实比较难。我翻阅了几首便放下，我现代主义的美学趣味已接受不了密氏的浪漫主义。

2018-2-10

书　　名	《俄罗斯白银时代诗选》
著(译)者	汪剑钊译
版　　别	云南人民出版社 1998 年

是时候恢复翻译体的名誉了

才读了第一个诗人的诗不到一半，我就忍不住想写"读书记"，这在以前是没有的。我怕不赶紧写，这观点会忘了。我想说的是，汪剑钊创造了多少可供模仿的句式啊！口说无凭，且让我引用一首——

幸福是什么？疯狂的话语之烟云？
旅途上的某一瞬间？
一个渴望重逢的亲吻
溶进了听不到的"再见"？

或许它就来自绵绵秋雨的时候？
在白昼的归来里？在闭拢的眼睛里？
在因为他们衣服的丑陋
而我们并不珍惜的财富里？

你说……那是幸福在跳动，
将翅膀贴近了一朵小花，
可一瞬间——它又飞旋向天空，
十分明亮，却永不还家。

但对心灵而言，高傲的
意识或许更为亲近，
假如有回忆稍许的毒药
在痛苦之中，痛苦也更为亲近。

天地良心，这首题为《幸福是什么？》的诗作如果不告诉你它的作者是来自俄罗斯的安年斯基的话，把它放在中国任何一个选本里你也绝对相信它来自中国某个诗人，这中国的"某"还不止一个。中国许多诗人受俄罗斯白银时代诗人的强烈影响并非秘密，无论评论者还是作者，都有多文陈述。作为一个主要吸食欧美诗歌营养的作者，我对俄罗斯诗歌一直进入不了，总觉得它们太过抒情、语言太过流畅，表达的情绪无非感伤和哀怨，缺少陌生化的新异感和激烈的生活状态。直到今天，当我在书架上寻找要读的书目，我看到了《俄罗斯白银时代诗选》，这本购于 1998 年 7 月 27 日漳州晓风书屋的书，纸页已发黄，扉页与内文甚至都已隐露脱落的痕迹，我已记不得当年是否读过此书了，我的"读书记"急需有一本伟大的俄罗斯文学来加增它的分量。那么就是这本！

我相信往下继续读，我将碰到越来越多的由译者汪剑钊创造的对中国当代众多诗人产生重大影响的俄译汉句式，那种沉郁顿挫音调下降的语质、那种进一步退两步再进一步的婉转表达、那种悲伤的心灵诉求、那种迷人的抒情，它们将一句一句走出来，指认那些学习它们的中国诗人其实学习的乃是汪剑钊的语言。哈，这真是有趣。我读俄罗斯白银时代诗人很少，我读中国诗人很多，那么，我是在用倒推法在寻找那些对中国诗人产生过影响的俄罗斯诗人、俄罗斯诗句了——它们，本质上是汪氏诗句。

每个翻译家都带给中国诗人一种全新的语言表达模式，他们为汉语言注入了新鲜的异质的血液，丰富了汉语言的库存，提供了翻译体写作的样本，世纪之交诗歌界"盘峰论争"对翻译体的贬抑使翻译体成为不体面的代名词，我觉得有失偏颇。是时候恢复翻译体的名誉了。中国当代诗歌有两大块翻译体：欧美和俄罗斯。前者译者甚多，后者译者寥寥，尤其20世纪90年代，俄罗斯诗歌翻译大抵就两大家：高莽和汪剑钊。中华人民共和国成立之初和苏联关系密切，我父母那一辈学的就是俄语，以至于我一直认为汪剑钊与我父母同辈，到了北京我才知道，汪剑钊竟然生于1963年，和我同为中间代。

2018-2-21

书　　名	《伊索寓言500则》
著(译)者	［古希腊］伊索著，黄杲炘译
版　　别	陕西师范大学出版总社2016年

狐狸可谓男一号

　　中国古代有一个很有名的奴隶叫伊尹，后被商汤启用为相，辅助商汤灭夏朝建商朝。希腊古代也有一个有名的奴隶也姓伊叫伊索，他前后有过两个主人，后一位主人因为他才智出众，恢复了他的自由，让他有了参加社会活动的资格。《伊索寓言》就是他"才智出众"的证明。《伊索寓言》上过教科书，"农夫和蛇"（农夫发善心救蛇反被蛇咬死）、"狐狸和乌鸦"（狐狸想吃高枝上乌鸦口中的肉，就赞美乌鸦漂亮却贬低乌鸦的叫声，诱使乌鸦发声）、"龟兔赛跑"（兔子骄傲睡大觉结果输给乌龟）、"狼来了"（小男孩老喊"狼来了"逗大人们玩，后来狼真的来了，再也没有大人来救他了），等等，都是大家熟悉的。除了这些，伊索还有哪些寓言？《伊索寓言500则》告诉你。

　　这本书小孩子读比较合适，成人来读感觉就小儿科了，里面的道理都很明白。

但成人可以带着孩子读，特别是幼儿，每天晚上爸爸妈妈捧着《伊索寓言500则》一则一则讲，既免除自己编故事的辛苦，又能给予孩子各种知识和智慧的教育。《伊索寓言500则》也可以归为童话读本，里面的主人公大都动物，狼、狮子、狐狸、羊、驴、狗、兔、鹰、狗……就像一座品种齐全的动物园，我甚至在想，小学校园可以以《伊索寓言500则》排演话剧，孩子们一定爱看。

不知道伊索是如何了解各种动物的习性和品质的，在他笔下，狐狸狡猾、驴愚蠢、狼爱上当、狮子凶猛、羊又笨又软弱、猫头鹰既丑又不自量力……除了狮子确实凶猛，其他动物我就不知它们到底是不是伊索刻画的样子，特别狐狸在《伊索寓言》中可谓男一号（伊索也没具体写动物的性别，在我看来，大都为男性），这500则里，狐狸跟狼、狮子、羊、猫、乌鸦、猿、狗、马、刺猬……都演过对手戏，基本它胜。引得我对狐狸很好奇，可惜没有机会与狐狸相处，无法印证伊索的描写。我不太相信伊索有过在动物园生活的经历，古希腊有动物园吗？我很怀疑，如果没有动物园，伊索如何观察这么多动物；如果没有观察，他这样定位狐狸道理何在？当我想到我们众口一词把狐狸跟狡猾画上等号，兴许源头就是伊索寓言时，不禁感到伊索真是一个了不起的奴隶。

2018-2-22

书　　名	《美国学者》
著(译)者	[美]R.W.爱默生著，赵一凡译
版　　别	生活·读书·新知三联书店 1998 年

美国思想文化领域的"独立宣言"

爱默生的《美国学者》一书可以和毛姆的《毛姆读书随笔》对照着读。毛姆本质上有"大英国主义"倾向，在他对美国文学的综述中有这么一个意思，那就是美国文学只有 100 年历史，不能对之寄予太高期望。其中，对康科德派（19 世纪爱默生、梭罗、霍桑都住在美国马萨诸塞州康科德城）三位主力作家毛姆基本给予一一批评。霍桑的《红字》，毛姆经过重读认证，"能从此书得到的教益和乐趣都很有限"。对梭罗他刻薄地说，"要是我在避雪的小木棚里发现一本书而这本书恰恰是梭罗的《华尔腾》（常规译法《瓦尔登湖》）的话，我会感到万分沮丧"，对爱默生，毛姆来个先扬后抑，先大费笔墨讲了一个故事，说的是有一个后来成为贵妇人的金发女郎身边一直带着爱默生的《散文集》，不断重读，重要的句子和段落都用蓝铅笔画了出来（这个读书方式跟我一样，我用黑铅笔），金发女郎说，每当她的生活遇到难题或不幸，她就求助于爱默生的书并且总能得到解决。因为这个金发女郎（毛姆和她初次相遇于意大利科摩湖畔，后重逢于夏威夷，毛姆没说，我也判断不出金发女郎的国籍），毛姆开始读爱默生，有读就有发言权，毛姆说，"我得承认，我自己从爱默生的书里从来没有得到过什么安慰……他就像一个动作敏捷的滑冰运动员，在一片陈词滥调的冰面上滑来滑去"，这一锤砸得可真够狠的，从年龄推算爱默生没有读到毛姆此文的机会，否则一定心脏病发作（爱默生，1803 年出生，1882 年去世，毛姆 1874 年出生，1965 年去世。爱默生去世那年毛姆 8 岁，写写小情感短文短诗有可能，写长篇大论综述绝无可能）。毛姆为什么对爱默生如此拍狠砖？答案就在《美国学者》（当然，这也是我的推论，书读多了就这点好，笨脑子也会开个小窍）。

爱默生在《美国学者》一书里开宗明义大声疾呼,"我们依赖旁人的日子,我们师从他国的长期学徒时代即将结束",这是爱默生 1837 年 8 月 31 日在剑桥镇对全美大学生荣誉协会发表的讲演,本书就是他不同时间、不同地点的讲演集。百度上关于此书的介绍直接说"《美国学者》宣告美国文学已脱离英国文学而独立……被誉为美国思想文化领域的'独立宣言'",难怪英国作家毛姆不痛快了。

"且不要议论他"(《红楼梦》贾雨村言),只说我对爱、毛二人的阅读观感吧,鉴于阅读毛姆在先,先入为主,我就不打算读《爱默生集》了(厚厚两大卷,精装,黑封皮,生活·读书·新知三联书店 1993 年版。都放在家里 30 年了),从《美国学者》和《毛姆读书随笔》两书来看,若以水流来喻,爱默生是几乎看不到流动的平静湖面,毛姆是奔腾不息的壶口瀑布。我喜欢壶口瀑布的踊跃和激荡!

2018-2-23

书　　名	《月亮和六便士》
著(译)者	[英]威廉·萨默塞特·毛姆著,李继宏译
版　　别	天津人民出版社 2017 年

每一个自以为天才的艺术家内心,
一定住着一个斯特里克兰

毛姆在《两种不同人称的小说》一文中探讨过小说写法的最好的人称使用方式:用第一人称"我"但"我"并不是作品的主人公,"我"讲的不是自己的故事,"我"是故事中的一个人物,和其他人物或多或少有些关系。毛姆举例赫尔曼·麦尔维尔的《白鲸》证明这种写法的好处。《白鲸》我还没读,但我刚读完的毛姆

自己的小说《月亮和六便士》，其采用的便是毛姆喜爱的第一人称"我"而"我"又不是作品主人公的写法。

"我"在全书里就是一个线索，像侦探一样，通过各种有意或无意的寻找，找到与主人公有关的人，由他们，牵引出主人公。本书主人公查尔斯·斯特里克兰本是英国股票交易所的经纪人，有干干净净、喜爱文艺的妻子和在名校中学读书的一儿一女，突然有一天，他不告而别跑到法国巴黎，寄给妻子一封信要离婚，"我"受斯特里克兰太太的委托去巴黎找他，开始见证了一个不凡天才的一生。

坦白地说，"我"也无法给斯特里克兰离经叛道的行为一个完美的解释，只能一再用不可知论来自言自语，诸如，"被魔鬼附了体""由于这种兽欲的附体太过彻底，他的灵魂里根本没有慎重或者感恩的容身之地"等，并且借助小说中另一个人物斯特罗夫之口一再强调，"他（斯特里克兰）是个伟大的艺术家"。可怜的斯特罗夫确实有一双发现天才的眼睛，正因为这个"发现"，他搭上了自己的幸福生活。他把患病濒临死亡的斯特里克兰带回家救治，导致自己的太太喜欢上了斯特里克兰，其在抛弃了斯特罗夫又被斯特里克兰抛弃后自杀。我觉得毛姆没有写出斯特里克兰令人信服的天才的一面，但他写出了天才自带的种种乖戾、冷酷、自私、残忍，在斯特里克兰完全流氓无赖的言谈举止面前，读者如我除了一声叹息又能怎样？！对斯特里克兰而言，法律都套不住他，更不用说软弱的道德和所谓文明的教养了。现实生活中谁遇上斯特里克兰都是灾难，越亲近的人灾难越大。

虽然我迟至今日才读《月亮和六便士》，但我却觉得跟这部小说距离很近，在北京，在我的周围甚至我本人，都有相当部分的斯特里克兰情结。斯特里克兰为了绘画梦从英国漂到法国，最后漂到塔希提岛，不就像众多怀揣梦想的人北漂至京吗？这世界确实是有斯特里克兰式不可理喻的人，毛姆解释不了但理解得了他们，小说中的"我"对斯特里克兰总是恨不起来，尽管斯特里克兰非常混蛋，不懂良心和忏悔为何物，"我"也一直对他心怀恻隐，反而对受到斯特里克兰严重伤害的斯特里克兰太太和斯特罗夫夫妇按捺不住流露嘲讽。毛姆内心一定住着一个斯特里克兰，每一个自以为天才的艺术家内心，一定住着一个斯特里克兰。

《月亮和六便士》被认为是以著名画家高更为原型的。的确，一看到"塔希提"三个字，我们脑子里第一反应一定是：高更。

2018-2-24

书　　名	《安魂曲》
著(译)者	［俄］安娜·阿赫玛托娃著，高莽译
版　　别	北方文艺出版社 2016 年

"你能描写这个场面吗"

　　好诗人一定经得起不同译者的翻译，因为他 / 她好的底质在那儿，这是我读不同译本的阿赫玛托娃、普拉斯、辛波斯卡后得出的结论。以阿赫玛托娃而言，我就已读过高莽、汪剑钊、晴朗李寒、伊沙的译本，每一次都读出复杂的感情，这复杂的感情自然来自阿赫玛托娃灌注到诗中的饱满的情感、深邃的思想所带给我的触动：阿赫玛托娃并不是用华丽的语言或离奇的句子来震动你，她用的是朴实的诗句和常规的语法结构，但却在这种"朴实"和"常规"中传递出巨大的深入读者心灵的力量，这力量到底是什么？

　　爱。就是爱。爱情、爱诗、爱儿子、爱祖国，"爱"成为阿赫玛托娃诗歌的核心元素。恨也是一种力量，有时比爱更强烈，但阿赫玛托娃用的是"爱"，她把爱的力量发挥到极致。阿赫玛托娃有一首《缪斯》没有收入此书，但所有读过该诗的人都不会忘记阿赫玛托娃向缪斯发出的提问："是你向但丁口授了地狱篇？"她（缪斯）回答"是我"，阿赫玛托娃非常喜欢但丁，翻译过但丁，她坚信缪斯女神也偏爱但丁，因此想到了"口授"一事，其实我们也可以套用阿赫玛托娃的句式向缪斯提问："是你向阿赫玛托娃口授《缪斯》？"缪斯女神也一定会回答"是我"。

　　《缪斯》一诗是迄今我所读到的向缪斯女神送上最高致意的诗篇，短短八行，缪斯的神力、诗人对缪斯的信仰，都在其中。

　　《安魂曲》一书收入了六组阿赫玛托娃的长诗或组诗，从序言中我得知，一、阿赫玛托娃经常修改诗作，因此同一诗作有时会有多种版本；二、阿赫玛托娃会把写于不同时间的同一类诗作归为一组诗，我注意到《野蔷薇开花了》这组诗确实如此。这两点对我是一种提醒，一、我基本不修改自己的诗作，很多废诗因此也就废掉了。二、我也从没有组合不同时段同一类型诗作为一组诗的习惯。这是我应该向阿赫玛托娃学习的。

阿赫玛托娃最值得学习的应该是她处理重大题材的能力。我多次被这组诗的引言部分所感动，在列宁格勒的监狱外诗人排过十七个月的队，有一天，一个同样在排队的女人认出了阿赫玛托娃，她趴在阿赫玛托娃耳边问道："你能描写这个场面吗？"阿赫玛托娃说，"能"，"当时，像是一丝微笑掠过曾经是她的那张脸庞"，引言最后这样写道。

《安魂曲》由十四首小诗组成，是阿赫玛托娃一生中最重要的作品之一，同时也是苏联诗歌史上不可多得的杰作之一。阿赫玛托娃借这首长诗悼念那些在30年代被冤屈而死的所有无辜者。每个喜欢阿赫玛托娃的中国诗人当然也都要面对那个排队的女人的询问："你能描写这个场面吗？"

2018-2-26

书　　　名	《被背叛的遗嘱》
著(译)者	［法］米兰·昆德拉著，余中先译
版　　　别	上海译文出版社 2013 年

无意间多了一双昆德拉的眼睛

一个优秀的诗人、作家到最后总能成为这个行当的理论发言人似乎已成惯例，艾略特如此，现在我要说的米兰·昆德拉也是如此。20 世纪 90 年代中期，米兰·昆德拉热带出的《生命中不能承受之轻》《不朽》《玩笑》等，几乎成那个时代文学中人的必读品。其后，"生命中不能承受之轻"更是成为一个流行语句使中国人一夜之间发现，原来"轻"也是不堪承受的。米兰·昆德拉是我比较系统阅读过的一个小说家，遗憾的是当时自己学养不足，只依稀记得他的小说特别好，至于如何好，我倒说不出一二。有意思的是，说不出昆德拉小说好处的我，却领教了一番昆德拉论及的小说的好处，这便是《被背叛的遗嘱》。善于制造流行语句的昆德拉这回又向我们抛出了一个经典句式：被什么的什么。不信你注意一下现今大报小报、大文小文，使用这个句式的还少吗？在《被背叛的遗嘱》里，米兰·昆德拉用解读前辈或同辈小说家、哲学家、音乐家的方式为我们阐明了他的小说观，也就是说，这是一本关于小说艺术的书。该书分九个部分，涉及的人物有拉伯雷、托马斯·曼、塞万提斯、拉什迪、卡夫卡、尼采、斯特拉文斯基、马雅可夫斯基，等等，我喜欢这种高手与高手之间的探秘、寻根、破解的过程，更何况这次是昆德拉一个高手与众多高手的过招。能够感受到昆德拉的自信，他或者一个一个单独与他们交手，或者把他们三三两两合并在一个平台上一起交手，使用的是自己对小说艺术的理解的招式。昆德拉相信小说是有结构的，小说是需要幽默潜质的，小说如同音乐般有按三半时进行的历史，小说是关于存在的智慧……

在《被背叛的遗嘱》中，昆德拉采用了非常感性的叙述语言，他像在讲故事，把文学艺术史上那些作家、艺术家们邀请过来和他一起说，让他们和他们作品中的情节、人物、旋律以及构思一起成为他每一章的主角或配角，最后形成合力帮助他把要阐述的小说的艺术推出。可以说，这是一部散文体、诗体、小说体，甚至是哲学体的理论书，它什么都有就是没有干巴枯燥的理论词汇，它让你一口气读下去却不觉得脑子生疼。我读《被背叛的遗嘱》的另一收获是，跟随米兰·昆德拉这位优秀的导游批评家遭遇了那么多原先我不认识或认识不深的作家、艺术家们，无意间多了一双昆德拉的眼睛。

当然，我最后必须做的还是，把米兰·昆德拉从脑子里剔除，代之以我自己的双眸，使《被背叛的遗嘱》成为"被背叛的《被背叛的遗嘱》"，这应该也是昆德拉希望的吧。

本书译者余中先，法语文学资深翻译家，译笔睿智精彩。使用的翻译语言比较接近中国人的表达模式，主谓宾定状补，都按常规，也没有翻译体爱炫耀的长句或病句。读起来特别愉悦——毛姆就一直强调，如果一本书使你读得疲惫，不如不读。

2018-3-7

书　　名	《普希金文集》
著(译)者	罗果夫主编，戈宝权等译
版　　别	时代出版社 1955 年

恢宏、苍茫、高贵、凛冽：戈宝权版普希金

　　为了写这篇读书记，我特意到当当网查了一下，各种译本的普希金，唯一没有的，就是戈宝权译本。正像昨天在微信上和杨克老师交流的，翻译是一项危险的活，每一代译者都会重译经典，譬如，普希金，一定是每一位俄语译者的梦想。前面的译者如果没有得到出版社的继续推送，就很有可能被后面的译者取代，无论你译得多好。事实就是如此，戈宝权的译本在当当网已查不到了。尽管杨克说他只读过戈宝权的译本，因为戈宝权版普希金给杨克留下太完美的记忆，因此当他看到我在微信上对普希金有不恭之词时，马上很不满意地跟帖反驳。莫非，我读的不是最好译本的普希金？我这么一想，赶紧翻出家里的戈宝权译本，经认真细读，决定，必须推荐戈宝权版的普希金，戈版普希金才是我心目中俄罗斯诗歌的太阳所应有的抒情风范。

　　这本书太老了，还是繁体字。是普希金诗文选，戈宝权翻译了短诗部分，计40 首。每一首都让我喜欢，我从里面读出了我熟悉的中国女诗人受影响的来源主要来自这个译本，我也拿这个译本和我读过的其他译本对照，发现戈宝权版经常会多出一些句子，这多出的句子给全诗增添了很多意味，譬如，那首《我的墓志铭》，戈宝权多了一句"可是在心灵上"，这六个字像秤砣一样，加重了全诗的分量，你的心也跟着往下沉了沉。家里的另外两个译本两个译者都翻译成"谢天谢地"，因此我断定，"可是在心灵上"是戈宝权根据自己的理解补上的，个人更认同戈版。从《文化和友谊的使者戈宝权》一书里获悉，戈宝权读书时勤工俭学，曾抄写过曲谱，包括中国民间音乐和欧洲名歌剧的咏叹调等，难怪他的译本有着华美端庄的咏叹气息。戈宝权并未有写诗的记录，但他翻译的普希金诗歌感觉却非常地道，

不免纠正了我的一些偏见，我原以为只有诗人才能翻译好诗歌。

我又对比了几个版本的普希金名诗《纪念碑》，再次断定，戈宝权译本最得俄罗斯大地恢宏、苍茫、高贵、凛冽的气象。这气象，也是普希金诗作所具有的。期待戈宝权译普希金能够再版。

2018-3-27

书　　名	《阿赫玛托娃诗全集》
著(译)者	［俄］安娜·阿赫玛托娃著，晴朗李寒译
版　　别	人民文学出版社 2017 年

一代人有一代人的文学翻译

2017 年，《阿赫玛托娃诗全集》由人民文学出版社出版，这是阿赫玛托娃诗作第一次以全集的方式在中国推出，此前中国读者读到的阿赫玛托娃诗作都是选集，尽管只是选集，却已深深地影响并造就了许多中国诗人。

2014 年应马启代之邀，赴山东济南参加"首届山东（国际）美术双年展'品味泉城'诗歌高峰论坛"活动，与山东优秀女诗人寒烟重逢，不免聊起了各自的写作路数。寒烟受益俄罗斯诗作颇多，写有《遗产——给茨维塔耶娃》等名诗。我注意到一个有意思的现象，中国诗人但凡喜欢俄罗斯诗作的，总会有一两首诗献给俄罗斯诗人。这应该也与俄罗斯诗人喜欢写献诗有关吧？三卷本《阿赫玛托娃诗全集》确实有很多献诗。那天，我和寒烟算了一下受俄罗斯诗歌影响的中国诗人，竟然近 10 人，都生于 20 世纪 60 年代。这批诗人所受的影响自然不是晴朗李寒译本，那时晴朗李寒尚未翻译出版《阿赫玛托娃诗全集》。可以预见的事实是，晴朗李寒版《阿赫玛托娃诗全集》出版后，读者对阿赫玛托娃的阅读将以晴朗李寒译本为主，所受的影响也当来自此译本。

因此可以得出一个结论，一代人有一代人的文学，一代人有一代人的翻译作品。

我阅读俄罗斯文学比较晚，没有从博大深厚的俄罗斯文学汲取营养是我的一个遗憾。我的写作起步于欧美文学，尤其是《西方超现实主义诗选》，求新求怪求异是这个流派的特色，直至今日我依旧很难更改对陌生化语言的怦然心动。就我完整读过两遍的晴朗李寒版《阿赫玛托娃诗全集》，我发现阿赫玛托娃并不制造语言障碍，而是以整体感为优势。浓郁的情感所营造出的、说不清道不明的气氛笼罩了你，你被阿赫玛托娃浸润而沉思，而静穆。阿赫玛托娃的短诗大都10行左右，还有很多在4行以内，但却不会让你觉得单薄，有些句子你还想反复咀嚼，阿赫玛托娃不拒绝你走入她的内心世界，只要你有足够的悲悯情怀与高贵气质。必须完整读完三卷本你才能了解钢铁是怎样炼成的，按照写作时间分卷，一卷比一卷有力量，特别第三卷两首长诗，《安魂曲》和《没有主人公的叙事诗》，完全跟短诗不一样的语言风格，仅读短诗，阿赫玛托娃是忧郁的、恋情丰富的，必须有长诗，阿赫玛托娃才是与国家的命运血肉相连的伟大诗人。

2018-3-30

书　　名	《我是凤凰，只在烈火中歌唱：茨维塔耶娃诗选》
著(译)者	［俄］玛丽娜·伊万诺夫娜·茨维塔耶娃著，谷羽译
版　　别	上海译文出版社 2014 年

茨维塔耶娃更具"陷阱"的力量

"玛丽娜（茨维塔耶娃）是比我更出色的诗人"，阿赫玛托娃如是说。在阿赫玛托娃，当是谦虚，内心不一定当真，在我，却几乎就要同意她的断语。如果仅从短诗来看，茨维塔耶娃更打动我，正如她的诗句，"我是凤凰，只在烈火中歌唱"，情欲的烈火伴随了茨维塔耶娃一生。

谷羽的这个译本有一个很珍贵的环节，每一首诗他都作了注释，"介绍了这首诗写给谁，有何背景，对疑难词句和典故给予解释，偶尔谈一点翻译心得体会"。谷羽译有三卷本《玛丽娜·茨维塔耶娃生活与创作》(［俄］安娜·萨基扬茨著，广西师范大学出版社 2011 年)，对茨维塔耶娃情感风暴和悲惨命运的一生烂熟于心，方有作注的可能。188 首诗，188 个注，读下来也可对茨维塔耶娃有约略的了解。这些注释传递了谷羽对茨维塔耶娃行文处世的爱与包容，也表达了谷羽的诗歌观，在《利剑》一诗的注释里谷羽说，"因为诗歌不是别的，而是诗人迷失在人类心灵的迷宫里，找不到方向和出路所发出的叹息"，从本书来看，茨维塔耶娃经常迷失在心灵的迷宫里，这迷宫由一个又一个她喜欢或喜欢她的人构成。

读此书的同时，我翻查了一下家里的书柜，有苏杭译茨维塔耶娃，有王家新译茨维塔耶娃，有马海甸主编的《茨维塔耶娃集》，再加上 2013 年读过的汪剑钊所译的粉红封面的茨维塔耶娃诗选，断断续续也读了不少版本的茨维塔耶娃，以前不写"读书记"，读了也就读了，基本不动脑筋，这次读谷羽译本，想得最多的是，为什么中国迄今没有《茨维塔耶娃诗全集》。茨维塔耶娃看起来是一个创作力旺盛、创作量巨大的诗人，虽然她只活了 49 岁。在谷羽的注释里我获悉茨维塔耶娃写了很多组诗，但众多的诗选都只能挑选组诗中的一两首翻译，肯定影响整体质量。同时，茨维塔耶娃也写了不少长诗，这更是诗选中很难读到的。阿赫玛托娃已经有了晴朗李寒翻译的诗全集，茨维塔耶娃会有谁来做这个工作呢？若无全集，则茨维塔耶娃是不完整的茨维塔耶娃。

以我读过的阿赫玛托娃全集和茨维塔耶娃选集，两人个性完全不同，前者高贵，内心疯狂；后者激情四射，疯狂放浪。仅以短诗论（再次强调），茨维塔耶娃更具"陷阱"的力量，她用她狂野的爱挖了一个又一个"陷阱"，你不是掉进这个陷阱，就是掉进那个陷阱。也许茨维塔耶娃在生活中就像死缠烂打的爱情至上主义者，让爱人让情人受不了，但恰恰诗歌需要这股劲，我喜欢的也就是茨维塔耶娃诗中的这股劲。

茨维塔耶娃有一首诗《寄一百年以后的你》，可以跟普希金的《纪念碑》对照着读，两个对自己的诗作有着充分自信的人，果然迎来了他们诗作永不熄灭的光芒。

2018-4-1

书　　名	《〈悲剧的诞生〉导读》
著(译)者	［德］尼采原著，朵渔导读
版　　别	天津人民出版社 2009 年

破译了尼采的哲学写作密码

蒋浩在微信上晒钱春绮译本尼采的《查拉图斯特拉如是说》，并连呼三声"伟大之书"！蒋浩自述，"现在看来，二十多年前我根本就没读懂过丝毫，当然现在也不能说重读就读懂了。可惜不懂德语，难以想象原作有多么奥妙，很久没有一本书能如此让我心潮澎湃了"，如此激动的语言表明了蒋浩已被尼采的天才点着了。

老话"书非荐不能读也"，我也赶紧找到存放尼采的那列书柜，真是满满的，仅《查拉图斯特拉如是说》就有三种译本。突然，一个熟悉的名字跳了出来，朵渔。毫无疑问，一定是"70后"诗人里有思想的那位朵渔了。时至今日，诗人们已经很少把他和当初那个命名并参与"下半身诗歌运动"的朵渔视为同一人了，但其实，作为思想者的朵渔，秉持的还是当年的个性：自由和冒犯，这是"下半身诗歌运动"留给他的可贵的遗产。

辞去公职是朵渔生命中一个重要的节点，他用一首诗《妈妈，您别难过》写出了离开的原因。我在百度此诗时发现，许多人说到他们辞职时第一时间想到的就是这首诗，可见这首诗已经成为一类人的代言——凡经历过体制之殇的人，读之都会心有触动。离开体制的朵渔，完全沉浸在自己的阅读、写作与编书里。我和朵渔交往不多，从可见的信息看，朵渔对20世纪二三十年代的中国知识分子和俄罗斯白银时代的诗人有比较深入的研读，写有大量与这两个主题有关的诗文。我感觉辞职后的朵渔在迅速地往自由知识分子的路上走，他的思想、他的痛楚更多地与他身处的这片大地、这个民族发生着关系。

《〈悲剧的诞生〉导读》把一篇读书记写成了一本书，书中有对尼采人生的概述，有对尼采同时代人的笔锋扫描，最重要的，自然是对《悲剧的诞生》一书的分析和阐释，但又不止于此。作者并没被尼采牵着走，他有自己的悲剧观，他从人生哲学的角度探讨了悲剧和人生的关系，并破译了尼采的哲学写作密码——《悲剧的诞生》实质是尼采哲学的开端和序幕。

2018-4-10

书　　名	《钟摆下的歌吟：阿克梅派诗选》
著(译)者	［俄］古米廖夫、阿赫玛托娃、曼德尔斯塔姆著，杨开显译
版　　别	北京十月文艺出版社 2013 年

把自己的命运与所处的时代捆绑在一起

阅读《钟摆下的歌吟》这本书伴随着几件事：美英法联军导弹空袭叙利亚、中美贸易战、美国制裁中兴、鸿茅药酒跨省抓捕，还有就是我吃了一顿火锅惹火上身再次引发感冒咳嗽。国内外大事和身体要事纠缠在我的生活里使得这本本来不厚的书的阅读变得十分漫长，我得把大量时间用在微信上，刷屏取代了翻书。相比于知道前人说什么，当下此刻所发生的一切似乎更具吸引力，当然我也发现我的朋友圈里大部分诗人依旧晒花晒草晒聚会，他们眼花缭乱于自然山川而非现实事件。我也不知道为何我做不到他们那样。近阶段我的诗歌写作也与我的关注有关，叙利亚、中兴、鸿茅药酒都进入我的诗中，当然我不敢肯定这类写作就能写好，但它体现了我近几年的写作诉求：与现实而非与古人写过无数次的事物建立关系、写当下发生的事而非不着边际的事。

本书的三位阿克梅派诗人古米廖夫、阿赫玛托娃、曼德尔斯塔姆就是把自己的命运与所处的时代捆绑在一起，并因此而遭受生命的威胁乃至死亡，每次读俄罗斯白银时代诗人的作品，我总是心生羞愧，向他们致意是我唯一能做的。

本书译者杨开显此前不认识，从这本来看，译得也相当不错。好诗人基本经得起不同人的翻译，因为他 / 她优秀的底本在。本书最重要的是附录的两篇文章，一篇关于古米廖夫与阿赫玛托娃的爱情，一篇关于曼德尔施塔姆的生平，没有注明作者，我猜应是译者所撰，对于不曾读过这三人传记的读者如我而言，这两篇文章基本介绍清楚了这三人的大致状况，非常有益。从诗歌的角度，每人入选二三十首根本不能代表作者的总体水准，要了解一个诗人，至少必须读一本诗集，最好读全集。

2018-4-22

第二辑

书　　名	《论语今注今译》
著(译)者	毛子水注译
版　　别	重庆出版社2011年

每次读都像读一本新书

　　《论语》应该是我国第一部由弟子整理导师言论而成的书吧？按时下流行的说法，乃孔老师的"上课记"，托儒门弟子董仲舒"罢黜百家、独尊儒术"的策略之被汉武帝采纳的福，儒家一枝独秀，艳冠诸家，《论语》就像《圣经》之于基督徒一样成为中国文人的必读书目。

　　相比于其他诸家，《论语》篇幅不长，且采用语录体方式，貌似好读，其实不然。倘没有"今译"，也会让大多数读书人头疼。我已回忆不起究竟读过几个版本的《论语》今译，每次读还是像读一本新书一样。

　　毛子水（1893—1988），名准，字子水，浙江衢州人。著名学者，人称"五四"时期"百科全书式学者"，历任北京大学教授、北京大学图书馆长、西南联大教授、台湾大学教授，等。他译《论语》很诚实，对原文有疑问、自己拿不定主意的，他就"译文阙"。正像一百个人有一百个哈姆雷特，一百个人也有一百本《论语》，譬如，对"朝闻道，夕死可矣"，毛先生认为，孔子一生栖栖，心中所期望的只是"天下太平"，此处的"道"因此可译为"天下太平"，此句便是，"我若有一天听到'天下太平'了，我便什么时候死去也愿意"。"道"就这样被毛先生坐实为"天下太平"，显然是毛先生身处战乱年代的一己之寄托。话说回来，"道"本来就是一种只可意会不可言传的东西，谁都可以有自己的解释，毛先生大胆给出了自己的解释，也算开一家之言，故此给我留下极深印象。

　　《论语》之所以百读不厌，乃是因为孔子及其弟子的形象之鲜活、个性之分明、语言之丰富、道理之亦深亦浅，读《论语》，就像读散文，也像读小说。孔子会教学生道理，也会用很难听的词骂学生，说起来孔先生那时候哪里知道自己会成为"圣人",他的学生们也不知道自己会随着《论语》流芳千古,而《论语》恰好就是这样一本奇书,学生们记录下老师的言行,并且和老师一起为后人所熟知、所记忆。

以前读高中历史时经常听到老师说孔子"因材施教",重读《论语》,果然,譬如,对"孝"、对"仁",孔子就针对学生的不同性格给予不同的回答。联系今天的中小学教育,并未按照孔先生的方式施教,有一则漫画,狮子一声令下,要猴子和鱼儿们一起爬树,狮子就是今天的教师,猴子和鱼儿们就是今天可怜的中小学生。在这样的教育体制下,倒霉的鱼儿自然得零分。

读《论语》我还想到一个问题,如果一方都听孔先生的教诲,处处讲"仁"、讲"礼"、讲"信",但另一方并不如此,那这一方是不是要死得很难看。历史上这种事不是没有,譬如,楚汉之争的项羽和刘邦……

2017-1-29

书　　名	《老子评注》
著(译)者	杨义主编,党圣元评述·注释
版　　别	岳麓书社 2007 年

中国人幸好有儒和道

因为要写老子,这回不敢乱翻书了,而是认认真真一章一章地读完。

家里与老子有关的书粗略一扫竟有 9 个版本,来自不同方家,有李零、徐志钧、刘笑敢、徐澍、刘浩、[明] 焦竑、高明、陈鼓应、朱谦之等,兴许书架某个角落还有我未曾发现的某本。我仔细对比了一下,决定读并荐党圣元先生这本。

这本书在体例上很适合我这样爱好者水平的人阅读，它横排，简体字，每章由四部分构成：本文，注释，串讲，评析。在对每章进行白话文翻译（串讲）的基础上又附上作者对此章的评论文字（评析），可谓乘胜追击，把难懂之至的"老子"继续进行阐述，这个很重要，评析部分事实上就是党圣元研读老子的心得感悟，其中穿插有历朝历代钻研老子的成果，内容丰富，81 篇评析文章对阅读者的知识增长是一种强力注入，对阅读者理解老子也是一种帮助。

没有人敢说自己理解老子，说起来我断断续续读老子也不知多少次，但要我丢下译文直奔原典，一定还是一知半解。对老子之《道德经》，各有评述，回忆我诗文中与此有关的诗句，我想到 1999 年我的长诗《纸空气》中有这么一句"啊《道德经》，《道德经》五千言，处处是人生的狡诈"，本句来源于诗评家杨远宏，那时我有随手记录别人精彩言论并把它写进诗歌的习惯，这句话因此被保留下来。木心认为，诸子百家中，老子的思想最透彻、孤寂、凄凉，完全绝望。木心把《道德经》看作老子的情书和绝命书。

我读老子，总是读到老子在下结论、给观点，但基本不给阐释和论据，《道德经》经常拿儒家的所作所为来对比，有的成立，有的不成立。后人就更简单了，直接用入世和出世来归纳儒和道。中国人幸好有儒和道，身心方能有一种平衡，我觉得挺好。人活于世，全出世全无为，那生有何益？老子再无为，不也留下这样一部《道德经》了吗？

有一年（2008 年）和宁波大学钱志富教授聊天，他说：我乐意成为被埋没的那个人，像历史上被埋没的那些人一样。我说好，请举出历史上被埋没的那些人。钱教授笑了，知道自己陷入矛与盾之中。所以无为并非什么都不做，消极地活着，无为是一种心态上的超脱，行动上尽力，结果顺其自然，就行了。

读老子，要和读孔子相结合。在《道德经》第五十八章，我读到了 2015 年 6 月八宝山童庆炳先生追思厅挽联的出处，该挽联如下：方而不割廉而不刿夫子人格宜为天下楷，仰之弥高钻之弥坚先生学识堪称百代师。

2016–10–13

书　　名	《白话庄子》
著(译)者	张玉良主编
版　　别	三秦出版社 1991 年

假设我在春秋战国时期，我要去拜访庄子

　　查了一下微信，12 月 2 日翻出《白话庄子》预备重读，至今日读完用时 16 天，固然这一阵杂事颇多，但也不能排除读古书于我总是一种磨炼。当日晒出此书时易彬博士在贴下留言，"这就不叫读庄子了"，我理解他的意思是，读庄子，白话不行。其实这个版本不仅有白话，也有原文。

　　细读此书，才知此前我零星阅读的各种"庄子"都非全本，乃是节选。郑敏先生在多篇文论中对胡适、陈独秀的白话文运动多有微词，主要是胡陈二人严重割裂古典与白话，造成今日中国人读不懂繁体字、读不来竖排书。我深以郑敏先生此言为然，不仅对繁体、竖排有隔阂，连古文都隔膜得不行。坦白说，读先秦诗文，若无白话真是误读连连，往往它们的四个字翻译成白话要一长句。此番重读《白话庄子》，不管懂不懂原文，还是认真把原文读了一遍，培养语感。

　　读完《白话庄子》，不禁又让我想到了董仲舒的可恶，一个"罢黜百家，独尊儒术"，硬生生把诸子边缘化了，倘若有时空隧道能带我到春秋战国时期，我要去拜访庄子，要跟他说，我真喜欢你的"君子之交淡如水"，真喜欢你的"相濡以沫，不如相忘于江湖"。这两句一直是我的处世之道，也因此我跟人的交往一直不亲，一场活动下来，有的人很快交了一群朋友，我却是依然故我，朋友不见增加一个。本性如此，也就一切随心了。

　　庄子经常拿孔子说事，把孔子树为"反面教材"，不知孔子作何感想，孔门弟子作何感想。总体上我推崇庄子的人生观，如果全社会都来读庄子，人心会单纯些，人事会简单些。先秦诸子的书都应一读再读，每个人都能提供你独异的思维，庄子尤其如此。黑格尔和德里达都曾发表观点"中国没有哲学家，只有思想"。

因为《白话庄子》，我配套也翻了杨国荣先生的专著《庄子的思想世界》，开篇即言，"在中国哲学史上，庄子无疑是一个不可忽视的人物"，杨先生进而阐述，"《庄子》作为一个整体构成了具有原创性的哲学系统并对思想的衍化产生了实际的制约作用，都已为哲学历史本身的演进所确证，不可置疑"。

作为中国人，我自然站在杨先生一边。

2016-12-18

书　　名	《孙子兵法新注》
著(译)者	中国人民解放军军事科学院战争理论研究部《孙子》注释小组
版　　别	中华书局 1996 年

一本不适合寻常百姓读的书

偶然在家里的边边角角摸到这本书，本就想把诸子百家能读到的尽可能读到的我，遂开读此书。近些年，西川在各种场合的发言均讲到他的阅读兴趣已转向中国古典文学，其中诸子百家是他反复必读的，我也曾现场听到他大段背诵韩非子的文字，这些，对我有意无意阅读诸子百家肯定有影响。

手头这本《孙子兵法新注》初版于 1977 年，刚粉碎"四人帮"，里面的注解也留有那个年代的特色，站在马克思主义立场对地主阶级不时给予抨击。作者居然是这么一长串，俨然集体智慧的结晶。全书只 168 页，我却断断续续读了一个月，扣掉外出 10 天，本也不至于读这么慢，一直到下午我才悟出原因，这是一本"杀气"太重的书，每次读它总是头痛、心慌、胸堵、烦躁、不安，甚至有呕吐感。想想古今中外多少兵家读它用它便可知此书从问世之日起便与死亡结下深缘。

经由此书注释部分可获悉，曹操曾为《孙子》作注，也是经由此书获悉，尚有一本《武经》，迄今未读，不知那《武经》与此《孙子》有何异同，我挺好奇。就我目前读过的诸子，《孙子》一书在文字上难度最小，却读得并不轻松，显然这是一本不适合寻常百姓读的书。2004年10月1日，我曾写一文《中国孙子兵法城》，记录了我应滨州诗人王长征之邀游走山东几地的行踪，其中就有孙子故里。

说来惭愧，如果不是亲自到滨州惠民县"中国孙子兵法城"参观游览，真的不知道大名鼎鼎的孙子是滨州惠民县人。像我这样对历史、文化比较关注的人都不甚其详，大多数人就更加不知道了。所以我觉得，滨州应该在对外宣传上再加大一点力度，使"孙子故里""兵祖桑梓"的美誉更深入人心一些，也许对今后的旅游会有更大的促进。

2017-5-1

书　　名	《山海经》
著(译)者	冯国超译注
版　　别	商务印书馆 2011 年

碎片化的神话传说

今天在微信上读到张定浩的一篇文章，使我想到了《山海经》。

张定浩在文章中指出，汉民族缺乏与神话紧密相连的史诗传统而使中国神话零星而不成系统。张定浩认为，屈原是有可能成为如同荷马那样的强力诗人，去完成神话创世谱系的，遗憾的是，屈原没有活得长久。张定浩在此文（微信题目我认为不是报纸发表时的题目，姑且记之，《有没有屈原这样的强力诗人，对一个民族创世神话谱系建构至关重要》）中提出了一个可能大家平时也不会去想但读了会认同的观点，古希腊神话、古罗马神话并非如地下文物一样等着打捞，而是因为出现了荷马、赫西俄德和维吉尔、奥维德这些强力诗人去整理、研究并创造之后，才形成的。"创造"是张定浩老师很强调的。

读了张定浩的文章我自然联想起《山海经》，《山海经》记述了上古至秦汉时期中华大地上的山川、动物、植物、矿物、历史、风俗、神话传说等，它的作者和成书年代一直未能确定。所以我读到的这本书，就只有译注者。《山海经》所涉及的神话传说确实碎片化，没有一个完整的体系，这些传说也没有一个可以流传的故事，读此书，可能是一种掠奇心态，看看古人给出了那么多稀奇古怪的动物、植物、人物，一笑置之。对书中的山川地理，研究者也考证过，有的今有对证，有的查无此处。

《山海经》这么多年断断续续地读，从未有一次从头到尾读完，感觉好像没这个必要。但它提供了一个很有影响力的表达模式，"又东三百里""又东三百五十里"，也就是，以"又……"来指向方位，有一个诗人把这个句式拿去写诗，也写出了一首名作。这是《山海经》对他的贡献。《山海经》对我的贡献在我开始画画后显现，每当我画出不可名状之物时，我就跑去翻《山海经》，向我们伟大的老祖宗讨宝贝，从中得到了不少好名字：鯈、阘非、枭阳国人……

2017-5-18

书　　名	《东周列国志》
著(译)者	冯梦龙、蔡元放编
版　　别	人民文学出版社 1991 年

春秋战国是中国历史上了不起的时期

　　我是在看完电视连续剧《芈月传》之后才萌生读《东周列国志》的心，当时是 2015 年，而手头这套书购于 1992 年 4 月 4 日，虽然纸张有点发黄，但齐整硬朗度一看就是未经翻阅的。多年前读到余秋雨用"熟了"来形容已读之书的形态，那么有生活感，遂牢牢记下。我买《东周列国志》23 年了依然很"生"，它在等待一个契机召唤主人来把它读"熟"，于是，我循着《芈月传》的气息来了。

　　所有类型的电视连续剧里我最喜欢看的就是中国历史剧，哪怕其中有瞎编滥造的成分我也喜欢，它的任务在我看来就是激发你对这段历史的兴趣，然后顺藤摸瓜找到相关书籍去阅读、去辨别。就如我正在进行的《读书记》，有朋友说，为什么不具体引用一下你推介书籍的内容而净写些拉拉杂杂的话，却不知我这样做有我的考虑，如果写成正儿八经有学术范的论文，一则我写不来，二则也会吓退如我一般未受过正规学术训练的读者。此外，所谓引用书中句子如何引、引哪句？大部分经典是必须慢慢读才能读出其妙，倘若断章取义摘出几句，有时反而会破坏全书之美，甚至会使读者心生纳闷：这有什么了不起，这几句我也会写呀。因此我理想中的《读书记》所愿望达成的就是电视连续剧《芈月传》传递给我的效果，勾起读者的阅读欲，去读我推荐的书，效果也就达到了。

　　说到《东周列国志》我并非一无所知，1980—1983 年我在漳州一中读书时曾从学校图书馆借来《春秋故事》《战国故事》《西汉故事》《东汉故事》逐一阅读，读得津津有味，这四本都是白话文版，由一篇篇故事构成，记忆最深的是有一本开篇的"烽火戏诸侯"，说的就是周幽王因褒姒亡命的事。初中生读书也不懂得去记作者，只是到现在经一些资料推论，那四本白话故事当为教育家、文学家、历史学家林汉达所著。中国人对东周这段历史大都比较熟悉，除了拜《东周列国志》所赐外，还有司马迁的《史记》也功不可没，这两部经典在我看来其文学性大于历史性，因为文学性强，读者才读得下去，文学所对应的历史时段之点滴也才因此被记住。

春秋战国是中国历史上了不起的时期，德国哲学家雅斯贝尔斯称之为人类文明的轴心时代，几乎和春秋战国同期，各个文明都出现了伟大的精神导师——古希腊有苏格拉底、柏拉图、亚里士多德，以色列有犹太教的先知们，古印度有释迦牟尼，中国有孔子、老子……对中国人而言，一说到春秋战国，除了各诸侯国之间的兼并吞没战争，还有诸子百家为了自己的学说奔走游说于各诸侯国的思想繁盛状。其实自汉武帝时期董仲舒"罢黜百家，独尊儒术"后，其他诸子不为帝国所用，遂自生自灭了。

2011年3月，我和诗人卧夫等应邀赴山东德州参加"格式诗歌研讨会"，会后格式带我们到董子园瞻仰董仲舒，这才知道董仲舒乃德州先贤，董仲舒雕像右手食指指天，意为"天人感应"，我因为董仲舒献计汉武帝使得中国思想从此走向大一统心里对董有抱怨，在董子园黯然走着，也不行祭拜之礼——通常我对我尊崇的名人是一定要双手合十礼敬的。我一直期待着其他诸家能重获推广。如同中国的大部分小说多重视情节发展，《东周列国志》也是以故事来推动，对各家的思想并未触及。

读《东周列国志》，印象最深的是各种形式的弑君，血淋淋的权力争夺。

2016-10-11

书　　名	《史记》
著(译)者	［汉］司马迁撰，韩兆琦主译
版　　别	中华书局 2013 年

政治终究是无情的，司马迁洞悉这一切

桌上精装四卷本黄色硬封皮的《史记》摆了几天了，我得抓紧把它写了以便它们归队到书架上。前一个"它"指的《史记》，后一个"它们"指的四卷本，因为这是文白对照本，才会有如此庞大的规模，倘无白话翻译，兴许上下两卷就够了，但倘无白话翻译，我不知几人能读得下去并且读得明白？

《史记》在古籍里其文言文程度算相对较轻的，饶如此，想明明白白地读下去，没有中文本科以上学历估计够呛。白话文运动客观上割裂了中国传统文化与现当代之间的联系，在语言系统上相当于另起炉灶，尤其诗歌。恰好像我这样 20 世纪 80 年代末的大学生又赶上西学东渐热潮，啃读西方经典成为我们当年的时尚，以至于今日，我读西方哲学著作哪怕再拗口再看不懂都能尝到一种语言的现代性所带来的快感，反过来读古典文学如果不读白话纯读原典，常常不仅不知所云而且还读不了几页就打盹犯困，气得自己骂自己数典忘祖。年近半百，身上传统的血渐渐苏醒，这才能耐得住性子读中国古典，也才渐渐地体悟到中华传统文化之沁人心脾。2016 年 6 月参加通辽诗会，与诗人谷禾地长途大巴上同坐，听他聊了一路杜甫，看他手上拿着《黄庭坚全集》，我不由暗暗督促自己，回去也得把这两套翻出来读一下，否则就被谷禾落下太远了。

21 世纪初，国学之风日盛，先不管意识形态对国学的提倡有何目的，至少借国学之热兴读古籍之风也不是坏事。我对《史记》的阅读说起来也与国学之潮流略有关系，一部部古装剧、宫廷剧、历史剧起到了诱发我读古典文学的作用，譬如，看《芈月传》读《东周列国志》，读《史记》则因电视连续剧《汉武大帝》之故，该剧从汉景帝"削藩"说起，一直到汉武帝驾崩，时间跨度长，历史人物众多，这些历史人物大都由于初中时读中国历史而略知一二，2015 年从电视的播放功能里调出《汉武大帝》一口气看完后，赶紧从书架搜出《史记》，先挑与电视剧有关的人物，譬如，孝文、孝景、窦太后、刘濞、晁错、卫青、李广、霍去病、汲黯，等等乃至匈奴历史一路读下来，触类旁通，把整个汉朝索性读了个遍，再加上此前受《芈月传》影响翻读《史记》中春秋战国部分，不敢说把四卷本《史记》逐篇都读完，但也基本读了个大概。

《史记》里面最好玩的一篇是孝武本纪，通篇都是汉武帝游览并给名山大川封禅的铭文，这篇要么不是作者亲自动笔而是后人填补，要么就是作者有意为之，作为汉武帝同时代人且被汉武帝施了宫刑的司马迁，你要他如何写"今上"，也只能这样聊胜于无了。

中国人对两段历史最了解，其一，三皇五帝至汉武帝时期；其二，三国时期，这两本书居功至伟：《史记》和《三国演义》。其他朝代因为没有司马迁没有罗贯中，哪怕皇帝下令修史，哪怕二十四史叫得震天响也没用，除了专门研究该段历史的专家学者，平头百姓谁去读它们呢，就是正常大学毕业生如我也不会去读它们的。这也是为什么在我的价值系统里文学永远排在第一位的原因，一切的一切都需要文学家的笔来刻写来记忆，文学才是唯一能与时间抗衡的永恒武器。

司马迁是了不起的文学家，《史记》是了不起的历史小说，几乎可以认为，《史记》中的每个人物都是司马迁塑造的，司马迁说，看到秦始皇车马仪仗队威风凛凛走过，刘邦羡慕得两眼发光忍不住连连感叹："大丈夫应当这样啊！"而项羽则不屑地哼了一声："这人可以取而代之！"我不禁想起曾读过的一则故事，说的是魏玛王公车马队经过时，歌德恭恭敬敬站立一旁向车队行注目礼，而贝多芬昂首挺胸不鸟车队自顾自走他的路，后来，贝多芬因此还跟歌德分道扬镳。可见，无论古今，无论中外，作家都爱拿正反两方来对比说事，自我意识越强的个性越强，个性越强也就越能赢得后世的尊重。

读《史记》，对里面动辄夷三族、诛九族的做法深感恐惧，简单的三个字，多少无辜的人人头落地。政治终究是无情的，司马迁洞悉这一切，在《太史公自序》中，他很明白自己肩负的使命："先人有言：'自周公卒五百岁而有孔子。孔子卒后至于今五百岁，有能绍明世，正《易传》，继《春秋》，本《诗》《书》《礼》《乐》之际？'意在斯乎！意在斯乎！小子何敢让焉。"读到此段我的眼泪流了下来，我来到电脑前，写下了此诗——

父亲，是你说的："孝始于事亲，中于事君，终于立身。"
所以这个春节，我不回去。

我就在异乡，读你，读《史记》，
我日写诗一首，"扬名于后世，以显父母，此孝之大者。"

父亲，若你还在人世，我必接你至京，
饮酒，抽烟，品茶，这些，都是你喜欢的。

我必带你闲逛庙会，地坛、龙潭湖、八大处……
咱一一逛去。父亲你说，周公死后五百年出了孔子，
孔子死后又五百年了，那个即将出来的人又会是谁？

父亲，我知道司马迁已把这个名额抢了过去，他不推让，
他不推让！

父亲，我如今活得像个羞愧，
一个又一个五百年，已过……

——安琪：甲午年春，读《史记》，兼怀父亲
2016-10-12

书　　　名	《李清照全集》
著(译)者	柯宝成编注
版　　　别	崇文书局 2013 年

"文叔幸有此女，德夫幸有此妇"

　　全集，并不厚，这让我有点惊讶，原来李清照的作品并不多。书分三卷，甲卷"全词新编"，收有李清照词 64 首；乙卷"全诗新编"，收有李清照诗 19 首；丙卷"全文新编"，收有李清照文 9 篇。这就是全部的李清照？附录有李清照年表、民国期间李清照研究主要论著表等。每一首李清照诗词后有"题解""注释""汇评"，很是详尽。

　　我读注释部分最大的收获是了解了李清照在用典上真是繁密，有时是化用前人诗句，有时是指代历史人物。关于用典，我想到了在"西川《唐诗的读法》研讨会"（2016 年 12 月 27 日。北京，十月文学院，十月杂志社主办）上诗人、批评家西渡的发言，大意是古人用典一方面可以显示自己的才学，另一方面也是一种寻求同道的很好的方式——那些清楚他所用之典的读者自然就是他的同道。

　　汇评部分是宋以来关于李清照诗词的评述摘编，其中也不全都是誉美之辞，像明朝的叶盛在点评李清照《武陵春》"春晚"一诗时就说，"文叔不幸有此女，德夫不幸有此妇。其语言文字，诚所谓不祥之具，遗讯千古者欤"，话真是说得很重，明摆着就是"女人是祸水"的意思。其实无论文叔还是德夫，他们不幸的命运都是当朝皇帝带来的，懦弱无能的宋朝天子被金兵掳去了两个，靖康之耻，徽、钦二帝也以极其狼狈痛苦的死法自食其果。但无辜的，跟随徽、钦二帝被掳往冰天雪地五国城（现黑龙江境内）的三千多北宋官兵、宫廷中人，和北方失陷后逃往南方的老百姓，白白地为一个昏庸的朝代做了殉葬品。李清照的悲剧命运就是从北宋灭亡后开始的。此前她是太学之女、当朝宰相之子赵明诚的夫人，此后便是到处流浪的寡妇。

　　原本只知李清照在越州、台州、明州、温州、金华、临安待过，这次读《李清照全集》，竟然发现她还流沛到过我们福建的福州和泉州，不知这两地可有关于李清照的记录。《全集》里没有读到李清照与这两地有关的诗文。

因为没读过李清照传记，想象不出一个丧偶的妇人是怎样四处漂泊，倒是日前在微信上读到一篇文章，说臭名昭著的秦桧的夫人王氏的姐姐嫁的就是李清照父亲李格非。巧合的是，李清照的生母姓王，继母也姓王，二王都是名门之后，不知与秦桧夫人本家姐妹的是"生母王"还是"继母王"，《李清照全集》里自然没有提到这事。我暗暗地想，李清照一定不是我所想象的孤苦无依一个人东奔西走，"百足之虫，死而不僵"，怎么着也会有人提供逃难的线路和方便吧，这里面会不会有秦桧夫人也就是她的姨妈的帮助呢？存疑，瞎想。

从繁华到衰败、到凄凉地死去，我们所知道的曹雪芹走的也是这样一条路，因为写作，他们都写出不朽的巨著，都成为伟大的作家。而更多从繁华到衰败、到凄凉地死去的人什么也没留下，只是凄凉地死去。因此我们应该告诉叶盛，"文叔幸有此女，德夫幸有此妇"。

2017-2-1

书　　名	《金瓶梅》
著(译)者	兰陵笑笑生著，张道深评
版　　别	齐鲁书社 2002 年

里面的人物没一个让人喜欢

再次翻开《金瓶梅》是在微信上读了格非关于《金瓶梅》的讲座后，其时格非刚出版了一部新书《雪隐鹭鸶——〈金瓶梅〉的声色与虚无》，格非在讲座中谈到，

《金瓶梅》是他隔一段时间必重读的书。这又一次激起了我阅读《金瓶梅》的斗志——对我而言，只有《红楼梦》才享有隔几年重读一次的待遇——我再次翻开《金瓶梅》，说起来翻开盖上，再翻开再盖上《金瓶梅》已有多次。这次我狠下心读了上卷，到下卷时终于决定，还是先不读了，不知为什么，读《金瓶梅》总让我心烦躁，里面的人物没一个让人喜欢，人物牵不住我的挂念，我也就不关心他/她的死活。如果非要说出一个《金瓶梅》塑造得最成功的人物，那当是潘金莲了，每次她出场，我就替其他女性揪着心，不知她又想出什么坏点子害她们。全书吸引我的应该是叙述语言中的山东味，跟《水浒传》是一地儿的口音。山东应该是大男子主义气息浓郁的地方，这是《金瓶梅》和《水浒传》给我的印象。联想到这次山东诗人王有尾（化名唐白度）排出的"新诗典108将"对大部分女诗人也是贬多褒少，真是地气使然。我也不管此论是否打击一大片，权当一家之言吧。总之，《金瓶梅》下卷终于还是没有足够说服力让我读完，暂且放回书架，以后再说。人到中年，还是依自己的心性读书为宜。对那些持《金瓶梅》超过《红楼梦》的观点，我是决不赞同的。

2016-9-10

书　名	《红楼梦》
著(译)者	［清］曹雪芹著，［清］脂砚斋评
版　别	齐鲁书社 1994 年

我觉得曹雪芹就是《红楼梦》的唯一作者

不是我要省略另一个作者高鹗，实在是这个版本的作者只写有曹公雪芹一人。我也就尊重这个版本。当然，我读过的《红楼梦》有各种版本，其他版本都写有高鹗，这是要说明的。

其实在我的阅读判断里，曹雪芹就是《红楼梦》的唯一作者，一百二十回的《红楼梦》气脉贯通、语韵相连、情节吻合，完全不可能是两个人的手笔。在胡适考证《红楼梦》后四十回为高鹗所续之前，坊间都视曹雪芹为足本《红楼梦》的作者。胡适一向讲究"大胆假设"，假设高鹗真的是后续者那也只是胡先生的假设，只要有一个人表示怀疑，《红楼梦》的作者就不应该标"曹雪芹、高鹗"。更何况不承认高鹗的不止一人。我真的为曹公深感不平。

就我所知，宁波大学钱志富教授也持有跟我相同的判定，我们在曹雪芹是《红楼梦》唯一作者这点上互为知音。另有一个例子可以佐证我们的判断，有多少人在续《红楼梦》，哪一个后续可以看并获得承认？没有。那为什么高鹗的后续就接得上？只能说，并无高鹗此人。

但是，就在我否定高鹗的同时，早就有多种版本在否定曹雪芹是《红楼梦》作者，随便百度《红楼梦》作者，立刻会出现不止三个版本的作者推测，我也不想一一列举。我先相信曹雪芹好了，信了这么多年，也信出感情了。反正这个作者一定得是北京人，《红楼梦》的语言就是京味风格，《红楼梦》里面"苇子坑"和薛宝钗家开当铺的"鼓楼西"，现在北京还留有这两处地名。2002 年 12 月我初到北京，第一感觉就是，这才是《红楼梦》发生的地方，尤其在漫天大雪后，那种飞鸟各投林、大地真干净的苍茫。

每个人一生中都会有一部书让他 / 她隔几年就要读一遍，《红楼梦》就是我的这一部，1981 年初二开始读《红楼梦》至今，每当心气浮躁，每当绝望，每当虚无，每当俗务缠身时我就要躲到《红楼梦》里吸吸氧，让自己超脱出来，《红楼梦》是中国作家的母体。每次读《红楼梦》，总有一个点能击中你，让你落泪。记忆中被击中三次，林黛玉焚稿断痴情一次（对应青春期的诗意）；贾宝玉赶考前仰天大笑道，走了，走了，不用胡闹了，完了事了！一次（对应离家北漂）；宝玉出家后薛宝钗反而劝慰薛姨妈，一次（对应人到中年知道薛宝钗的不容易）。这就是《红楼梦》的非凡之处，同一个人不同时期读均能有不同触动。

许多作家读《红楼梦》都读成了专家，譬如，王蒙、刘心武。王蒙我听过他讲"红楼"，主要讲秦可卿；刘心武我偶然一次在央视听他讲"红楼"，讲的恰好也是秦可卿。两位作家讲得都很吸引人，但具体到刘心武的续"红楼"，那就真不能看了，把武侠、现代都安到红楼梦中人身上，我看了几回就放下了。

如前所述，任谁来续"红楼"都不会成功，首先语言就对接不上。每个人有每个人的表达方式，连两片相同树叶都不能找到，还能找出两个人用同一种语言书写而没有疙瘩？自始至终，我觉得《红楼梦》就是一个人在写。

我最近一次读《红楼梦》是 2012 年，去年本想再读，但又被那么多新书诱惑着，还是有点贪心，读新书去了。也许有一天，我又会被一种莫名的情绪牵引着，再次捧起《红楼梦》。

2016–10–01

书　　名	《陶渊明集笺注》
著(译)者	袁行霈撰
版　　别	中华书局 2011 年

陶渊明的另一种真实

2013 年 5 月 24 日，失眠之夜，读陶渊明，起了翻译陶诗的心，试着译了《归园田居》5 首，6 月 2—5 日，又译《饮酒二十首》并序，6 月 6 日译《拟挽歌辞三首》及《归去来兮辞》并序，6 月 7 日译《拟古九首》，以上译作以《试译陶渊明》为总题刊于《诗歌 EMS》，潘洗尘主编，2013 年 10 月第四期。

回想当夜起兴译陶诗来源于此前读西川《汉语作为有邻语言》一文，西川在该文中对古诗今译极为不满，认为大部分古诗译成白话后那种浅显有如小儿科的程度实在与原诗不相配。对比自己读过的白话《诗经》、白话《老子》、白话《庄子》之类的今译本确实有西川说的问题存在。发现问题是一回事，解决问题又是另一回事。以我试译陶渊明为例，我还是没有很好地完成陶诗的现代性转化问题，总体上还是把陶诗译顺溜译浅了。虽然赵思运博士对我的译本给予了鼓励并希望我把陶诗都译出，我还是停下了笔。

但在对陶渊明诗作的阅读中我发现了另一个陶渊明，他并非只有"悠然见南山"那样一个怡然自得的隐者形象，他也有他的凄苦，因为贫穷而不得不"乞食"的生活状况，他也有他的无奈，因为自己的归田贫穷导致孩子们无法受到良好教育而"不好纸笔"而"懒惰"，每到绝望时，陶渊明就会拿出比他更落魄的古人来类比以取得心理的平衡，这些，也是陶渊明的另一种真实。

只有通盘读完陶诗，我们对陶渊明的人生才会有一个比较完整的认识，对他情感的复杂性也才会有一个比较完整的认识。

2016-9-27

书　　名	《中国历代女子诗词选》
著(译)者	周道荣、许之栩、黄奇珍编选
版　　别	新华出版社 1983 年

封建社会对女性才华的湮灭

每隔一段时间我就会到晴朗李寒书店淘一些旧书，《中国历代女子诗词选》就是这样淘来的，老版本，定价 1.05 元，纸页已发黄，偶有破损。

读完此书我的第一个感想是，女诗人生活在今天很幸福。看看古代，多不容易。全书收入女诗/词人 250 人，时间跨度从秦末虞姬到清末秋瑾。这么漫长的时间里才有这么一些诗/词人存世，且许多还是名字散佚的"某氏"或"相传为妓女"等，另有相当部分为"某某妻"（譬如，"窦玄妻"）之类的。封建社会对女性才华的湮灭真快到片甲不留的地步了。

其实不单中国古代如此，外国也差不多。伍尔夫《一间自己的屋子》就假设了倘若莎士比亚有个妹妹和他一样有才华，但一没有一间自己的屋子，二没法接受教育连字都不会写，三成天被关在家里父母监督着大门不出二门不迈的，她的才华没有能力变成文字，她自然变不成莎士比亚。

感谢民国开始的思想启蒙运动让女同胞走出了家庭接受了现代文明教育。回看《中国历代女子诗词选》，大都为闺怨诗、伤春悲秋诗、寄语夫婿诗，凄凄惨惨的。犹记得当我翻读到唐代梁琼《昭君怨》"回看父母国，生死毕胡尘"时我的第一反应是"我和古人灵感重叠了"！2007年2月16日春节期间，我以《父母国》为题写下一首思乡之作，当时确实并未读过梁琼此诗。2014年12月30日，在母校闽南师大文学院组织的一场题为"安琪诗歌朗诵会暨2015年迎新诗会"上，我又从王朝华教授的发言中获悉，"父母国"一词始自孔夫子之言"迟迟吾行也，去父母国之道也"，这才明了，"父母国"的来历竟如此不凡。我开始怀疑是否自己曾读过孔夫子此言而在心里的某处打下烙印，一待时机成熟，此词自行跃出（刘心武不也曾认为"江湖夜雨十年灯"是自己写的吗）。

从《中国历代女子诗词选》所选诗人之少继续再引申，不禁想起2000年漳州诗会，当研讨进行到某个话题涉及女性诗人，那时还比较激进的我谈到了女性诗人被遮蔽因而显得稀缺的状态，然后我听到诗人杨克缓缓地用略微拖腔的广东普通话接过我的话："你这种观点有一次翟永明也谈到，我对她说，女诗人少有什么不好呢？从李清照数起，不超过10人就数到你了。像我，从古代排下来，不知道多少百名后还不一定排得上。"

呵呵，微信时代后我就经常见到杨克发言中的这种与惯常思维不同的逆向新思维。记一笔。

2016-10-08

书　　名	《南阳两汉画像石》
著(译)者	王建中、闪修山著
版　　别	文物出版社 1991 年

所有的博物馆其实都是看的死者的东西

　　每到一地，时间允许的话我一般会打个车到当地博物馆逛逛。这么多年看了这么多博物馆，感觉大体相同，古陶器、古农械、青铜器、玉石、战车、陶俑，等等，但是汉画像石却不是每处博物馆都有的。

　　2010 年 10 月，借到南阳参加第六届西峡诗会之机，一干诗人参观了南阳汉画像石博物馆，在导游的讲解和大家的啧啧赞叹声中走了一圈，于今回想，也记不起什么。2016 年 8 月，我和妹妹、外甥女黄璐到北戴河度假，看到奥林匹克公园街对面就是北戴河博物馆，我们赶紧匆匆游了公园立即购票进北戴河博物馆，这次留给我的记忆就深刻了。北戴河博物馆是我到过的博物馆里最萧条、惨淡的，园区原先的购物一条街（依稀记得名为"秦汉一条街"）早已停止经营，那些个货摊在风吹日晒中残破废弃于荒草中。博物馆 2009 年开馆，仿秦宫建筑，颇具古风，展品也不少，只是展馆内空无一人。按照展馆线路我们来到一座建筑物前，赫然看到门楣上题写着"汉画像石"，那就进去看看。这汉画像石展馆里灯光幽微，条石堆叠，我们仨都不敢深入，就在入口厅里往里间张望了几下，连忙退出来。我和妹妹说起了所有的博物馆其实都是看的死者的东西，有意思的是，日常生活中大家都很忌讳死者的物品，但一到古人身上，好像一沾上"文物"二字就很稀罕了，就不可怕了。这也真是奇怪的逻辑。

　　两次参观汉画像石展馆都不及此番阅读《南阳两汉画像石》一书来得清楚明白。本书序言介绍了南阳古代的地理特征及经济状况，说明了南阳成为两汉画像石重要出产地的原因。正文则是汉画像石的拓片及注解，文字比导游讲解得还详细，图片比现场观摩还具体，很好地弥补了我两次参观汉画像石却不知究竟的遗憾。

2017-1-30

书　　名	《出土文物二三事》
著(译)者	郭沫若著
版　　别	人民出版社 1973 年

我又撞进了古中国

《出土文物二三事》依然淘自晴朗李寒书店，依然是一部旧书，铅字照排，定价:0.43 元。自然是被"出土文物"迷住，文化人对名胜古迹一向着迷，所谓"山不在高，有仙则名"，我给接的一句是，"地虽在偏，有文物则灵"。

本书作者郭沫若自是牛人，现代文学史这一批人个个有底气，人人身怀十八般武艺，文学创作或因自身后续创作乏力或因外界严霜相逼，一个转身，搞其他门类依旧是一代大家。譬如，郭沫若之于考古、沈从文之于服饰研究等。初中历史老师说过，奴隶社会和封建社会的时间分野是郭沫若定的，我们也就按照他定的一路学过来了。

中国几千年文明一路相传不曾湮灭，真是了不起，给我们这些后人多少可以观瞻的历史遗迹。虽然每到一地大抵走马观花，导游大踏步地讲，我们晕乎乎地听，走出博物馆基本也忘得差不多了，但终归到此一游过。犹记得 2014 年 2 月春节期间和花语到安阳，蒙安阳诗人嘉德、砺影、石破天盛情，带我们参观了安阳中国文字博物馆和殷墟遗址，前者自古有"不到安阳不知道自己识字不多"一说，后者更是震撼了我们，我们去的时候刚下过几场大雪，白茫茫一片，只有若干红墙碧瓦建筑，殷墟最大限度保留了它的"废墟"状也因此那种消失的文明的荒芜感才会那么强烈地留在我心中。时至今日我知道我欠着伟大的殷墟一首诗，我愧对安阳诗人们的接待，我力不能及这奴隶社会和封建社会分野期的殷商历史，我只能沉默。

就像今天我阅读《出土文物二三事》，我表情凝重，不发一语，我又撞进了古中国，被一个又一个根本不认识的汉字惊到，被郭沫若的博学惊到。书很薄，只收入7篇文章，涉及新疆阿斯塔那墓地发掘的卜天寿《论语》抄本后的诗词杂录、涉及《坎曼尔诗签》、涉及安阳新出土的牛胛骨及其刻辞，等等，一路读来，一知半解，暗暗地想，考古也真是枯燥活，行文需得事实说话，一五一十地比照、分析，再得出结论，写起来自然没法文采飞扬。收获自然是有的，顺手举两个：1.《兰亭序帖》系伪帖，不是王右军手书；2.器上铸"福""寿"字样，是明清以来的风尚，断断乎为周器所不宜有。

2016-10-08

书　　　名	《古文观止译注》
著(译)者	阴法鲁主编
版　　　别	北京大学出版社 2015 年

清一色男作者

如果我生在清朝，并且是个读书人，《古文观止》这本书早就滚瓜烂熟了，因为它是康熙年间选编的一部供学塾使用的文学读本。编者吴楚材、吴调侯均是浙江绍兴人，长期设馆授徒，此书是为学生编的教材，300 年来流传极广、影响极大，但到今天，读书人能逐篇把全书读完的估计不多。

全书以朝代为时间线索，分周文（56篇）、秦文（17篇）、汉文（31篇）、六朝文（6篇）、唐文（43篇）、宋文（51篇）、明文（18篇）。古代的"文"包罗万象，记史、写人、奏章、碑铭、悼文、书信、游记……读《古文观止》因此也是读史、读人、读景、读情……我注意到从六朝开始才陆续收入写景的文章，而在今天，这一类写作已成散文这一文体的重点，古代的"文"在今天变成"散文"，旨意也缩小了很多。

从语言的方向，由周至明，走的是由古奥至明朗的路，此后的白话文运动也是在这样一条路上。我注意到《古文观止》唯一有可能入选的一个女作者李清照被无情地摒除，因此本书清一色男作者。唐朝的43篇文中韩愈占了24篇，真是有点过分。全书分为题解、正文、注释、译文四个部分，非常适合普通大众阅读。

鲁迅先生评价《古文观止》，认为它和《昭明文选》一样，"在文学上的影响，两者都一样的不可轻视"。可是《昭明文选》我还没读。

2017-4-14

书　　名	《仁学》
著(译)者	谭嗣同著，姚彬彬导读注释
版　　别	高等教育出版社 2010 年

"区区一卷，吐万丈光芒"

匆匆绥化三天，临时拿了一本薄薄的《仁学》，谭嗣同著，以为可以随时读完，不想也非易事。若非家里有个教授，总能买些闻所未闻的书，我也不知谭嗣同先生除了《狱中题壁》（望门投止思张俭，忍死须臾待杜根。我自横刀向天笑，去留肝胆两昆仑！）和临刑前的"绝笔诗"（有心杀贼，无力回天，死得其所，快哉快哉。）外，还有这样一本《仁学》。除此，谭嗣同作品还有《寥天一阁文》《莽苍苍斋诗》《远遗堂集外文》。

对谭嗣同的认识来自历史教科书，作为"戊戌六君子"之一，谭嗣同在变法失败后本可以像梁启超一样逃离，但他决意以死殉国，他对劝他离开的人说："各国变法无不从流血而成，今日中国未闻有因变法而流血者，此国之所以不昌也。有之，请自嗣同始。"对谭嗣同这样从容就死，除了敬佩，我的心里涌起的还有一种遗憾和隐隐的责怪。之于国，谭嗣同毫无疑问是英雄，但之于家，他又是不孝的。

可以拿他和梁启超两相对照。活下来的梁启超其子其孙皆有不俗造诣，谭嗣同这脉却是断了。每念及此，不禁为谭嗣同唏嘘。读《仁学》，才知谭嗣同11岁时丧母，从此备受父亲小妾的欺凌和虐待，给他的个性气质打上了苍凉沉郁的印记。他在《仁学》自序中说："由是益轻其生命，以为块然躯壳，除利人之外，复何足惜。"《仁学》被誉为"维新运动的'圣经'"，梁启超赞其"区区一卷，吐万丈光芒"。全书五万余字，读得是既感叹又哀叹。

2017-5-8

书　名	《随园诗话》
著(译)者	袁枚著，雷芳注译
版　别	崇文书局 2016 年

有心读书，无意为官

本想重读王国维的《人间词话》，翻书柜看到袁枚的《随园诗话》，想起高中课本《黄生借书说》此君那句名言，"书非借不能读也"，遂抽出本书，一路读得又笑又赞，恨不得马上写推介。

这袁枚真是可爱有趣，一定是成天捧着书读到妙处便随手记下几句，再形成笔记。《随园诗话》原著 16 卷 1363 篇，补遗 10 卷 654 篇，我读的这本只是摘录本，选录的多与诗论有关，编者再为每则诗话取个标题，遂成此书。算了一下，仅 160 篇。

想来袁枚写"诗话"时已名扬天下，便有许多人毛遂自荐自己的诗作希望袁枚写到他，书中有一篇《编辑七病》，说的是编辑存在的七种毛病，第七种，"徇一己之交情，听他人之求请"，然后袁枚说，这一条，"余作《诗话》，亦不能免"，读此不禁大笑。像这样边读边笑的地方还很多，开篇《诗言志》就让人忍俊不禁，说的是汉光武帝未当皇帝，尚贫穷时，与朋友去见一个高官，那高官多看了他几眼，回去后他回味着对朋友说：高官刚才是不是多看了我几眼？明显有受宠若惊之感。这个开篇一下子就让我喜爱。

袁枚此书让我想到我最近正在写的两个系列，《读书记》和《谈画录》，都是从身边朋友、从亲历的小事写起，点点滴滴，一来可读性强，二来又有现场感，最重要的是，让自己跟朋友们在文字中相聚，这是我最看重的。我希望百年后人们读我的这两本书，就像我今日读袁枚的《随园诗话》，额外地认识了他的许多有情趣、有学识的朋友：杨诚斋、朱竹君、刘霞裳、宋维藩、蒲翔春、王孟亭、商宝意、陶西圃、吕峄亭……人以群分，这些朋友个个有才，或与袁枚诗词唱和、或帮袁枚修改一字让他佩服，让我们看到了古代高士的修为与友情。

从《随园诗话》可见袁枚的人生观，有心读书，无意为官。早早辞官安居随园，时时应友之邀赴岭南、奔温州，四海行游，记下风情掌故。真是悠哉游哉。

《随园诗话》谈笑风生间阐明了许多诗歌观点，尚能一一印证今日诗歌现实。强烈荐读！

2017-5-11

书 名	《杜甫诗》
著(译)者	谢思炜评注
版 别	人民文学出版社 2005 年

变动不居的迁移生涯中所写下的诗篇

2017 年 5 月 20 日一直到 6 月 6 日，武都—荣昌—上海—济南，几乎是马不停蹄，连跑四地。伴随我的就是这一本《杜甫诗》。

本书有特别的意义，是童小溪特意送给吴子林做纪念的童庆炳老师藏书。书上有童老师的画线和文字点评。我读此书小心翼翼，生恐有损。杜诗大约 1500 首，本书只收近百首。这样的选本，选家就很重要。

我读《杜甫诗》一书，经常被谢思炜的评注打动，谢评有观点、有态度，不是一味甘居被评者人下，比如对收入本书的第一首杜诗《望岳》，谢评认为，"此诗也有稚拙的句子"，对《去矣行》一诗，谢思炜写道："诗的最后表达诀别的意愿最坚决，但所说的'餐玉法'却最不现实（'且入'而未入也留下把话找回来的余地），除了说明道教信仰对诗人仍有一定影响外，反过来证明前面的话也不过是愤激之词而已。"整本《杜甫诗》读完，大体可以了解诗人的生命历程，全书以时间为顺序，呈现了杜甫在变动不居的迁移生涯中所写下的诗篇。

读《杜甫诗》，心情大抵是沉郁的，杜甫的一生大都在饥饿困顿中辗转，既萧瑟又凄凉，欢乐的时候于他并不多见，欢乐的诗篇于他因此也极少。昨晚读完《杜甫诗》后我抽出宇文所安的《盛唐诗》，想看看宇文所安如何评价杜甫，信手一番即为"杜甫"一章，讶异中感知到了神秘的电波架通了杜甫、宇文所安和我。

宇文所安对杜甫的评价之高学界已尽知，"杜甫是最伟大的中国诗人"，宇文所安开篇即如此定位。近几年，师力斌博士也迷杜甫迷到入魔，不仅自家读杜甫、为杜甫写诗，还逢人便说杜甫，有一次更是亲手开列杜诗若干让我读。那天，师老师到皮村讲授诗歌课，我在腾讯直播视频看见他列举了杜诗五大特点作为评价一首诗优劣的标准。至于张籍，更是将杜诗烧成灰和水吞下，说这样可以吸收杜甫的天才。

相比于杜甫，我更想吃李白。

2017-6-10

书　　　名	《浮生六记》
著(译)者	［清］沈复著，宋致新注译
版　　　别	崇文书局 2017 年

妻子形象的缺失是中国古典文学的通病

家里竟然有两本《浮生六记》，译者分别是宋致新和张佳玮。

中文系毕业的读《浮生六记》还是读得懂，译本反而浅陋了原文。想沈复，本不以文为生，平生所留文字仅只《浮生六记》且后二记已散佚，确切地说，只四记。恰恰这四记手稿于 1877 年被苏州人杨引传在旧书摊上发现，以后便竞相传抄，刊行于世，成为经典。

沈复，历乾隆、嘉庆二帝，其生平皆出自《浮生六记》文字。从某种程度而言，倘无杨引传，则无沈复。

我读《坎坷记愁》真是又气又无语，想古代这媳妇也是难当，帮夫君找小妾也就罢了，还得帮公公找小妾，这不明摆着得罪婆婆？沈复自述写《浮生六记》的初衷，乃因生于"太平盛世，且在衣冠之家，居苏州沧浪亭畔……苟不记之笔墨，未免有辜彼苍之厚"，看起来仿佛一世悠闲，其实却也处于饥寒交迫中。四记就是沈复自传，有夫妻情爱、有闲情雅趣、有旅行记游，也有家庭不睦、贫贱百哀。

近来开始读明清人的笔记，喜欢他们如实呈现自己生活点滴的各种文字，这些文字也许当初写的时候并不为传世，只为记录一己之悲欢，后人读之却也了解了那个时代的世风民情，了解了一个个鲜活的个体生命。就此来看，一己悲欢也有其价值，尤其沈复笔下的芸，在欠缺妻子形象的中国古典文学中，无疑特此一个。

确实，我们知道孔子，知道屈原、李白……却无从知道他们的配偶。妻子形象的缺失是中国古典文学的通病。幸好沈复不以文学家自命，他对妻子的记录才如此真情自然。

2017-6-12

书　　名	《子不语》
著(译)者	[清]袁枚撰，申孟、甘林校
版　　别	上海古籍出版社 2016 年

怪力乱神

　　对不起，袁枚老师，我犹豫、纠结多次，终于决定不想读完您的大作，虽然我自诩为袁粉。家里目前已有两种版本的《随园诗话》节选本，另有一套四卷本的全本《随园诗话》待读，并且除了您的大作，家里尚有一万册藏书，因此您的《子不语》我打算就此停步，我已读完前六卷，遇到几十种神神怪怪的事，后面的百余种神怪我就不去一一认识了。我想腾出时间读读其他人写的书，可否？

　　袁老师您真是博闻强记，这些神怪故事涉及地域之广、人物之多，您是如何得知的？有的您有交代是谁谁告诉您的，更多的则没有交代。教科书说蒲松龄先生是搬把凳子，备好茶水，坐在老槐树下等过路人经过时以茶换故事，方有那么一本《聊斋志异》，您呢？我知道您的学生众多，交友甚广，一定是他们告诉您的。嗯，一定是这样。

　　子不语怪力乱神，所以您的书就取名《子不语》，真妙！其实所谓的怪力乱神，反映的还是现实社会，有恩的报恩，有仇的报仇，细究起来就是这两种。"因果相报"一直是中国古典文学的写作逻辑，著名如《红楼梦》亦是如此。作为中国人，从小就在敬神拜祖宗的环境里长大，已养成逢庙必拜的习惯，并且也极其信奉善有善报、恶有恶报，但我并未真正皈依佛教。

　　好了袁老师，我的思想汇报就先写到这里。

2017-7-2

书　　名	《李白诗》
著(译)者	傅东华选注，王三山校订
版　　别	崇文书局 2014 年

在中国，如果必须要有一个人来代言诗人

　　家里有一套《李太白全集》，三卷本，中华书局出版；还有一套《李白全集校注汇释集评》，八卷本，百花文艺出版社出版。都是繁体字，都竖排。想了想，还是先读选注本吧，150 来首，正好在 6 月 23 日北京 – 昆明、6 月 30 日昆明 –北京的航班上读完，腾云驾雾中读李白，没有比这更合适的了。

　　在中国，如果必须要有一个人来代言诗人，李白会是唯一的一个。可以说李白是最符合普通民众和诗人群体心目中的诗人形象：好酒、率性、恃才傲物、视金钱如粪土、和月亮称兄道弟、为名山大川写下传世诗篇……乃至最终的捉月而死。一本《李白诗》，几乎就是李白的游历史，那些李白留下诗句的地方有福了，因为李白，它们都成为著名景点：敬亭山、桃花潭、秋浦、庐山、广陵、江夏、襄阳、洞庭……安徽诗人吴少东曾在微信上说了他的设想，要组织一支诗人小分队沿着李白在安徽的线路走一遍。这几年吴少东已打着李白的旗号促成桃花潭诗会和敬亭山诗会，以他的能力，重走李白走过的路不会太遥远，我先在此报名。

　　作为一位家族背景疑问重重的诗人，李白自述他的家族曾经被窜逐中亚，后返回中国，恢复"李姓"，这是我读美国学者宇文所安的《盛唐诗》第八章《李白：天才的新观念》所获悉的。宇文所安在这篇关于李白的长文中只字未提李白的故乡江油。他和李白都不知道，有一群诗人自 2014 年起，便年年在李白的故乡江油以"订货会"的形式举办热闹的"李白诗歌奖"颁奖典礼，并年年都到青莲镇李白衣冠冢前祭奠李白（诗人徐江和沈浩波先后撰写经典祭文），这就是伊沙和他的新世纪诗典团队。这是一支一心要向李白致敬的团队，无论从写作状态上还是生活习性上，他们希望像李白一样打破读者关于诗歌秩序和诗歌规则的想象。对

李白，宇文所安用如下一句话传达他的敬佩之情——

"京城诗人尽可能设法使诗篇的一句之间、一联之间和各联之间的联系复杂化，李白则设法使这些联系简单化，使它们直接可以理解。"

2017-7-2

书　　名	《随园食单》
著(译)者	［清］袁枚著，王刚编著
版　　别	江苏凤凰文艺出版社 2017 年

生活的有心人

　　知我近期迷随园，美女小说家崔曼莉问："《随园食单》读了吗？"答："没有。"前日，厦门张云良兄在我微信帖下也说到《随园食单》，不免勾起我对此书的好奇。询问吴子林家中是否有此书，吴老师面露喜色，连说有，他一定认为不下庖厨的诗人这次要围上肚兜，施展厨艺了。

　　这便开始翻读《随园食单》，全书体例：原文、注释、译文、延伸阅读、名家杂论。随园的文字无须注释和译文也能大致明白，读他的文章我作为培养语感之用。随园"生于康熙五十五年（1716 年），卒于嘉庆二年（1797 年），享年 82 岁，一生处于康乾盛世，能吃爱玩，知雅懂俗，颇为幸运"。此书既然为"食单"，自然是教人下厨做菜，随园是生活有心人，他的每一部书都是明证。凡有零星感想，绝不放过，集腋成裘，也能传世。譬如，《随园食单》，好吃懂吃的袁老师不仅记录下自家厨子的妙招，而且每逢被宴请遇到好菜品，即令自家厨子上门拜师学艺，回家做了自己吃，也记下来让别人跟着做了吃。

读随园，是会增强我们记录生活点滴的信心的。我读《随园食单》，读着读着，就跳过随园食单，我又不做菜，读了没啥用，我专读"延伸阅读"和"名家杂论"。这个王刚究竟何许人，怎么读过这么多书，知道这么多事？读《随园食单》，读着读着，变成读随园小传记、变成涨"食"知识，变成猜测王刚其人了。一、王刚一定是诗人，里面竟然引用了当代诗人海子的诗（不是"面朝大海"那句，而是比较偏门的一句）；二、王刚兴许是二毛的原名，里面几处写到二毛。二毛是诗人中的美食家，开有饭馆。我用"二毛王刚"百度了一下，竟然找到了署名李雄飞的一篇文章《拥抱王刚——追忆青春的聚会》，文后的照片中有二毛，有王刚，原来，王刚是作家，并且是二毛的朋友。

本意是读随园，却读成了王刚，并且牵引出二毛，这就是读书的辐射效应产生的乐趣。

2017-7-7

书　　　名	《闲情偶寄》
著(译)者	［清］李渔撰，杜书瀛评点
版　　　别	学苑出版社 1998 年

一个富于爱心的老学究

读《闲情偶寄》这本书，相当于读两本书，一本李渔著，一本杜书瀛著。基本每一篇都有杜书瀛先生的点评，是成文的那种，不是三言两语。也就是，经由本书，你实际读到了杜书瀛先生的专著。杜书瀛，生于 1938 年，笔名田中木，山东宁津人。1964 年毕业于山东大学文学系，1967 年获中国社会科学院文学研究所美学研究专业硕士学位。当代著名文艺理论家，历任中国社科院文学研究所研究员、文艺理论室主任、学术委员会副主任。著有《论李渔的戏剧美学》《论艺术特征》《论艺术典型》《文艺创作美学纲要》《文学原理——创作论》等。读李渔的文章，脑中浮现的是一个正正经经的传统知识分子的形象。李渔更多的像一个富于爱心的老学究，想倾尽平生所学所知所悟给你。相比于袁枚老先生时不时的沾沾自喜，李渔即使自夸也很含蓄，譬如，他把他发明的开窗借景之法公之于众，认为"将来必多依样葫芦"，他只希望那些模仿的人，"于得意酣歌之顷，高叫笠翁数声，使梦魂得以相傍……"李渔是个戏剧家，以组建家庭戏班到处演出为生，在家庭戏班中，李渔是导演兼编剧兼化妆指挥兼美工兼培训演员，就差亲自登台了。因此本书绝大部分与戏剧有关，我觉得今天的演艺工作者可读读此书，也可触类旁通。

2017-7-29

书　　名	《金圣叹评点才子全集》（第二卷）
著(译)者	林乾主编
版　　别	光明日报出版社 1997 年

他已把评点写成独立的文体

读《金圣叹评点才子全集》是为了读《西厢记》，今年 6 月到济南参加第二届《山东诗人》年度奖颁奖典礼，期间李成恩说到她近年的阅读，其中有中国古典戏曲一项。想想自己好像除了《西厢记》以外，对中国古典戏曲也知之不多。翻了翻家里的书，找到的还是《西厢记》，金圣叹评点本，金圣叹被誉为中国评点第一人，重读"西厢"，恰也是对金圣叹的初读。说实在的，我对评点这个文体一向没有兴趣，读《红楼梦》读到脂砚斋我都跳了过去，读评点就像咀嚼别人咀嚼过的甘蔗渣。但金圣叹毕竟是金圣叹，他已把评点写成独立的文体，尤其总评（类似于总序）和每一卷的卷首评（类似于卷首语），皆可作为独立篇章来读。《金圣叹评点才子全集》总四卷，本卷收入他对《西厢记》的点评和自《左传》至宋文百余篇，我只读《西厢记》这部分。有意思的是，本书还收入《续西厢记》四章且金圣叹也做了点评，对这四章续文金圣叹评点用得最多的一个字是"丑"，确实一切续文都是狗尾续貂。读金圣叹对《西厢记》的点评，不可不读他的81法，且引第1法，"《西厢记》不同小可，乃是天地妙文，自从有此天地，他中间便定然有此妙文。不是何人做得出来，是他天地直会自己劈空结撰而出"。读《西厢记》不可不想到《红楼梦》，宝黛读《西厢》后经常脱口而出《西厢》之警言妙语已成红楼迷们心头之"西厢宝典"。有一个问题，曹雪芹既然这么喜爱《西厢》，又为何在第五十四回安排贾母不点名批评《西厢》呢，明白人一看"史太君破陈腐旧套"，可不破的是才子佳人张崔嘛。

2017-8-7

书　　名	《三国志》
著(译)者	［西晋］陈寿撰，史瑞玲译
版　　别	崇文书局 2015 年

行文干枯，欠缺激情

外文需要翻译，古文也需要翻译，想想有意思。前者翻译无话可说，后者都是汉字，却也需要翻译，这就很无奈了。如果没有白话文运动，我们今天读古文应该能一步到位无须借助翻译吧。

我注意到一个有趣的现象，外文翻译成汉语会形成一种拗口的文辞扭曲的翻译体，而古文翻译成白话文，却大都无一例外"白"得很，白开水的"白"啊，文采全无，也浅了。在白话文语系里，任你是《离骚》还是《道德经》，都只是意思的传达而非语言高妙的体现。仅从翻译的角度，白话文不抵文言文。突然又想到 2016 年 11 月在洛阳师范学院召开的百年新诗研讨会上，刘向东在发言中谈到白话诗和古典诗的承续关系，他说，其实今天的白话诗在立意上和古典诗都差不多，如果需要，他可以把每一首白话诗翻译成古典诗。然后他顺口翻译了几首白话诗，记忆比较深的是大解那首《百年之后》。

在写《三国志》读书记之前扯了几句翻译问题也是兴之所至。手头这本《三国志》只是节选本，只选了 12 篇 12 个人物，全书共 65 卷呢。陈寿原是蜀国大臣，蜀被灭后出任晋朝的佐著作郎、著作郎、治书侍御史等职，《三国志》就是在这时候完成的。期间有参照魏、吴两国的史书。《三国志》体例上沿袭《史记》，以记、传为人物分类，帝王为记，文臣武将为传。陈寿一定是个中规中矩、稍有些刻板的好臣子，但不是有才情的好作者，行文干枯，欠缺激情。同样是史，司马迁的《史记》写得是神采飞扬，《史记》是可以当作文学作品来读的。《三国志》却是满书的僵硬，难怪输给《三国演义》。

在《三国志》里，曹魏是正统，蜀吴是军阀割据。这点，按本书前言所言，是符合历史的。坦白说，要我读完《三国志》65 个人物，我肯定读不完的。

2017-9-25

书　　名	《警世通言》
著(译)者	[明]冯梦龙编
版　　别	陕西人民出版社 1987 年

因果报应

　　有一段时间没有读古典文学了，在书架前找找，抽出《警世通言》重读。《警世通言》的每个故事从主题来讲都有一个核心，"因果报应"。它和作者的另两部书《喻世明言》《醒世恒言》一起，称为"三言"。

　　《警世通言》由 40 篇独立的话本小说组成，涉及官场、婚姻与爱情、女性命运、冤案、怪异世界，等等，可读性很强。写法上为了引进正文，常常会先叙述一个小故事，一篇小说的容量由此扩大。其中亦历史亦虚构，亦现实亦编造，显见作者的阅读面及在积累素材上的庞杂。

　　读《警世通言》，我最喜欢的还是它的语言，那种介于古典与当代白话之间无须翻译却又不过于浅白的、韵味无穷的语言，读《警世通言》，我也喜欢每篇中的诗词，记得年轻时读到这些诗词是跳过去的，现在则认真默读，权当读古诗。

　　冯梦龙生于明末，苏州人，曾在福建寿宁当过县令，他小说中的人物故事大抵发生于江南一带，北方比较少，对南方人来说，阅读《警世通言》不免又多了几许亲切。如同中国的大部分小说短于心理刻画，《警世通言》亦是如此，造成的结果就是，人物都很单一、平面化。这是中国小说的薄弱处。

2017-10-25

书　　名	《黄帝内经》
著(译)者	[唐] 王冰著
版　　别	北方妇女儿童出版社 2017 年

医书如天书

两个女友使我对《黄帝内经》产生了兴趣。

一个是善写散文诗的爱斐儿，爱斐儿其人其文，都像从中国古代走来的，典雅、娴静，举手投足有大家闺秀的风范。从小就在父亲指点下背诵《史记》的爱斐儿，大学上的中医学院，继续背诵张仲景的《伤寒论》和《黄帝内经》，以及《汤头歌》，可说是在古文中浸润出来的。迄今爱斐儿还认为，读来读去还是古诗耐读，她的微信中经常传送的也是古诗词、古琴曲。

另一个是我作家网的同事张大群，毕业于大学中文系的张大群不爱文学爱医学，热爱中医并自学中医而且还能运用中医给自己及家人治病，曾询问张大群从哪里入手自学中医，答，"跟你读书写作一样，也从读中医书籍开始"。

"哪部书籍？"

"《黄帝内经》。"

对《黄帝内经》，张大群继续阐述她的感悟："记得我读《黄帝内经》，就好像一个视野狭窄的人，不经意一抬头，就看到浩瀚无垠的璀璨星空。我发现有很多重要的中医思想都来源于此。读《黄帝内经》，越读越让我觉得，中医是一种智慧，不仅治疗人的肉体，也洗涤人的心灵，就像书中所说：恬淡虚无，真气从之；精神内守，病安从来？"

《黄帝内经》就这样被爱斐儿和张大群一先一后种进了我心里。于是赶紧下单订购，书到了以后才发现这是唐朝王冰所著，此前我还以为是上古书籍（发微信后，罗福基医生告诉我，《黄帝内经》的成书年代与作者确实是上古和"黄帝"，而唐代王冰著的《黄帝内经》，其全称应该是《重广补注黄帝内经素问》）。《黄帝内经》共81论，涉及各种病症及相关疗治手法，有原文、有译文，但因为有许多身体器官、经络、脉象、穴位等专业术语，读起来难度还是很大。我非常佩服张大群，对外行而言，医书如天书，读懂难，不仅读懂还能运用，难上加难。

2018-1-8

书　　名	《围炉夜话》
著(译)者	[清] 王永彬著，雷明君译评
版　　别	崇文书局 2016 年

随得随录

只是 184 则格言警句，编者加以题目、翻译及评点，便成 333 页一本书。我读《围炉夜话》，不读题目，也不读译文，也不读点评，一个上午便可读完。

跟明清之际类似的笔记体著作相比，此书浅显易懂，大都与处世有关，普及的是劝善、勤读、惜时、好德、修身正己等常理，细究起来无甚高论，要做到完美却也不那么容易。想来当时文人撰写三言两语人生感悟的定也不少，王永彬此书能够传世不知有何机缘，若放在今天，估计也消隐于芸芸众书了吧。

作者在自序中谦虚地定位此书"随得随录，语无伦次且意浅辞芜"，若能真"辞芜"，也是表达上的一种丰富，可惜并不。《围炉夜话》的语言，许多对句，可抄写张贴于书房做夫子自道或励志之用，譬如，"心静则名，水止乃能照物；品超斯远，云飞而不碍空"，譬如，"图功未晚，亡羊尚可补牢；浮慕无成，羡鱼何如结网"，等等。

《围炉夜话》有这么两句，"守身必谨严，凡足以戕吾身者宜戒之；养心须淡泊，凡足以累吾心者勿为也"（又是对句），反思自己，可能第一句没做好，第二句基本还是做到了。不做或尽量少做"违心之事"（包括说"违心之话"），是护心法宝，心护好了，人就健康、年轻。

从《围炉夜话》我想到近段时间微信上传遍诗人朋友圈的"谭克修诗语"，即是谭克修2017年发布在微信上的与诗、与诗人、与诗事有关的个性鲜明的见解和观点，一直以来，谭克修微信因为敢于表达自己的真实想法（语词犀利且点名道姓）而成为诗人们关注的热点。"谭克修诗语"的出版当比《围炉夜话》有更多阅读点和启发。

2018-1-22

书　　名	《菜根谭》
著(译)者	［明］洪应明著，张熙江整理编注
版　　别	上海人民出版社1990年

一生也读不完的书

读《围炉夜话》前言，读到这么几句，"清人王永彬所撰写的《围炉夜话》，与明人洪应明撰写的《菜根谭》、陈继儒撰写的《小窗幽记》一起并称'处世三大奇书'"，遂寻出《菜根谭》，一起读了。

家里这本出版于1990年，也不是很老的版本，却是繁体字，还竖排，只有若干注解，并无白话译文。爱好文学或中文系毕业的还是能读懂的，无须惊慌。本书前言是一篇详尽而充满感情的评论文章，娓娓道来《菜根谭》问世以后所享有的盛誉，尤其多次提到20世纪80年代日本企业界对此书的推崇、把此书当作企业用人宝典，我也依稀记起改革开放初期社会上曾掀起一阵"菜根谭热"，当是因为本书确实有很多持身涉世之道。

《菜根谭》全书501则，每位选家根据自己的判断进行摘选、分类，我读的张熙江版本，分为"砺品、器识、明智、风操、旷达、逸兴"六类，每一类还取两句古诗词作为导语，以述己志，譬如，"明智"取《老子》之"知人者智，自知者明"。《菜根谭》内容丰富、所涉领域极为广阔、文辞优美深刻，比《围炉夜话》高了好几个档次。

读《菜根谭》，能读到让你心动并有所悟，譬如，"德者才之主，才者德之奴。有才无德，如家无主而奴用事矣，几何不魍魉猖狂"，这主奴的比喻，甚是新颖而贴切；又譬如，"平民肯种德施惠，便是无位的卿相；士夫徒贪权市宠，竟成有爵的乞人"，这"乞人"用得可真妙，想想自己虽非"士人"，有时也会行乞人之事，不禁自惭。确实，贫与富不是以财力而是以心态来计。

《菜根谭》妙悟处处，我就不再列举了。这是一本一日可以读完但却是一生也读不完的书。

2018-1-26

书　　名	《幽梦影》
著(译)者	［清］张潮撰，方文编注
版　　别	崇文书局 2016 年

富贵闲人们每天的生活

明清笔记体文字看来很是盛行，《幽梦影》是一本。作者张潮，我们熟悉的还有他编选的《虞初新志》，明末清初中国文言短篇小说集。读《幽梦影》，总能遇到一段又一段熟悉的文字仿佛老友一般，以至于我一直回想是否读过此书，譬如，"字与画同出一原，观六书始于象形，则可知己"，譬如，"读书最乐，若读史书则喜少怒多。究之，怒处亦乐处也"，又或者，《幽梦影》文句太妙，经常被引用，我就是在他处读到也未可知。

据本书前言介绍，《幽梦影》是因为林语堂先生的介绍，"而从几百年前走到了现在"，林语堂是这么说的——

"我们已经知道大自然的享受不仅限于艺术和绘画。大自然整个渗入我们的生命里。大自然有的是声音、颜色、形状、情趣和氛围；人类以感觉的艺术家的资格，开始选择大自然的适当情趣，使它们和他自己协调起来，这是中国一切诗或散文的作家的态度，可是我觉得这方面的最佳表现乃是张潮在《幽梦影》一书里的警句。这是一部文艺的格言集，这一类的集子在中国很多，可是没有一部可和张潮自己所写的比拟。"

借用张潮"菊以渊明为知己，梅以和靖为知己……"的句式可谓，"张潮以语堂为知己"，张潮自言，"天下有一人知己，可以不恨"，善哉此言。

《幽梦影》是一部呈现生活情趣的书，按现在的说法，也可说是一部说明什么叫高质量生活的书。花鸟草虫、琴棋书画，富贵闲人们（《红楼梦》中薛宝钗赐予贾宝玉的尊号）每天就活在这样的世界里，但活在这样世界的富贵闲人也多矣，幸有张潮爱文并以文记之，使后人如我借此明了当时文人的野逸雅趣。《幽梦影》最妙的还在于对物的诸多感思和妙悟，对风（"春风如酒，夏风如茗，秋风如烟、如姜芥"）、对酒（"酒可以当茶，茶不可以当酒……""酒可好，不可骂座……"）、对鸟（"鸟声之最佳者，画眉第一，黄鹂、百舌次之……"）、对花（"梅令人高，兰令人幽，菊令人野……"）、对情（"多情者必好色，而好色者未必尽属多情……"）、对月（"玩月之法，皎洁则宜远观，朦胧则宜俯视"），还有对梦对云对人……再列举就没意思了。

《幽梦影》有一个趣处，就是作者的朋友们七嘴八舌地围观点赞，其情形有如今日微信朋友圈主帖下的发言，当微主张潮刚发布"春雨如恩诏，夏雨如赦书，秋雨如挽歌"时，张谐石马上曰，"我辈居恒苦饥，但愿夏雨如馒头耳"（意为像我这样的穷光蛋，就只希望夏天下馒头雨啊），张竹坡接着说，"赦书太多，亦不甚妙"（意为赦书雨虽好，多了也不行啊，多了就成灾了），经仔细比较我认为，张潮的朋友圈里这个叫张竹坡的水平最高，不知此君是否也是著名作家，有何作品，待查。

《幽梦影》还请了三人作序：余怀、孙致弥、石庞，最好笑的是余怀，先自夸了一大通（读了多少书，游了多少名山大川，写了多少专著），再把张潮拉扯了过来，"其（张潮）所著述与余旗鼓相当，争奇斗富……"，恕我孤陋，这三个作序的包括余怀余老先生，我都是因为张潮《幽梦影》才知道他们的。

2018-2-2

书　　名	《甲骨文与殷商人祭》
著(译)者	王平、[德]顾彬著
版　　别	大象出版社 2007 年

了解甲骨文，了解人祭

看到作者顾彬时，我都不太相信这就是那个大名鼎鼎经常抨击中国当代小说的顾彬，但确实是他。本书后勒口介绍了两位作者，王平，华东师范大学中国文字研究与应用中心教授；伍尔夫冈·顾彬，德国波恩大学汉学系主任教授、华东师范大学顾问教授。对大部分读者来说，这是一本可以翻翻满足好奇心的书，实质内容并不多，主要介绍了甲骨文的来源、内容、作用。如同中学历史教材上所说的，甲骨文就是刻在龟甲和兽骨上的文字，占卜和礼仪祭祀时用。人祭则是盛行于殷商时期的一种以人为祭祀用品的习俗，具体又可分为人祭和人殉。这几日，微信有一个文字软件：输入你的名字，就会出现一个对应字，这个字发明于1500 年前甚至 2500 年前，大抵是非常生僻复杂的字，迄今已很少使用而几近消失。这些伟大的汉字如今都在河南安阳中国文字博物馆里，有一句话是这么说的，到了安阳，才知道自己认识的字少，说的就是这意思。读《甲骨文与殷商人祭》，你也会羞愧自己认识的字少。本书介绍了十一种记录在卜辞中的人祭的方法，并告诉我们享用人牲的祖先神和自然神都有哪些（祖先神其实就是夏商历代君王）。总的来说，我认为这本书对文字爱好者和考古爱好者的意义要大于文学爱好者。

2018-2-14

书　　名	《阅微草堂笔记》
著(译)者	［清］纪昀著
版　　别	上海古籍出版社 2002 年

读纪昀纪晓岚，读出了我家乡名流郑开禧

　　在没有微信、微博，博客也不热乎的时代，我时常到处闲逛，这边看看、那边瞧瞧，这就读到了闽南师范大学教授、著名作家青禾老师的"读《阅微草堂笔记》的笔记"系列。前天，我也捧起了《阅微草堂笔记》，读了两卷"滦阳消夏录"计 95 则后决定不读了，原因很简单，《阅微草堂笔记》和此前我读过的蒲松龄的《聊斋志异》、袁枚的《子不语》一样，都可归为"志怪小说"，所谓劝善惩恶、借鬼神说现实是也。我纳闷的是，何以鬼鬼怪怪都跑到清朝了，引得众多名流接二连三撰写此类著作。又或者，这类小说在当时特别畅销有市场，作家们忍不住跟风像今日一样？

　　我特意对三位作家的出生年月做一番考证，三人同为清朝人，但蒲松龄居长，1640 年生，1715 年卒；袁枚，1716 年生，1798 年卒；纪昀（老百姓更喜欢叫他纪晓岚）1724 年生，1805 年卒。蒲松龄去世后袁枚和纪昀才出生，他的《聊斋志异》自然完成在先。袁枚和纪昀同在乾隆朝，都有大才，名气相等，时称"南袁北纪"，

只是二人走的路子不同，"南袁"袁枚早早辞官归隐随园，收徒、创作，一生悠游自在，享高寿；"北纪"纪昀官运亨通，官至礼部尚书、协办大学士，而且还有这么一个身份：《四库全书》总纂修官，也是高寿而终。我想，这二人生前一定彼此知悉，有无见过面待查。

为了写此文，我特意跑去青禾老师的博客翻寻，果然找到闪光点，《阅微草堂笔记》序言之一作者是我们漳州人，翻开书，第二篇序作者落款：道光十五年乙未春日，龙溪郑开禧识。龙溪县，一般指福建省漳州市市区和龙海市北部、西部。龙溪县唐朝初年最大管辖范围包括漳州市全境和龙岩市南部以及厦门市海沧区，当时福建只有四个县。漳州地改市以前就称为"龙溪地区"。姜还是老的辣，想我读此序脑子竟没转到漳州，还得青禾老师提醒。顺藤摸瓜，又摸到郑开禧在漳州的老宅：文川里136号，此处现在是漳州市第22号文物点。资料说，郑开禧是个传奇人物，生前他为纪晓岚的《阅微草堂笔记》写序，死后，林则徐为他撰写了墓志铭。以后得留心一下郑开禧。

读纪昀纪晓岚，读出了我家乡名流郑开禧，情感上马上跟纪大学士亲近了许多。

2018-2-25

书　　名	《人间词话汇编汇校汇评》
著(译)者	王国维著，周锡山编校
版　　别	上海三联书店 2013 年

读此书就像走进民国时期的北大课堂

读过几个版本的《人间词话》，我推荐这本。

本书体例：一、原文，二、汇校，三、注释，四、汇评，五、解读。其中汇评部分集中了诸多王国维研究专家对《人间词话》该条目的考究与阐述，并不单纯持一味赞美的态度，反而有许多批驳，读来大开眼界。约略数来，有李长之、朱光潜、冯友兰、佛雏、叶朗、钱谷融、陈良运、夏中义、徐复观、王文生、叶秀山、周煦良、李泽厚、叶嘉莹、唐圭璋、周锡山等十几二十家，读此书，既是读王国维一家，亦是读如上十几二十家。

宋代许顗在《彦周诗话》有言，"诗话者，辨句法，备古今，纪盛德，录异事，正讹误也"，王国维此书论词，故名"词话"。诗话、词话，均为中国传统文学批评常使用的样式。它的优点正如朱光潜在《＜诗论＞抗战版序》所写，"诗话大半是偶感随笔，信手拈来，片言中肯，简炼亲切，是其所长"，但缺点也很明显，点到为止，并不展开，或者说，只给结论，不给推理的路径。譬如，第30则——

"风雨如晦，鸡鸣不已"，"山峻高以蔽日兮，下幽晦以多雨。霰雪纷其无垠兮，云霏霏而承宇"，"树树皆秋色，山山尽落晖"，"可堪孤馆闭春寒，杜鹃声里斜阳暮"，气象皆相似。

引了《诗经》、屈原的《楚辞·九章·涉江》、王绩的《野望》、秦观的《踏莎行》四句诗，然后来个判断句式，"气象皆相似"，至于如何相似，哪里相似，对不起，无可奉告。

幸好有诸多名家在下面发言，增进了我们对此则的理解。读此书就像走进民国时期的北大课堂，王国维教授站在讲台上，他每说出一则词话，聪明勇敢的学生们（诸多名家）便纷纷站起来，对老师的词话陈述己见，或肯定，或质疑，有时，学生与学生间还相互批驳，言语间甚至还偶有冲撞呢。

读此书我还想到2004年5月在广东清新召开的"第二届女子诗会"上徐敬亚和陈仲义两位教授就"诗歌批评如何可能"展开的争议，徐敬亚说，西方新批评太过无趣，他已厌倦，决定回到中国诗话批评，但陈仲义认为，中国诗话批评太笼统，无法就诗歌的许多细节展开分析，一时之间还不能真的放弃新批评。

《人间词话》在我看来就像王国维的读词札记或批注，每个诗人都可这么做，也确实有人这么做了。日前读到《圭臬》诗歌民刊，成都凸凹已有读诗札记百余则，建议他整理出版，书名就叫"人间诗话"。

2018-3-9

书　　名	《武则天》
著(译)者	赵玫著
版　　别	长江文艺出版社 2007 年

武则天秘史

　　两天两夜读完厚达 368 页的《武则天》，证明这部小说有它的吸引力。首先，题材有吸引力，虽然已在电视屏幕上看过各种版本的《武则天》，但文字版本这是第一次。作为中国历史上唯一的女皇帝，武则天怎么写都有看点。其次，赵玫的文笔有吸引力，赵玫采取散文和议论相结合而非小说的手法，这是我读了一半时发觉的。这样可以避开很多历史细节，确实在本书你看不到武则天的施政策略，了解不到何以众臣会臣服武则天。本书更像武则天秘史，对武则天的几段情感特别是和薛怀义、和二张，本书用了相当多笔墨，显然作者发挥了女性的想象力。我觉得赵玫很聪明，懂得扬长避短，她善于为武则天做心理分析和设身处地的解释，长篇大论，洋洋洒洒。我经常在读的时候好奇，怎么后面还有那么厚，要是我，三言两语就写完了。这就是小说家和诗人的区别。

　　不论电视连续剧还是本书，最让人难以接受的就是武则天对亲人的屠杀，儿子、孙子、孙女、外甥、侄儿……都成为她的刀下鬼。赵玫起初还想为武则天翻翻案，譬如，在写到武则天掐死襁褓中的女儿以嫁祸王皇后时，她还分析了几种可能，但到最后，赵玫也忍不住一口一句"残忍"地说武则天了。

　　其实，我还是想多知道一些武则天的政治才能而非她的风流韵事。遗憾，本书没有。

2018-3-11

书　　名	《洛书河图：文明的造型探源》（修订本）
著(译)者	阿城著
版　　别	中华书局2015年

读得糊里糊涂又灵光闪现

杰出的作家总是天赋异禀，他们把关注的视野放在某处，便是某处的收获。此例前有沈从文之于服饰研究，现有阿城之于中华文明的造型探源。阿城此著——《洛书河图：文明的造型探源》是他在中央美术学院油画系担任客座教授的授课录音整理，阿城不备讲义，因为"内容早已烂熟于心"，唯其如此，更见功力。

我读此书，源于吴子林的推荐，也源于我对"洛书河图"的兴趣。《易·系辞上》曰，"河出图，洛出书，圣人则之"，闽南语又称"河洛话"，凡此种种，皆与河、洛有关。在阿城此著里我第一次见到洛书的书、河图的图。一眼看去，像天上的星辰排列，只是规整些，呈正方形。阿城讲了这两张图的来历，原来是朱熹弟子、喜好图册的蔡季通奉师之命，顺长江三峡入蜀，寻找到的。朱熹对这两图有解释，但我读不懂（包括《易经》我也曾翻过，玄之又玄啊，只能暂且放下），引阿城的话，"对配置的解释很完满，对数字的定义，也很完满，事情到此，结束了，千年大谜，破解了"，阿城奇才，我辈庸才，委实不知千年大谜，如何叫破解了。

话说蔡季通只给老师两张图，自己悄悄藏了一幅，阿城展示了这幅，此图类似于著名的《太极图》，但还是稍稍有些区别，往后读才知这就是著名的《太极图》的未完善版。由此图，阿城从彝族、苗族的服饰图纹中找到相当多的类似图案，特别是，苗族服饰的图案占了本著相当部分页码，苗族亦是本著叙述的重点，阿城接受苏秉琦先生《中华文明起源新探》关于"我们的文明来源"有"六个部分"的观点，西南少数民族（我理解为蚩尤文明）应"从文明的发生的重要性来认识"而非仅注重他们的民间艺术。

读此著，长智慧。譬如，"河图洛书"之"河"与"洛"，通常认为黄河与洛水，阿城说，错了，"河"是"银河"，天哪，我一下子豁然开朗，如果说黄河出图有如神话，则银河出图纯属事实。请看夜晚的天象，众星布阵构成的星座图。

听阿城说先秦诸子也很受益，他拨开笼罩着孔子的诸多乱象，告诉我们，孔子是个伟大的觉醒者，后世对儒教的曲解都已经不是孔子的儒教。

读阿城此著，半知半解，读得糊里糊涂又灵光闪现。

2018-3-12

书　　名	《随园诗话》（全四册）
著(译)者	［清］袁枚著，马博主编
版　　别	线装书局 2014 年

读全集读出了与选集完全不同的评价

真的是没办法读完了，太多了，16 卷 1363 篇，补遗又 10 卷 654 篇，总 2017 篇。此前曾读过选编本《随园诗话》，仅 160 篇，边读边笑，十分痛快，由此喜欢上了袁枚，便买来这套四大册线装书局出版的《随园诗话》，此套书颇有一些错别字，且白话翻译也不很到位，但总体无碍。这一读才知，全集和选集太不同了，不是一般的不同。选集有选家个人喜好在里面，此前读的那个选本是雷芳选译，雷同学尽挑袁枚老师有趣的诗话选，以致我脑中的袁枚形象是：自恋自得、才学满满的可爱老头。可这回读全集，才读第一册我就发觉，袁枚老师根本不是那样的，他是严谨的、有爱心有责任心的、爱朋友爱才的、高尚的专门利人的大才子、大好人。和袁枚同时代的诗人无论是否他的朋友，都好幸福，这 2017 篇，几乎就是袁枚代大家记录下他们的诗句。有心人完全可从《随园诗话》里整理出一本厚重诗集，编者可署名袁枚。

为什么不想读完，我想了想是因为这 2017 篇是一种平行关系，彼此之间没有因果关系，可以随时停下。它不像小说，小说有逻辑和情节在推动，一停下就不知后事如何了。袁枚这套全集和他的《子不语》注重的是资料的收集，就像我今天写"读书记"，读一本写一本，比的是毅力和才力，倘若袁枚活到 100 岁，那就完全有可能写到 3000 则了。但对读者而言，确实没必要读完全集，读袁枚搜集的这些诗句还不如读唐诗宋词，毕竟后者已经证明是经典。

读全集读出了与选集完全不同的评价，真是想不到。

当然，如果有时间能把全集读完，一定能发现当时的一些重要信息，譬如，第二卷第 22 则就清清楚楚告诉我们，《红楼梦》真是曹雪芹写的。这则诗话写到了曹雪芹父亲曹练亭任江宁织造时每次出门都要带书，人家以为他好学，他说："不是的，我只是不想劳烦百姓每次见到我都要起立，所以拿书挡脸罢了。"然后袁枚继续写道，"其子雪芹撰《红楼梦》一部，备记风月繁华之盛"。《红楼梦》的作者问题一直众说纷纭，迄今已冒出 116 个，大家各显神通推出自己认定的作者，有的还颇具迷惑性，如今有袁枚此文，我要坚定地拥护曹雪芹了。袁枚和曹练亭是同时代人，买的又是曹家的园子，他的随园往上推是曹雪芹祖上的私园，后卖给接任江宁织造的隋赫德，故名"隋织造园"，卖给袁枚时更名随园（有研究者认为，《红楼梦》的大观园就是随园），这么近的证人如果都不能证明《红楼梦》是曹雪芹写的话，那些离《红楼梦》那么远的人更没有资格瞎编乱造了。

袁枚 30 多岁即辞官归隐随园，身体好，寿命长（82 岁），才华出众，好读书，爱交友，家境殷实，种种这些集合到一个人身上，才能产生《随园诗话》这 2017则。要知道袁老师的作品可不止《随园诗话》。

2018-3-19

书　　名	《中国古代服饰研究》
著(译)者	沈从文编著
版　　别	上海书店出版社 2017 年

天才人物无论在哪一行当，都是这一行当的幸运

　　想读沈从文《中国古代服饰研究》想了很久，今天终于摆到了案头，也开始读了。为什么想很久，因为知道沈从文是天才，14 岁投身行伍，浪迹湘川黔边境地区，不要说没有读过大学，连高中兴许都没读。22 岁开始文学创作即获很高的声誉，1939 年起任教于青岛大学，1946 年到北京大学任教。单把这些履历看一遍就有不可思议感。沈从文一直作为不是大学生的大学教授的典型成为传奇。1949年以后被安排到中国历史博物馆，从事文物、工艺美术图案及物质文化史的研究工作。1957 年因为众所周知的原因（这是流行的说法，但我不相信年轻一代也周知）放弃文学生涯。1978 年调中国社会科学院历史研究所任研究员，致力于中国古代服饰及其他史学领域的研究，本书就是他的研究成果之一。

　　我曾说过，天才人物无论在哪一行当，都是这一行当的幸运。沈从文即是明证。

　　《中国古代服饰研究》近 700 页，依照时间顺序从旧石器时代写起，一直到清代。在对服饰的考证过程中作者经常随手援引某部古籍某句话来确证文物的历史，因此读本书亦是读古书。本文穿插有大量图片，这些图片皆来自考古发现，因此读本书亦是参观各文物点，并且还有沈从文当导游。一个没有高学历的作家可以理解，诗有别才，文有别才，但一个没有高学历的考古学家实在令人佩服。我没有读完《中国古代服饰研究》尽管我知道它很有价值，就像我经常做的，慕名到某名胜古迹游览，导游在那边讲解，我自己东看西看总慢半拍，有时累了就不走了。我知道，就算我听了导游的讲解，也记不住，或者记住了生活中也派不上什么用场。但不管怎样，我究竟还是到过此处。我究竟还是翻过《中国古代服

饰研究》。

在引言中沈从文对本书有一个比喻，是典型的作家观点作家笔法，"总的来看具有一篇长篇小说的规模，内容却近似风格不一、分章叙事的散文"。

2018-4-8

第三辑

书　名	《闲书》
著(译)者	郁达夫著
版　别	上海书店印行 1981 年

郁夫子博才高学，方能闲闲写来

打扫卫生，竟翻出一本老书，说老也不对，再老也没有《论语》老，我说的是它的出版时间，1981 年。版权页打了一行字，"本书根据良友图书公司 1936 年版复印"，一说到良友，脑海里先浮出的是那个大眼、长卷发的香烟美女。不多想了，读书，书不厚，一天一夜可以读完。

我不是郁达夫研究专家，不想知道他洗澡、购书、写信等生活琐事，就把后面五篇日记略过不读。本书名为"闲书"，按夫子自道，"凡一个人到了拿笔管写写的时候，总是属于闲人一类的居多……同样想拿起一册书来读读的人，必然地也非十分有闲者不可"，此话大抵不差，譬如，我这阵读书写读书记自娱自乐，也是不坐班的缘故。《闲书》其实是郁达夫的随笔集，间或有几篇评论，谈清贫、谈肥瘦长短、谈沉默、谈姓氏、谈结婚、谈杭州、谈浙江、谈屠格涅夫、谈诗、谈幽默、谈劳伦斯……内容真丰富，郁夫子博才高学，方能闲闲写来，我辈来写，绞尽脑汁恐也得弃笔缴械。

郁达夫，浙江富阳人，《闲书》中与浙江风物有关的文章便多些，所以一地出产什么也比不得出产作家来得好，尤其是出产郁达夫这类爱写会写的。反观自身，并未给故乡漳州写过多少诗文，感觉很羞愧。幸好吾乡乡贤林语堂有文《我的故乡》、杨骚有诗《福建三唱》，读者可自行阅读。我注意到郁达夫《闲书》有一篇《记闽中的风雅》，约两千来字，说到"福建的文化，萌芽于唐，极盛于宋，以后五六百年，就一直得传下来，没有断过"，还列举了吾省诸多诗人并得出一结论，"致诗中有闽派之帜"，显然"闽派诗歌"一说其来有自。

百度有一文说到，"抗战初期，郁达夫应同乡暨好友、时任省主席的陈仪邀请来福州，委省府参议兼省府公报室主任。任内过得悠闲自在，作为浪漫文人喜旅游、且好饮的习气难改，日常除处理公文演讲写作号召抗日外，余暇经常呼朋唤友游山玩水，觥筹交错"，除了《记闽中的风雅》，郁达夫还写有多篇与福州有关的"闲文"，可惜未收入此书。

2016-12-25

书　　名	《呼兰河传》
著(译)者	萧红著
版　　别	凤凰出版社 2013 年

"生和死"是主人公

你看完了一本天才之作，你能说什么呢，只能长叹一声："太好了。"这"好"，包罗万象，有悲伤、有微笑、有气愤、有绝望……这就是《生死场》和《呼兰河传》。本书即由萧红这两部经典构成。其实已读过多遍，再读并不厌烦，语言的空间在，草木人物的形象在。

中国现代文学史上的女性作家，我认萧红首位，张爱玲因为有了某些作品，这才可以和萧红齐肩。其他如林徽因、丁玲、庐隐、白薇、苏青等，都没法和这二位比，更不用说冰心。这是我和杨海蒂的共同认识，只是她不赞同我对萧红和张爱玲的排序，在她眼里，张爱玲应在萧红之前。在那趟北京飞往哈尔滨的CA1611航班上，两位女作家谈到了自己心仪的两位女作家，并为她们的爱情唏嘘不已。

我觉得萧红在生活上是比较弱智的，随自己的心性行动，把不住自己，她靠的是天赋的才情在写作，才华大于人本身。萧红的爱情经历尽管波波折折、匪夷所思，但本质上还是个被爱情成全的人。因为萧军，她开始写作；因为端木蕻良写出《科尔沁旗草原》，她受启发也写出了《呼兰河传》。后人如我，只读萧红，并不读萧军和端木蕻良。

萧红的人生际遇早已为世人所知，我不理解的是她的父亲怎么能这么残忍，眼看自己的女儿一直在饥寒交迫中挣扎竟不施与援手，这个父亲还受过高等教育，还一直有官阶在身。这个不理解，在读《生死场》和《呼兰河传》中得到了一点答案，看看月英、金枝、小团圆媳妇，她们比牲口还不如，牲口主人还舍不得打，还悉心呵护，她们却是，打了也就打了、死了也就死了。萧红只是冷静地把事实写出，却已经表明了她的立场。我想在她父亲心中，萧红也就像月英、金枝、小团圆媳妇，没有值得宝贵的，死生由她去。这样的父亲真是悲哀，一点都不懂得自己女儿的价值。若没有萧红，她的父亲什么也不是。在萧红这边，我也读出她的无情，那种文字的寒意，对亲情，她定也是淡漠的。她20岁逃婚离家后，就再也没有一丝依恋，也不曾有过主动联系家人的举动。萧红、张爱玲，如果她们都如常人一样顾及人情、善于处理人与人之间的关系，她们也就不能称之为天才，她们的作品也就不会有超出同道的光芒。

2017年1月14日，在长春参加"当代诗歌的文化地理与地方美学"研讨会，会前闲聊文学，王双龙老师突然说起萧红，"一看就是在学堂不好好念书的，语言疙里疙瘩的，反而自成一体，有了无穷的张力，使她和那些顺顺溜溜的写作区别开来"。我深以为然。萧红的写作不管体裁，小说、散文，她都打乱了写，她不按规矩，不给主人公却谁都是主人公：街道陷人陷马的大泥坑是主人公，园子里的花花草草是主人公，爷爷是主人公，有二伯是主人公，蚊虫是主人公……归结起来，"生和死"是主人公。

萧红笔下的众生，无论怎么艰难，也艰难着生，死到临头，也就无话可说死去好了，没什么好抱怨的。但萧红自己，却没法这样洒脱。31岁，萧红在香港。隆隆的炮声中，因肺病住进医院的她，本不至死，却因医生误诊为喉癌而自己签字做喉管开刀手术（萧红显然是有强烈求生意志的，端木蕻良不同意手术，不签字）导致病情恶化，最后时刻，喉头安着铜管呼吸器，连话都不能说，只能拿笔写下："我将与蓝天碧水永处，留得那半部'红楼'给别人写了。半生尽遭白眼冷遇……身先死，不甘，不甘。"

这行字被射灯照着，明晃晃题写在呼兰河畔"萧红纪念馆"的墙上，做展馆的终结。2017年1月8日，到肇东参加"冰雪文化节"时东道主陈泰灸安排我们一行参观"萧红纪念馆"并"萧红故居"，一眼看到这一排光焰焰的大字，我的眼泪差点涌出。忍住，不要矫情，我告诉自己。当讲解员用职业的声音平静地念出此句时，众人百感交集。东北汉子陈泰灸说："每次带人来，走到这里我就想哭，想不到我一大老爷们还能哭。"是的，今天我已不知第几遍读《生死场》和《呼兰河传》，我沉默着，我也想哭。

2017-1-20

书　　名	《民国国文课》
著(译)者	王国维等著
版　　别	中国华侨出版社 2015 年

"吾腕有鬼欤"

没有编者，虽冠以"民国国文课"的名目，据我猜测，实为借"民国国文课"热潮行书籍销售之策略。读此书用了三天，觉得有价值。全书收入 52 位民国作家计 66 篇文章，涉及家国情怀、写人记事等方方面面，文体以散文随笔为主兼及小说、诗歌、议论文，很是丰富。于我而言，此书收入的许多作家平时只知其名，轻易也不会特意去找他们的作品来读，因此对他们其实不甚了解。此番借此书恰好一窥毛皮——一两篇文章自然不敢说窥见堂奥。譬如，陆小曼《泰戈尔在我家》一文，朴素的叙事，清丽的语调，并有一点点娇态，很有意思。朱自清入选此书多篇，篇篇用笔不同，显见功夫扎实。张爱玲在随笔《中国的日夜》里穿插的两首小诗颇有口语写作之风，倘她致力于诗作，当也不差。同时收入的张爱玲小说《霸王别姬》据说是她的小说处女作，却是语言老辣，情节合情合理，结尾的"收梢"令人难忘。林语堂的《纪元旦》让我学到了康有为的一句话"吾腕有鬼软"。全书我唯一没读完的就是梅贻琦的《大学一解》一文，枯燥的文言文，我读了一半先且放下。

2016–9–7

书　　　名	《文学概论讲义》
著(译)者	舒舍予著
版　　　别	北京出版社 1984 年

敢于下断语

要不是无意中翻寻到，还不知道小说家老舍用他的字（本名舒庆春，字舍予）写有这样一部理论专著。按出版说明所言，本书是"老舍先生 1930 年至 1934 年在齐鲁大学文学院任教时编写的，没有公开出版发行过，最近（也就是 1984 年吧。——安琪）由张瑞麟同志发现，并作了校订和注释"。昨天（2016 年 12 月 27 日）在十月杂志社主办的"西川《唐诗的读法》研讨会"上我的发言即从老舍此书说起，我发现作为作家的老舍和同为作家的西川在做学术文章时有两个共同点：（1）他们的叙述语言都有一种抓住人心的力量，表达上不拘一格，经常冒出朴素的大白话让人会心一笑（譬如"这时代的文学作品要算赋最出风头"），很明显不是学院训练出来整齐划一的那种（语言的逻辑和句式的构成都很相似，遮上名字看不出谁写的），读他们的论文就像读文学作品一样感受得到他们的心理活动和各异的文采;(2)他们都不迷信古人,敢于下断语给出自己的论断和见解,作家本质上都注重原创力、都要发人所未能言,诸子百家的每一家就是很极端地把自己的观点推到极致,如果都用辩证法这也可以那也可以的话,又何能成一家之言?体现在老舍的《文学概论讲义》,作者大胆地对《论语集注》《文心雕龙》等经典文论提出批驳,因为,"古人怎能都说得对呢?都说得清楚呢?都能预知后事而预言一切呢"。

相比于西川的《唐诗的读法》所研讨的主题永恒的唐诗,老舍的《文学概论讲义》所作为论据的文学作品只能局限在他写作这部专著的时代,之后出现的文学作品自然无法成为他举例的对象,这也就注定了会有新的"文学概论"来取代它,兴许这是许多人包括我不知道老舍写有这样一部《文学概论讲义》的缘故。

2016-12-28

书　　　名	《木心作品一辑》《木心作品二辑》
著(译)者	木心著
版　　　别	广西师范大学出版社 2013 年

"最后的贵族"式的自恋

断断续续把木心这两辑共 13 本书读完,中间要扣掉 6 本诗集,再补上 1 本李劼先生的《木心论》,实际读了 8 本,这么多书堆放床头已有两月,木心这套书确实也适合枕上阅读,有一段我脑子里冒出的是三毛全集,我感觉木心和三毛有共通之处,都有洒脱的不受流俗拘束的言行举止,都有率性真纯的出口成章的本事,二者的书都好读却也不能说它们浅,但要说有哲理般的深奥似乎也没有。

木心的写作能力很广，小说、散文、诗歌全盘通吃，这13本里自然散文和诗歌占大多数，小说只是零星穿插其中。李劼说木心是个很自恋的人，我深为赞同，在木心口述、陈丹青笔录的《文学回忆录》里就能明显嗅出木心的自恋。木心的自恋是那种"最后的贵族"式的自恋，见过、经历过大繁华之后跌到生活底层却依然在底层中保持着一种尊严，且对那些从不懂得尊严为何物的卑微民众的同情的自恋。在木心的作品辑里，可以读到木心的富贵出身和从小所受到的良好教育，木心的长相也有如混血儿般有着异族情调。木心精于音乐、绘画和文学，"文革"中吃过苦头，被囚禁18个月，所有作品皆被烧毁，三根手指还惨遭折断，想想心就揪紧，但阅读木心两辑作品，并未见他怨妇一般的诉说，确实自尊到了极点。

木心随笔精妙处颇多，我随手画出许多警句，但他的诗我目前暂时无法走入。我曾在微信上发帖"诗，木心的软肋"，引来诗人纳森和新锐批评家李锋的反对，前者认为木心的诗值得当下许多诗人学习，后者直接说"偏偏我最喜欢木心的诗"，我不免对我的判断有点犹疑，遂回头又读木心的诗，当然也有妙处，但总体还是不喜欢的，木心的诗歌语言太硬了，而李劼恰恰认为："木心的诗歌语言，可以说，自五四现代白话诗以来，首屈一指。"我年近50，决定谁都不迷信，既然读不下木心的诗，就不读了。

木心1927年2月14日出生于浙江乌镇，1982年起长居美国，2011年12月21日病逝于故乡，享年84岁，木心行文向内、自省。我感觉木心就像张爱玲一样一夜之间完成了在大陆的经典化，就我个人而言，更钟情于《文学回忆录》的木心。对木心，诗人、文化批评家徐江有一段毫不留情的文字，姑且引用如下以待方家辨析——

"木心的诗难得之处在于真，但阃于新诗。小说堪比汪曾祺，但有怯懦之魂。"

2016-11-25

书　　名	《寒玉堂书画论》
著(译)者	溥儒著
版　　别	浙江人民美术出版社 2015 年

一本谈画并教人画画的书

　　不足百页的书，却藏了太多东西。单看《论服饰》这篇，就引用了《左传》《梁书》《汉官仪》《史记》《列女传》等 50 余部古籍中与服饰有关的句子百多处，我读此书，正是抱着读古书的心态来读的，可谓正中下怀。

　　其实这是一本谈画的书，具体一点，教人画画的书。《论服饰》教人如何画服饰，其余 21 篇教人画山、画水、画树、画草……几乎涵盖了中国画的每一细部。同时还有两个章节教人用笔和傅色。不会画画的我，读不懂里面的专业术语，譬如，"有笔无墨""有墨无笔"，但也能由画入诗，约略领悟一点适宜于画也适宜于诗的道理，譬如，《论花卉》一章言及，"宋文与可竹、杨补之梅、温日观葡萄、郑所南兰、赵子固水仙，皆习之积年，专乎一物，精气形骸，与之俱化，故其神超然，独擅千古"，说的就是主攻一项，不分心于他物。当代很多诗人已深谙此道，抓住某个主题（或山川或某物）深研，使自己成为这个主题的行家里手。在这点上云南诗人做得最好，于坚、海男、雷平阳诗中大量的云南元素，已成为诗歌界一个重要现象。

　　本书《论人物》谈到古人"铸象图画，其尺寸以《经》为则，无敢逾越，望之如妙相犹存，金容宛在"，《经》即是《量度经》，在《量度经》中，"佛之法身、耳目口鼻、肩背手足，皆有常度"，最关键的是这么一句，"后世以意写之，虽竭心力，去古已远"，是不是可以理解为作者更重写实？我个人的观点也重写实，简单说就是要画得"像"，我觉得画得"像"才是本事，中国画的写意三两笔勾勒，每个人都大致相同，分不清彼此，实在没有"金容宛在"之妙。我更想说的是西方抽象画流行开以后对画家们的伤害，那些正儿八经学过画的在抽象画面前应该是欲哭无泪了，反正随便涂随便抹都能涂抹出图形，称之为抽象画，抽象画一普及，就四海之内，尽皆画家了。我没学过绘画，我要画画，肯定也走抽象之路。

但我内心还是有一个标准，画得"像"的那些画家，我才服气。

《论桥》一章的作者写道，"闽中多雨，则桥上置屋，以止行人"，想来当年"廊桥"的概念尚未发明出来，其实我也是在美国电影《廊桥遗梦》引进中国后才知"廊桥"的。那已是1995年的事了。

本书作者溥儒，初字仲衡，改字心畬。生于1896年，卒于1963年。确实是大清宗室（看到"溥"字的本能反应），由简介获悉，溥儒自幼即聪慧过人，9岁能诗，12岁能文。辛亥革命后奉亲隐居于京西戒台寺，泛滥百家，穷究古今，尤致力于诗文书画创作，成一代书画大家。简介还说他与张大千颉颃，世称"南张北溥"，这就真不知道了。顺便百度了一下张大千，确实看到"因其诗、书、画与齐白石、溥心畬齐名，故又并称为'南张北齐'和'南张北溥'"。

2018-1-16

书　　名	《今生今世》
著(译)者	胡兰成著
版　　别	中国长安出版社 2013 年

胡兰成自传体散文

读完《今生今世》，未及动笔，先百度出江弱水文《胡兰成的人格与文体》，后又寻到柏桦的博客，读他的《有关胡兰成的一组诗》，柏桦另有一文言及胡兰成"《今生今世》虽由散文、随笔形式写成，但读来完全是诗的……每每读罢他诗一般的文字，我都不禁掩卷长叹：在胡先生面前，我辈居然舞文弄墨，居然作诗"。2004 年我在叶匡政的合德堂图书公司，也听其对胡兰成之文笔佩服不已，认为胡兰成的文章才是得中国文化之精髓。其时胡兰成的《今生今世》第一次引进大陆，据传乃磨铁沈浩波从台湾辗转引进版权，一出版便成为当年的畅销书，我也是在那时才知晓胡兰成与张爱玲的关系。

《今生今世》是胡兰成自传体散文，依时间顺序，从作者出生的浙江嵊县胡村写起，嵊县有福，胡兰成为之立传，童幼之眼所观照的乡村，习俗历历呈现笔端，想来今日应仍保留若干。此部分名之《韶华胜极》，果然一派乡土中国之亦热闹亦平凡人事，凡俗百姓生生死死于这片土地，到得胡兰成出现，便把他们搬到纸上，演绎给我们听我们看。一部《今生今世》，涉及的地点、人物众多，且得实以其名，其中温州因为胡兰成当年避难逃亡于此，不免又成为胡兰成着笔颇多的一个地点，所涉人物也丰富。其中有一处，胡兰成写与马骅的相识，"马骅又名莫洛，夫妇战时在大后方办左翼文学刊物"，胡兰成写了一首诗赠予马骅，自言"人生一缘一会，当初的友谊想起来总还是清洁的"。我因知道莫洛乃温州大学马大康教授之父，如今又知莫洛与胡兰成有过交情，转了几转，便不觉得胡兰成有多遥远。

读《今生今世》免不了要读到胡兰成的情爱史，我的理解，胡兰成自然不是情感专一的人，三妻四妾的观念在清末民初尚还未从国人脑中涤尽，但胡兰成也不是有意要玩弄女性。无论与张爱玲、与小周、与范秀美、与一枝，还是最后修成正果相携至老的佘爱珍，都是在特定的现实情境下的情感慰藉，可以设想，倘若作为妻子的张爱玲一路和胡兰成一起，到武汉、下温州，再出中国、到日本，也就不会有其他诸女的故事。但胡兰成自身的汉奸身份让他和张爱玲无法像寻常夫妻一样长相厮守，两人在乱世中终归只能结一段短暂情缘。

胡兰成是幸运的，得张爱玲"开启聪明"，每写文必想着让张爱玲看看"兰成亦有爱玲所不及的地方"，可是终归还是稍逊风骚，连《今生今世》的书名也是张爱玲为他取的。到写完《今生今世》时自己暗念着张爱玲读了"必定有点慌，让她慌慌也好"的自得，想来也是自作多情。喜爱胡兰成的柏桦愤不过张迷对胡兰成的贬损，说了这么一句话，"我觉得本书《民国女子》一节倒可以跳过不读而并不影响整本书的汉风之美"。

但是，若没有《民国女子》一节，本书定当失去众多张迷读者和张爱玲研究专家。我个人认同柏桦的看法，确实《今生今世》不仅写张爱玲写得好，写其他人乃至写景写物、写情写感写悟均写得好，胡兰成熟读《红楼梦》，熟读佛经，熟读坛经，熟读四书五经，熟读唐诗宋词……行文间常顺手牵出所读之书的字句。胡兰成擅用动词，对此我在书中做了圈点。胡兰成心善，故而便能所见皆是善人，所遇皆是善人。胡兰成心静、洒脱，有自我化解困厄之婉转理由，故而处变不惊、化险为夷，得安然终老。

本书最后一节《闲愁记》，胡兰成对核武器所能导致的人类文明的灭绝深怀忧虑，此节深得我心。

读胡兰成的后遗症，小心用"亦"，以免"兰成腔"。我看本书策划人小北所撰之"跋"，全然胡兰成化。读之甚怪。

2017-1-3

书　　名	《中国文学史话》
著(译)者	胡兰成著
版　　别	中国长安出版社 2013 年

中国文化至上主义者

读胡兰成《今生今世》必感兴趣于《山河岁月》，因为其在《今生今世》里经常提及他正在撰写《山河岁月》并对之颇为自信，不意《山河岁月》并不好读，该书说的是世界文明与中国文明，言语枯涩，且书中许多名字的译法与现在不同，读之如猜谜，我翻了十来页遂决定放弃，另读他的《中国文学史话》。

本书书名像是文学史专著，其实却是胡兰成的文论合集，谈的都是文学话题。读此书发现胡兰成是个中国文化至上主义者，在他笔下，中国诸事皆比西方好，范仲淹好过雪莱，唐诗的月亮好过宇宙火箭到过的月亮，索忍尼辛写集中营的文章虽好，也不及张爱玲的某著。胡兰成在本书中评述了同时代诸多作家，鲁迅、周作人、林语堂、废名、胡适、路易士，等等。有的是以文章的形式，有的是行文中稍带甩一枪点射一下。作为林语堂的同乡，我比较注意他对林语堂撰写的《苏东坡传》的评价，真是没有好话，他认为"人不能写比他自己高的对象"，林语堂写苏东坡，帮助"苏东坡本人憎恨王安石，比当事人更甚"，得出的结论是"林语堂的俗就是完全不知有天道人事的'天道'二字"。林语堂的《苏东坡传》几年前曾读过，脑中已无印象，判断不了胡兰成的评价是否属实。

相比于对同辈人的刻薄，胡兰成对张爱玲，对他的学生朱天文、朱天心姐妹就赞赏过度，令人心里起疑，反而对二朱的水平打了个问号。这就是胡兰成的俗。胡兰成喜欢李白多于杜甫，崇拜孙中山先生，认为鲁迅"参加左翼文学是一个无比的损失"，对路易士神经质的一面写得很生动。

读本书，可以得到许多新鲜的观点，但也许因为本书是论文体，文采上没有《今生今世》绚丽迷人。

2017-1-10

书　　名	《清白传家图：汤文凯的艺术冒险之旅》
著(译)者	童庆炳著
版　　别	商务印书馆国际有限公司 2016 年

散发着浓郁的亲情和纯正的 1950 年的气息

　　《清白传家图：汤文凯的艺术冒险之旅》是商务印书馆国际有限公司出版的童庆炳先生的遗著，我因为参与了该书的出版过程，因而内心更感到一种亲近。

　　2015 年 6 月，著名文艺理论家童庆炳先生因病离世，在整理他的遗稿的过程中我的爱人吴子林拿回来一部厚厚的装订齐整的书稿，说是童先生生前曾多次提及的长篇儿童文学遗著。世人只知童先生理论家、教育家的身份，却不知童先生也是一名优秀作家。童先生对创作一向非常重视，他认为，一个优秀的理论家、批评家必须自己也会创作，才能更好地懂得文学作品的创作规律。童先生在考进北京师范大学以前曾在家乡报刊上发表过小说、散文等，时在 1955 年。他曾说："我要是没从事理论研究，可能就专心当作家了。"话虽如此，童先生在繁忙的教学和理论研究之余，还是写作并出版了长篇小说《代价》《有一种疼痛叫成长》和散文集《苦日子，甜日子》等。2012 年童庆炳先生在《哈利·波特》等儿童文学风靡全球之际，提出了组建儿童文学创作团队的构想，他说，我们也应该有我们足以影响世界的儿童文学作品。团队成员基本都是他的硕博研究生。为了起到示范作用，童庆炳先生率先埋首书案，写出了一部长篇儿童文学，是为《清白传家图》。作为童家军的一员，吴子林多次听童先生讲过这部小说，童先生不幸辞世后，这部遗稿在童先生的一堆资料中被寻找出来。童先生生前多次讲过的另一部遗著、长篇小说《南方，北方》尚未发现，它取材于南方人童庆炳在北方 50 多年生活与工作的经历。我也曾听童先生讲及此稿。

　　吴子林拿回来《清白传家图》打印稿后，我几乎是一口气读完，童先生真正做到寓教于文，本部书稿既有可读性，又有思想性，我于是暗暗打定主意，要尽己所能让本书尽早出版。2016年初，在一次海淀文联组织的文学活动中我谈到了童先生此部遗稿及其价值，说到正在寻求出版，诗人王久辛马上说他愿意相助。王久辛听过童先生的课，也读过童先生此前出版的长篇小说，说童先生的小说品质绝对优秀。很快，王久辛就联系上出版人，经童先生儿子童小溪授权，不到半年时间，本书就由商务印书馆国际有限公司出版。

《清白传家图》说的是北师大二附小四年级学生、小画家汤文凯在时间女神的邀请下，乘坐魔椅从21世纪来到1950年北京地界的故事。进入1950年并不那么容易，他先是被一头狼跟踪追击，直到被猎人张大爷救出。1950年的北京，任何一个人要进入北京城均十分困难，汤文凯不可避免也受到公安局的盘查，当公安部长知道他来自21世纪时，指示要善待这个祖国的未来。可以说，汤文凯在1950年的北京一直被善待着，这是新中国刚建立、百废俱兴、民风淳朴的时代。汤文凯凭借一只画笔在小学校门口为张哲等一干女同学画像谋生，获得了偶然路经此地的大文豪郭沫若先生和老舍先生的赏识，被推举到大画家齐白石先生家做书童，为先生研磨、奉茶，并得到先生亲人般的礼遇和教学传授。有一天，齐先生所在的胡同来了一个卖大白菜的菜农，齐先生一时兴起，要用自己的大白菜画作交换菜农的大白菜，却遭到菜农的拒绝，汤文凯为菜农错过齐先生的画作而着急，一心想寻到菜农告知齐先生画作的价值。当他在张哲等姐姐的帮助下终于找到菜农时，齐先生却又不同意交换了。齐先生要汤文凯回答一个问题：为什么画纸上不能吃的大白菜价值却远远大于菜农菜筐里能吃的大白菜？齐先生说，一旦汤文凯找到了答案，他就同意和菜农交换大白菜。寻找答案的过程也是汤文凯理性思索的过程，其间，张哲姐姐、郭沫若先生、老舍先生都帮助过汤文凯，最终，汤文凯领悟到，实践才是出真知的法宝。他用灵感和苦力创作出的两幅画作回答了齐白石先生的问题，得到了齐先生的认可。但当他兴致勃勃找到菜农时，菜农却又不同意交换齐先生的画作，理由是，他不想占齐先生的便宜，菜农张爷爷说，每个人凭着自己的能力挣吃的就是最好的生活之道。汤文凯把这一切告诉了齐白石先生，齐先生很感动，约了郭沫若先生、老舍先生一起去看望菜农张爷爷，并认张爷爷为兄弟，顺理成章把画和书法作品送给了张爷爷。

整部小说就是这样散发着浓郁的亲情和纯正的1950年的气息，人与人之间的关系单纯、善良、友爱。当汤文凯顺利通过时光女神的检验，回到21世纪时，他被现实的气氛包围，他的画作因为此前消失的7天被舆论大肆炒作成为红人后而大红，画价飙升到1千万。没有人相信他曾经到过1950年的北京，连他的父母和最好的同学黄芳也不信。他们用世俗的想象替汤文凯编造了消失的理由。汤文凯的母亲为汤文凯画作的高价格欣喜。只有一个人在微博中说，她确实曾在1950年认识汤文凯，她就是张哲，这一年，张哲70多岁。汤文凯决定去拜访张哲。

小说至此结束。留下余音令人回味。

《清白传家图》为齐白石先生的一幅画作。小说《清白传家图》的封面用的正是齐白石先生此画，此外，内文插画也用的齐先生画作，人文气息十分浓郁。

小说的亮点：1.主题温暖，令人感受到1950年中国大地上欣欣向荣的气象，更感动的是当时人与人之间的单纯、朴质。2.1950年老北京的胡同、风土人情。3.想象极为大胆，齐白石、郭沫若、老舍等都出现在本书，且齐白石还是主人公。4.对艺术的思考巧妙地借助孩子表达出来，不刻板、不晦涩。5.涉及齐白石先生的许多画作。6.叙述语言非常具有童真童趣，一口气读下来，多次为作者内心极大的爱、美与善的情怀而感动。

2016-9-9

书　　名	《桐荫梦痕》
著(译)者	钱中文著
版　　别	北京师范大学出版社2013年

知识分子应具有人文知识、人文关怀

正月初六，和子林倒地铁到长春桥附近的钱宅拜访钱中文先生，这是我第二次参加钱门弟子春节聚会，也因此荣幸地见到诸位学有所成的钱门中人：陈燕谷、靳大成、陈晓明、张首映、金元浦、曹卫东、刘方喜，等等。

钱先生，江苏无锡人，1932 年 11 月出生。先后毕业于中国人民大学俄语系和莫斯科大学俄罗斯语言文学系研究生系。系中国社会科学院荣誉学部委员、文学研究所研究员、研究生院教授、博导、中国中外文艺理论学会会长、中国作家协会全国委员会荣誉委员、《文学评论》主编。无锡钱氏非常厉害，钱穆、钱锺书、钱伟长、钱中文，四钱为什么恰好都出自无锡，四钱之间是否有亲缘关系？真是值得研究一番。

《桐荫梦痕》有一文《"我们这些人实际上生活在两种现实里面"——忆钱锺书先生》，是钱中文先生回忆钱锺书先生的文章，两人是长辈和晚辈的关系，是同事关系，也是同乡关系（钱锺书先生喜欢和钱中文先生讲无锡话）。此前已知钱中文先生是巴赫金研究专家（家中有钱中文先生主编、翻译的七卷本《巴赫金全集》），但也是经由钱先生此文我才知道，正是因为钱锺书先生 1983 年约稿钱中文先生撰写巴赫金的理论问题，作为当年"第一届中美国际比较文学研讨会"的学术论文，这才让巴赫金走进了中国文学理论界。

《桐荫梦痕》是钱中文先生的随笔集，共分三编，上编写人记事，主要是钱先生回忆与前辈或同辈交往的文章，计有：季羡林、钱锺书、何其芳、蔡仪、蒋孔阳、徐中玉、胡经之、童庆炳、樊骏、高晓声。这部分特别珍贵，它提供了许多第一手资料，从学人眼中出来的学人，有别于被娱乐化的学人。譬如，季羡林，在钱先生笔下，有见地、有思想、有对中国传统文化的坚守，"季老认为，西方人轻视东方文化，出自民族偏见，为时已久；中国人看不起自己的文化，则是一种短视"。文中记录了作者与季老的几次交往，娓娓道来季老的文学观念，其中关于"评定文学作品首要标准是艺术性，有艺术性，斯有文学作品。否则，思想性再高，如缺乏艺术性，则仍非文学作品"，季老的文学史写作观也持的是艺术性大于思想性的立场。文中也对季老去世后各路媒体把季老当成炒作对象从而把季老低俗化，表达了不满。

《7 月，这潮湿而闷热的 7 月——怀念何其芳同志》选取 1977 年 7 月何其芳同志生病住院直至去世的时间段，采用回忆的手法，夹叙夹议写出了何其芳同志对工作、对同事、对文学创作和文学研究的态度，其中，何其芳同志在"文革"期间所遭受的迫害尤其令人心痛。我一直记得这么一个细节，快 60 岁的何其芳同志被下放到干校养猪，那个倾盆大雨的黄昏，小猪们跑出猪圈，跑向田野。何其芳同志披上塑料雨衣、挂着根竹竿，一脚深一脚浅地到野地里追猪去了，野地里传来他"啰啰啰，啰啰啰"的苍凉的呼唤声。

对童庆炳先生，钱先生给出的结论很有概括性：我国当代文学理论的发展，经历了好几个阶段，这几个阶段的特征，大概在童庆炳教授身上表现得最为完整了。因此本文既是对童庆炳先生学术思想的回顾，也是对中国当代文学理论发展过程的梳理，读之大长见识。

《桐荫梦痕》中编收入钱中文先生艺术随笔 21 篇，有读书笔记，有音乐感想，有壮游所得，都是钱先生思想轨迹的辐射。下编可谓钱先生的成长史，收入回忆童年、少年、青年的文章 10 篇。2013 年我第一次读《桐荫梦痕》时，把《"仿佛有人唤我醒"——少年心灵在审美中觉醒》一文中所回忆到的校园歌曲一一摘取放到博客上，当天就被新浪博文推荐。那些歌我们自然听不到，但单单那些歌词就足以动人心魄。

2014 年 1 月，我应《教师月刊》主编林茶居之约对钱中文先生做了一次访谈，该访谈以《只有不断选择，才能不断获得自由》为题刊登于该刊当年第四期。在回答"您如何看待这样两种知识分子，一种'两耳不闻窗外事，一心只读案上书'，一种'家事国事天下事，事事关心'？您自己倾向于哪种？"这个问题时，钱先生如此答道："你所说的两种知识分子，历代都有。有条件一心只读案上书，固然很好，但读书是为什么呢？自然可会营造一个自得其乐的天地，但恐怕难以成为一种生活的常态与目的吧，那么就要追问读书的目的与价值了。知识分子不应以为自己的目的与责任就是只读案上书，获取信息，授人知识，做个知道分子。现在大家看到，一些失去目的与价值取向的知道分子，他们毫不怜惜地以技术破坏自然、文物，实在野蛮。其实，即使是技术知识分子，也应具有人文知识、人文关怀，何况那些研究人文科学的知识分子呢！当然，当今在资本推土机面前，任何人文总是输家。不过我以为人文知识分子应是那种自觉的家事国事天下事事事关心的人，虽然有的人对他们的关心与努力不屑一顾，但他们自己应该是不失那种与时代共呼吸的人，我倾向于这类人。"

2017-2-3

书　　名	《童庆炳评传》
著(译)者	吴子林著
版　　别	黄山书社 2016 年

作为教育家的文艺理论家

　　《童庆炳评传》系王岳川先生主编的《中国当代美学家文论家评传》第一辑十卷本之一，童庆炳老师既是作者的博士导师，也是作者的同乡，两人均为福建连城人，方言可以相通。2009 年，童老师联系作者要他写这本评传时作者感到压力很大，童老师说："你别紧张，放心地写，有什么不清楚的事情你随时问我，我也会把所有的背景细节都告诉你。"在后来的六七年里，两人就这本评传反复地交流，书稿的结构不断被打乱，重新调整，很多细节反复订正。毫不夸张地说，这本书可以说是作者的第二篇博士论文，是在童老师的指导下顺利完成的——这只有撰写健在的传主才可以做到。

　　写评传，必须抓住传主的独特之处，童老师的特点在于他是一个"作为教育家的文艺理论家"。全书共分为十章，前两章记述了童老师坎坷的求学历程，让人们了解到一个大的理论家是历尽艰辛的，从大山走向京师，乃至走向世界。第三章生动再现了童老师对学生的悉心指导与培养。童老师一心培养学者和文学新人。童老师培养的学生主要有两拨：一类是作家，另一类是学者。2015 年 5 月 20 日，童老师为北京师范大学文学院师生做了最后一次讲演，他坦言："我今年 80 岁了，我从始至终认为，我就是一名普通的教师。尽管我有很多著作，但是，我看重的第一位的东西就是，我是一名教师。"童老师培养的博士有 84 名，他们分布在全国各高校和科研机构，成为文艺理论界的中坚力量；他们又带自己的硕士博士，这样一拨拨带下来，阵容壮大，成了学界赫赫有名的"童家军"。第四章到第八章具体呈现了童老师学术思想的发展过程，特别注意了各章之间的衔接，揭示童老师原创性学术思想产生的历史语境及其演进的内在规律。这五章厘清了童老师从审美诗学转到心理诗学，又转到文体诗学，再转到比较诗学，最后走向文化诗学的整个学术历程，是童老师极富创造性学术思想的集中展现。第九章写童老师在中国文学理论教材编撰方面的贡献。有人说童老师是"教材专家"，事实也是如此。从函授到自考，从本科到硕士，从硕士到博士，很多学生使用的都是童老师主持编写的教材。第十章写童老师的语文教育思想。童老师晚年特别关心中学语文教育，发表了许多很有分量的文章，还带领学生们编写了一套高中语文教材。

2015 年 6 月 14 日，童老师因病辞世。评传书稿在童老师去世前定稿，通读全书后，童老师勉励有加，说了这么一句话："毕竟同乡，毕竟师生，毕竟朋友。"

（注：本篇文字选自吴子林在《中国当代美学家文论家评传》首发式上的发言）

2016-9-30

书　　名	《海子评传：扑向太阳之豹》
著(译)者	燎原著
版　　别	南海出版公司 2001 年

极端贴近海子诗歌气象

这是《海子评传》的第一个版本，封面由满屏豹毛构成。我查了我的购书题签，写着：安琪，2001.5。也就是说，本书上市才一个月就被我买到。我翻出当年阅读《海子评传》之后写的读后感从中节选如下（该文写于 2001 年 5 月 25 日，当时我在福建漳州）——

我长久地沉默着，我必须以这样的姿势保持自己不被世俗生活迅速击毁并融化的愿望。从昨天到今天，身边的世界在渐渐退去，代之以海子的世界。我眼含热泪，一直在燎原的笔端中触及另一个燎烈天堂的神话。十二年了，当我们在尘埃纷扰的现实中遗忘关于诗歌的本质，甚至以诗歌的名义进行大地上蚂蚁们的钻营和械斗而自为得意时，是燎原让他的精神兄弟海子复活，使我们在不可逼视的光焰中感到自身的渺小和卑微，并以此获得短暂的提升。

燎原以极端贴近海子诗歌气象的"血亲般的理解……呼应了海子的精神"（西川语）。是的，无论燎原怎样谦恭地认为自己不是书写海子评传最合适的人选，事实上，他高韬的价值取向，和对海子诗歌"直入生命"的心心相通，都使燎原无可辩驳地成为继骆一禾、西川之后，与海子血脉贯彻的留在尘世的诗歌兄弟，尽管在海子生前，燎原只是他曾经遇见过一次的"陌生人"。燎原的书写坐标是开阔宏大的，他一以贯之地坚持着精神第一的准则使他在遇到海子这一天才诗人的情状下即能牢牢地把握住海子诗歌的核心。燎原阅读的宽泛饱满又使他在书写评传的过程中不仅不会断章取义地猜测海子诗歌背后巨大的历史质素，而且更是一步到位地把缠绕于海子身上的"一直向西，开始了途径古巴比伦、阿拉伯……最后直至古埃及的飞行"的诗写状态一语中的地指出。

在两天的阅读中我不断地掩卷长叹，为燎原与海子之间的相逢感到造化精美绝伦的安排。知遇一个值得为之倾注心血的传主是多么的艰难，燎原遇上了。两者之间的精神契合终于成就了这样一部永远不会在光阴的流逝中失重的书！这是中国诗歌的幸运，也是身为读者的我们的幸运！

《海子评传》之后又在时代文艺出版社和作家出版社出了增订版，使之成为涉及海子越来越多资料的一本书，一本畅销书和常销书。我基本可以断定，中国诗人的书架上都会有燎原所撰著的不同版本的《海子评传》，它甚至衍生出了各类五花八门的与海子有关的传奇或瞎编滥造——为数不少的后来者写海子，就是在燎原此书中寻找素材，毕竟，一个25岁的天才所遗留给这个世界的故事是有限的。偶尔我会看见燎原先生发出申明，对某些大段摘抄他的文字而不作注的作者提出抗议，由此可证，燎原的《海子评传》早已完成它的经典化。

2016-9-23

书　　名	《彼岸之观：跨语际诗歌交流》
著(译)者	孙晓娅编撰
版　　别	北京大学出版社 2016 年

可读性极强、学理性丰富的诗歌读本

《彼岸之观》是一本我在阅读的过程中不断赞叹并认为必须推荐给诗人和诗歌研究者的书，在我拿到此书的当月（2016 年 3 月），我就不让其他书插进来，乘坐地铁也读，睡前也读，马不停蹄地读完。这是孙晓娅让利给大家的一本涉及诗歌翻译、诗歌交流的，可读性极强、学理性丰富的诗歌读本，何以说"让利"，且听我道来。诗歌中人都知道北京大学出版社近几年有一套题为"新诗研究丛书"的出版物，丛书主编洪子诚，迄今已出版 20 本论著，所涉作者有：废名、朱英诞、洪子诚、刘登翰、孙玉石、姜涛、张桃洲、耿占春、王家新、敬文东、李怡、刘继业、张松建、谢冕、吴晓东、西川、唐晓渡、陈超、江锡铨、肖学周，共 20 本。孙晓娅此著为第 21 本。孙晓娅令人敬佩之处在于，她没有把这本书做成她个人的理论专著（就像其他作者那样），而是慷慨地把这个难得的机会让给了其他作者，怎么说呢？且看本书体例——

全书分上、中、下三编，上编是 16 位诗人、学者在首都师范大学的诗歌讲座，计有：[法] 赛尔日·佩，[法] 克洛德·让克拉斯，[瑞士] 弗郎索瓦·德布律，[法] 徐爽，[英] 贺麦晓，[法] 克里斯蒂昂·杜麦，孙晓娅，林于弘，[法] 克洛德·穆沙，[斯洛文尼亚] 阿莱什·希德戈，陈黎，寒烟，安琪，蓝蓝，王家新，树才。中编为首都师范大学中国诗歌研究中心组织的 9 场国际诗歌交流内容实录，其中有阿多尼斯、蓝色东欧书系发布等。下编是 8 位诗人的诗歌随笔，计有：[德] 顾彬，[美] 乔治·欧康奈尔，[克罗地亚] 米诺斯拉夫·柯瑞恩，[美] 詹妮弗·克诺罗弗特，李金佳，高兴，于慈江，孙晓娅。上中下三编的共同点是，这些诗人、学者都来自世界各地，因此呈现给读者的信息量和知识量非常丰富，每个诗人、学者都把自己思考许久的关于诗歌的探索分享出来。同时，每一位外国诗人、学者相应地都有一位交流的翻译，他们在翻译过程中对演讲者观点的补充或诠释（譬如树才等），每一位演讲者演讲完后特邀嘉宾的听后感（譬如姜涛等），尤其每一场活动的主持人孙晓娅教授最后深入透彻的归纳及引申，不仅极大还原了当时的讲座现场，也从文字上安抚了我们饥渴的心。

我一直记得 2014 年 11 月 5 日我的那场题为《外国诗歌之于我》的讲座，讲座题目是孙晓娅教授给的，等于提供了我一个思考的方向。要是没有这个讲座，我这一辈子都不会去认真想这个问题，虽然我确实受外国诗歌影响很深。孙晓娅教授并且要我形成文字，因为"将来要出书"，可见，有通盘考虑的孙晓娅早就知道首都师范大学中国诗歌研究中心的这一系列的国际交流是极具诗学意义价值的，这是作为中心副主任的孙晓娅的战略眼光。孙晓娅教授还提醒我，如果你每次的讲座都能形成文字，10 场下来就是一本书了。可惜，我在其他地方的讲座都没有孙晓娅教授这样的要求，我也就讲完一场丢一场，虽然讲座的当时自我感觉良好，但时过境迁，因无文字留存，也就把当时现场激发出的灵感丢得精光。《外国诗歌之于我》还幸运地被高兴主编刊登在《世界文学》2015 年第 3 期上，也是这次讲座的另一收获。这些，都是拜孙晓娅教授所赐。

我想，收入本书的其他作者一定和我有着同样的感想。

2016 年 9 月，在上海大学参加第二届中国网络诗人高级研修班的课外研讨中，我向同学们推介了孙晓娅编撰的《彼岸之光：跨语际诗歌交流》一书，一本用讲座和交流方式形成的书，它在阅读上一定比纯粹案头书写出来的书来得更生动、更发自内心，也更有学理见地，因为它是脱口而出的，它一定在作者心里沉积良久。

2016-9-19

书　　名	《中国女性与中国散文》
著(译)者	林丹娅著
版　　别	云南人民出版社 2007 年

林丹娅多么爱护尊重她笔下的人物啊

　　林丹娅是福建的传奇，青春、美貌、多才，我 20 岁开始写作时她是这样，我人到中年时她依然还是这样，身材轻盈，言笑晏晏。林丹娅主要是作为女性主义研究者的身份为大众所知，其实她还创作有小说、随笔等。我真正读林丹娅是在 2012 年，这一年我幸运地结束了我的北漂生活，有了"一间自己的屋子"（伍尔夫），于是急于补课，把多年荒废的阅读重新捡拾起来，因女性主义一直是我关注的对象，读林丹娅、读李银河、读崔卫平、读荒林是我这一年的主题，《中国女性与中国散文》这本专著就是在这样的背景下进入我的视野，不出意料，第一次读林丹娅即被震到，有我在读完当日于微博留存的感想为证——

　　读厦门大学林丹娅教授的《中国女性与中国散文》，读得激动、感慨和敬佩。激动的是，经由此书，我获得对中国现代文学史上诸位女性作家如冰心、萧红、白薇、陈衡哲、丁玲、张爱玲、苏青、冯铿、谢冰莹、陈学昭、白朗等在生活和写作上的认知；感慨的是，当代女性在对自由、理想的追求与行动上，许多还不如现代女性；敬佩的是，作者林丹娅对笔下女性因深刻的理解而在论述中给予的沉重赞美，是的，是沉重，那一代知识女性走向新生委实不易的沉重，那新生里包含着多少艰苦乃至幻灭的沉重。身为优秀的女性主义者，林丹娅多么爱护尊重她笔下的人物啊。

　　林丹娅在一篇文章中这样写道："身为女性的我，始终活在女性的世界里，因此从来就不能抑制，也不会隐瞒自己对女性有着更深切的关注与偏爱。在人类性别文化的不平等语境中，女性所背负的从身体到精神的苦难，我感同身受；浸染其中而生成的各色陋习顽疾，我感同身受。然而，尽管如此，我仍然还是会看到女性的另一面：她们总是从斑驳陆离的文化影像中顽强地浮出，显示出与那永恒的自然同在的美丽与和谐，与那在任何境遇下都能显示出来的作为大写的人的智慧与能力。这个感受，几乎化为我的宿命。"

林丹娅主编了中国第一部全面介绍女性文学学科基本理论和相关知识的高校教材《中国女性文学教程》，期待能有机会拜读此书。

2016-9-26

书　　名	《地洞笔记》
著(译)者	梁小斌著
版　　别	北京时代华文书局 2014 年

一个纠结的思想者

2004 年我供职于叶匡政"合德堂"出版公司时曾参与其主编的《梁小斌如是说》的出版工作，主要的筛选及删减由叶匡政亲自动手，我做的也就是校对这一类技术含量不高的活。其时，梁小斌老师正好居住在与"合德堂"同一小区的某栋楼里，我们之间的交流便也有些多了。

梁老师属于在一群人中一眼就能被辨认出的那种，其人头大、身小，眼睛总是错愕状，委实非我凡人，倒像外星来客。其不擅长流利地说出长篇大论，却能冷不丁蹦出惊人之语，诸如，"人的一生不是由一条线构成，而是一个点一个点构成，生命中最重要的事件发生算一个点"，诸如，"大自然啊，你躲在哪里"，梁小斌适合有一个人跟着他拿笔拾掇他的零星妙语。梁小斌老师虽口不善言，笔却善写，他的"写"跟他的言一样，也不是成篇成篇长篇大论，而是片段片段哲思妙悟。这个习惯在20世纪80年代就保留下来,集中成几十本笔记,我看过若干本,字体极小,且扭扭曲曲,敏感的叶匡政获悉此讯当即决定出版,先是做成了两本小开本、不厚的《地主研究》《独自成俑》,后又做成如前所述的《梁小斌如是说》,2013年,张小波的"凤凰联动"出版了梁小斌《翻皮球》一书,相比于以上四本,2014年的这本《地洞笔记》是迄今我读到的梁小斌阅读手感最好的一本思想笔记。

是的,在我们这些梁氏笔记迷的心目中,我们给它一个称谓"思想笔记"。我对梁式思想笔记的喜爱超过许多西方哲学家笔记包括海德格尔,梁小斌总能从一个生活细节入手,层层挖掘,不断分析,其间夹杂着自我怀疑和自我解疑,这是一个纠结的思想者,他在生活现实面前是弱智的,但门一关,他就自成一体,他就能用语言把你带进他制造的思想迷宫里。

上述各种版本的梁小斌思想笔记多有重复,但每次读对我都像新的一样,完全不会有腻烦感。梁小斌的价值并不在他的两首成名作,所谓钥匙,所谓雪白的墙,梁小斌的价值一定在他的思想笔记。

梁小斌很幸运有一群呵护他、宠他的安徽诗友,他们视梁小斌为安徽的诗歌旗帜并矢志不移。

2016-9-27

书　　名	《长生》
著(译)者	邱华栋著
版　　别	北京出版集团 2013 年

进入历史人物的内心

　　我在福建的时候就知道邱华栋的大名，2001 年他的长篇小说《正午的供词》成为当时各大媒体的热点，因此我虽然没读过该书但也知道该书写的是一个人的"导演梦"，并且小说采用了大量的文体，譬如刑侦报告、法医鉴定、影评、剧本、信札、日记、呓语、独白，等等，我不知道今天还有多少读者知道邱华栋这本书，我知道的是，许多读者跟我一样，虽然早已熟知邱华栋的大名，但要认真问你，你读过他哪一部小说、哪一部诗集时你一定会嗫嚅着说不出口，是的，这么多年邱华栋从《中华工商时报》到《青年文学》到《人民文学》，再到今日的鲁迅文学院，一直以编辑乃至主编的身份为人所知，但偏偏大家忽略掉的是他的另一个更重要的身份：作家。而偏偏，邱华栋又是一个创作量非常丰盛的作家，他的创作领域遍及小说、散文、诗歌、文论，1969 年出生的他，迄今已出版各类文学作品集 60余种，在同年龄段作家中堪称惊人。

　　我是在 2015 年 9 月 8 日编选发布作家网微信公众平台后萌生读邱华栋小说的念头的。那天为了编选"作家网作家访谈嘉宾回顾之邱华栋"专辑，我专门到邱华栋的新浪博客选取素材，这一看真的吃了一惊，邱华栋的博文里有大量购书记录和读书笔记，一路读下来，对邱华栋读书涉略面之广、体悟内涵之深深为佩服，我大略整了一百多条笔记发布到我们作家网微信平台，引发了很多读者的跟读，有读者留言说出了我的心里话，"这里面的许多书真是闻所未闻，作者的知识面令人叹服"，于是我想，有这么大阅读量，他的小说是什么样子的？我让我先生从单位一口气借回邱华栋几本小说，判断了一下决定先从《长生》一书入手，开始我的"邱华栋之旅"。

　　选择《长生》是因为这是一部历史小说，写的是丘处机道长不远万里前往兴都库什山，和成吉思汗见面讲道的故事，其行迹线索为栖霞、昆嵛山、白云观、终南山、伊犁、阿尔泰山，以及丘处机道长当年走过的河北、内蒙古和新疆的其他一些地方，无论历史、无论人物，还是人物所经历的这些地方，都是我感兴趣的，从《长生》开始的阅读带给了我各方面很好的收获，原先我对丘处机的了解仅止于《射雕英雄传》的武和侠，现在，邱华栋的《长生》直接"进入到历史人物的内心里，书写出历史人物的声音肖像"，呈现了一个以天下安宁为己任的道教宗师的艰难实践和纯朴真心。值得一提的是本书的叙述手法，它以丘处机的弟子李志常的视角来推进情节，用平实朴素的语言，说家常话一样慢慢道来，完成了这样一本容量巨大的历史小说。

　　如果你只读邱华栋的《长生》，你会纳闷邱华栋怎么没有你想象中的文采飞扬？幸好我继续读了他的另一部中篇小说合集《后视镜》以及长篇小说《教授》，这才明白作者的良苦用心，邱华栋的每部小说都根据题材的选择和主人公的身份而设置不同的语言系统，他的小说为多种语言审美的交相运行。

　　这个世界注定有一些人非同凡响，他们的一天仿佛不是以 24 小时计，他们精力旺盛、才华横溢，一边忙碌于生活与工作，一边又大著不断，邱华栋就是其中之一。这些年，邱华栋主持过许多作家的作品研讨会却疏于推广自己，又加上他一直在编辑岗位工作以至他的编辑身份遮蔽了作者身份，是到了静心读读邱华栋作品的时候了。在我看来，他创作的这么多关于行走的书，关于大地和心灵的书，关于传统与现代方方面面的书，也应得到我们这个时代的尊崇。

2016-12-2

书　　名	《像一场最高虚构的雪：关于当代诗歌的细读笔记》
著(译)者	张清华著
版　　别	北京大学出版社 2017 年

批评的"人本立场"

　　查询一个资料时偶然在网络上看到《像一场最高虚构的雪》一书的出版信息，看到张清华老师写我的那篇评论也收入此书，不禁十分高兴，遂下单购进。仅看封面就可知本书位列洪子诚先生主编的"新诗研究丛书"，该丛书目前已出版22部。

　　本书是作者近年来所作的诗歌细读批评的合集，有个案，也有综论。个案从目录即可大体了解所涉及的诗人名姓，综论则含纳60年来的诗歌史、70后诗群、诗歌民刊、北师大诗群等诗歌命题，评述的诗人有几十位。本书的附录部分也非常珍贵，三篇文章一言以蔽之即是，百年新诗史上重要诗人的个案研究，仅《〈1978-2008：中国优秀诗歌〉入选理由》这篇，就有103位诗人的173首诗作进入作者的视野，得到作者精准到位的点评，我想说的是，批评和编辑一样，确实都是一项为人做嫁衣的工作。我不知道有多少人会像我一样认真阅读张老师此著，我隐约的猜想是，大多数诗人并不知道自己被张老师在本书中推介过。

　　读张老师此著，我再一次确认了，优秀的评论文章是可以跳过被评论者而独立作为一篇美文来读的。张清华老师一向强调批评的"人本立场"，反对"以纯然的技术主义态度来进入诗歌"，就像他一直推崇的"上帝的诗学"，即，"上帝赋予了写作者多少痛苦与磨难，就会在文本中还其以多少感人的力量与质地"（引自本书自序），但这样的写作者毕竟是少数，每个时代，上帝只能选有限的几个代言人，似张老师这样有辨识力的批评家不免要把批评的笔触给予更多的庸凡之人，这是他的无奈，也是每一个从事当代批评的批评家的无奈。

2017-10-8

书　　名	《我们仨》
著(译)者	杨绛著
版　　别	生活・读书・新知三联书店 2016 年

他们仨就是一个世界

1998 年 10 月，我到江苏无锡游玩时蒙当地诗友引导，来到钱锺书先生旧居，旧居面积不小，一看就有大户人家的底子，几个房间冷冷清清，挂着钱锺书和杨绛的照片，展柜里也无可供参观的旧物，依稀记得只有钱杨二位的若干出版物。同年 12 月，钱锺书病逝于北京，旧居变成故居，不知是否有了一些新的展览添置，希望重游无锡时能再去瞻仰瞻仰。

我对钱锺书的阅读目前仅止于《围城》一书，自知很浅薄，恰好《探索与争鸣》2016 年第 6 期有一篇夏中义教授答该刊编辑叶祝弟先生的访谈，遂认真读完。访谈题为《思想默存于学术：作为思想家的钱锺书》，从题目即可知，夏教授给钱锺书的定位是，"不仅是大学问家，而且是重量级思想家"，夏教授从百年中国语境的角度，把钱锺书列为顾准、李泽厚、王元化之后的第四个思想家，他给出论证：一个无权者，政治上未享有特权的个人（包括普通学人、知识分子在内），在面对历史的黑暗时，究竟该如何有尊严地言说，同时又可能是安全的？夏教授认为，钱锺书默默地践履，走出了一条独特路径，夏教授称之为"第三条路径"，亦即，在崇高与卑鄙之间，用学术去默默凝冻思想，把思想保存下来。

夏中义教授在访谈中以钱锺书的《宋诗选注序》和《管锥编》五卷本为例，举证钱锺书的思想家身份，此处不拟赘述，有兴趣的读者可自行查阅该刊。个人觉得夏中义教授的这篇访谈提供的钱锺书"默存"思想于学术在今天还有它的现实意义，并且可以继续引申"默存"思想于文学、于科学、于教育、于体育……

就我对钱锺书和杨绛有限的阅读，我觉得他们夫妇是比较完整地保存了知识分子独立人格和个体尊严的佳偶，他们的人生观都非常通透，世俗的一切荣誉根本诱惑不了他们，本质上他们是厌世的（讨厌的厌），因为他们有足够自足的内心，他们仨就是一个世界！我读杨绛《我们仨》，读到了一个智慧超群的三人群体温暖的情谊，无论父母对孩子还是孩子对父母，他们的爱都透着一种站在同样高度的心意相通。《我们仨》分三部，第一部只有千把字，像是导语，为的是把读者导入第二第三部。第二部最感人，"我们仨失散了"，按作者所述，这是一个"万里长梦"，我理解这是作者在 92 岁高龄时出现的一种精神幻觉，她奔走在患病的女儿和患病的丈夫之间，牵肠挂肚、身心疲惫，导致了行动与心理上的恍惚迷离，这部分的文字也因这恍惚迷离而动人魂魄。第三部分回到了写实的回忆，文字回归正常，这部分我们了解到钱锺书和杨绛的恋爱、结婚与孩子的出生，以及一家三口的工作、生活等，作者用云淡风轻的文笔不慌不忙道来，一路读下来，钱锺书"不求名，却躲不了名人的烦扰和烦恼"的形象慢慢浮出纸面。

2016 年 5 月 25 日杨绛先生因病去世，享年 105 岁，她和钱锺书先生一世恩爱，都高寿而终，可谓圆满。

2016-12-3

书　　名	《诗道鳟燕》
著(译)者	臧棣著
版　　别	陕西人民教育出版社 2017 年

我们来谈谈诗，而不是争吵诗

回看《诗道鳟燕》，好词好句画了大半本，"以后写文章可以从里面找引证"，这是我读此书时心里滚动的一句话。这几年臧棣以"诗道鳟燕"（师道尊严？）为题在微博、微信上发布的与诗有关的批评文字，我零星读到，但总不及此次以书的形式让人读起来更快意、更有体认。一切你想了解的与诗有关的问题都能在本书里找到答案，我想到了一个词——"百宝箱"，又想到一个词——"万金油"。

这本书同时也是臧棣的自我诗歌阐述，他很清楚大家对他写作的嘀咕，关于协会、丛书系列，臧棣说，"这种命名行为，也可以理解为是将个人和世界的相遇中最隐秘的体会组织化，将相关的记忆戏剧化"，臧棣举例当他以协会"这一高度权力化的命名"来彰显"我们的生存境遇里那些微弱的、不断被忽略"的事物譬如蚂蚁、蝴蝶时，它就"形成一种新的目光，让我们尽量慢下来，以便重新打量生存的细节"。臧棣的协会、丛书系列的另一重意义在我看来在于，它开创了一种大型组诗的诗写模式，为其他作者提供了整合自己杂乱的灵感于一个大框架，并最终建成一座诗歌大厦的前例，我确实读到了其他诗人寻找另一个词，譬如"论"或"往事"或"礼物"等等，开始自己向集束诗行进的路向。这可能就是强力诗人影响力的体现。

臧棣很清楚"诗和现实"的关系一直被作为判定一首诗高下的准绳，"一个诗人如果写的是偏重体验的诗，多半会被贴上远离现实的标签"，我承认自己也是贴标签的一员，贴自己，贴别人。但臧棣继续说："当代诗人写出了那么多出色的东西，却硬要被一个偏狭的文学评判机制把它们统统押解到所谓的现实框架里来寻找解释，这是一种多么落后的状况。"

诗界有若干高产诗人，臧棣算一个，臧棣深知"诗不是灵感"（瓦雷里），"诗是一种工作"（里尔克），写多了会不会重复，臧棣并不在意，"关于重复，纳博科夫讲过，天才的作家才会重复自己"，臧棣如是说。信手拈来名人名言作为自己观点的佐证，这样的情形在《诗道鳟燕》里也可说是一个景观，臧棣不长篇大论地引用，就是在关键时来一句，甚或只是来一词，就让你心领神会。

臧棣注意到海子的这么一个观点，"寻求中国诗歌自新之路"，是"自新"而不是"新"使海子把自己从同时代诗人中区别出来，在大家都热衷于"新"的时候。因为后者的诉求"有强烈的文学功利色彩和文学政治的痕迹，基本上不脱西方的现代主义"，而海子呼吁的则是，"把诗歌的根基更深地扎向我们自己的生存经验"，臧棣在本书中对海子有多篇读解，关于海子的乡村诗写、关于海子的局限、关于海子的语言直觉，臧棣均有慧心独到的深入析辨，我就不再搬引了。

相对于臧棣诗作太多隐秘关联及"语不惊人死不休"的表达（这也是臧棣所

推崇的，他认为杜甫此言放在哪个时代的写作都是必要的）给读者造成的阅读障碍，《诗道鳟燕》反而是亲切平和、敞开大门的，我们甚至能看到作者微笑的表情，听到作者温和地说：茶水已备好，请坐，我们来谈谈诗，而不是争吵诗。

2018-1-31

书　　名	《中国当代文学专题教程》
著(译)者	赵金钟、熊家良、张德明主编
版　　别	中国人民大学出版社 2011 年

本教材的历史叙述已经延伸到 21 世纪

《中国当代文学专题教程》是我完完整整读完的第一本大学教材，当年读漳州师范学院（现闽南师范大学）中文系时，也没这么认真地把发下来的当代文学教材读完，乃至今日一点都回忆不起我们的当代文学教材是谁编的、哪家出版社——其实要不是热爱文学，谁还会去想大学读的那些教材呢？本教材的特点是条理清楚、线索分明，且叙述、解析充分而有见地。全书分 4 讲：当代小说，当代诗歌，当代散文，当代戏剧，每一讲按照时间顺序娓娓道来，极利于爱好文学的读者阅读。读教材，读的是一个大的"知道"，知道哪些书哪些人可以继续深挖，然后丢开教材去追踪那些可以深挖的人和书。读教材，读的也是另一个"知道"，知道你心目中的哪些人哪些书被遮蔽，然后以你的力量去深挖那些被遮蔽的人和书，去补充教材。后一个知道比较困难，需要专家学者去做。值得一说的是，本教材的历史叙述已经延伸到 21 世纪，这是一个突破，也是对文学现实的一种尊重。如果说洪子诚教授的《中国当代新诗史》对 21 世纪出现的"中间代"和"70 后"给予意味深长的点到为止的话，则本教材已经为"中间代"和 21 世纪诗歌设了一个专节，无论如何，对 20 世纪 60 年代出生未参加第三代诗歌运动的诗人而言，总归是一种客观的呈现。

2016-9-30

书　　　名	《蔡其矫年谱》
著(译)者	邱景华编著
版　　　别	海峡文艺出版社 2016 年

用心为我们唤回蔡其矫老师

收到邱景华老师编著的《蔡其矫年谱》后，我第一时间发了微信，谢冕老师第一个在帖下留言"我没收到啊"，我答，"邱老师寄的是挂号，谢老师您查一下家中有无邮局挂号单"。

邱景华老师研究蔡其矫已 30 多年，并且因为对蔡其矫的研究而拓展到对整个"老生代"的研究，因此本书也是对蔡其矫同代人的一种"点到"，其间穿插着穆旦、郑敏、彭燕郊、牛汉、邵燕祥等诗人的出生及创作，也有对胡适、冰心、郭沫若、李金发、艾青等新诗史上著名诗人出版著作时间的有意提及。譬如 1920年，即蔡其矫 3 岁这一年 3 月，"胡适《尝试集》由上海亚东图书馆出版"。这样就把蔡其矫放到一个大的时代背景下，使之搜入中国新诗史，成为其中不可或缺的一环。

《蔡其矫年谱》是我读到的第一本"年谱"，家中不乏古今中外优秀作家的年谱，但因为与己关系不大，也就迟迟不曾翻阅。而《蔡其矫年谱》就不一样了，福建的诗人，只要在 2007 年（这年 1 月 3 日，蔡其矫老师逝世）之前开始写诗的，几乎都有与蔡其矫老师见面并感受蔡老师人格魅力的经历。1994 年 9 月在漳州举办的"福建省第三届书市"上我第一次见到蔡其矫老师，1995 年夏又受时任漳州市委宣传部副部长杨少衡老师的委托，陪同蔡老师走诏安、游东山，及后到北京在各种场合与蔡老师重逢，算起来也有若干交往，但竟没有一篇比较翔实的怀念蔡老师的文章，实在是自己写人记事能力欠缺。

读《蔡其矫年谱》，不仅是读蔡其矫的人生际遇，也是读他的诗歌创作，同时也是读诸位诗人、评论家对蔡其矫诗歌创作的评述。读《蔡其矫年谱》，我想到的是编著者要花费多大的心血来搜集整理与蔡其矫有关的一切。190 页的书不算厚，但所读的资料当千倍于 190 页。年谱这种文体比作者自己创作一部作品还要艰辛，作者创作作品可以无中生有，年谱却必须有中找有，第一个"有"漫无边际，第二个"有"考验的是编著者的辨识力。读《蔡其矫年谱》我对"年谱"这种文体刮目相看，它的意义不亚于，甚至超过作者自己创作的作品。

感谢邱景华老师用心为我们唤回蔡其矫老师。

2017-1-22

书　　名	《艺术与垃圾》
著(译)者	敬文东著
版　　别	作家出版社 2016 年

与垃圾决战

2016 年 11 月 19 日，得到机缘与舒羽、江弱水、敬文东、娜仁朵兰、李成、王辰龙诸位诗人、批评家相聚，敬老师还带来了他的几本专著，很细心地人手一本，我获赠的就是这本《艺术与垃圾》。

此前曾在北师大的诗歌活动中听敬老师讲过他正在写一本比较特殊的书，与"垃圾"有关，所以我在当晚收到这部专著时并不惊异，惊异发生在阅读此书的三个日夜。全书收入四篇，分别是《论垃圾》《论蔑视》《论叹息》《论知音》，每一篇将近 60 页，构成了这样一部厚达 240 页的奇书。

说奇，是因为它以"垃圾、蔑视、叹息、知音"为四个关键词，采用"大文化批评"（化用"大文化散文"一说）的写法，既像论文又似散文，围绕这四个关键词，古今中外旁征博引，妙论迭出，把个枯燥的学术论著铺陈得才华横溢。

读敬文东此著，你不会有作者在炫技之感，因为它悲凉的底色泄漏出作者对人世的绝望，作者景仰的华夏文化之"静"在现代社会特有之俗"嘈杂"与"喧嚣"面前已不复得。作者认为，在资本逻辑的主导下，"现代社会非惟在物质生产方面，即便在精神领域，也有着惊人的过剩和多余"。

整本书的核心应该是第一篇《论垃圾》，后三篇在我看来是对应第一篇的作者愿景（作者试图在这三篇提出他的解决策略），无论《论蔑视》之于关晶晶的"剩山"系列画作，无论《论叹息》之于杨键的"足音"系列画作，无论《论知音》之于钟鸣的系列诗作，敬文东实际以自己心目中的水墨精神和"成我"期待来抵抗"单子之人凭靠贪婪和急躁制造的垃圾"。敬文东倾心于水墨精神所代表的中国传统艺术的"静"与"纯净"，他寄望这"静"与"纯净"能传递出对险恶人心、肮脏尘世的不屑与蔑视。

在不多的几次与敬文东交流的场合，能感觉到他的精神洁癖、他的孤傲自许、他的不妥协。一部《艺术与垃圾》，完成的是作者自己对于人生的"看"和"悟"，哪怕后三篇有具体的评述对象我也不认为它们是单纯的艺术评论，它们完全可以撇开评述对象而作为独立的艺术文本存在，因为它们含纳了作者太多"与垃圾决战"的人生态度。

一部《艺术与垃圾》，是作者对中国现当代艺术和文学痛定思痛的反思之作，诚如作者在结语中所述及的，"在中国艺术百年来追随西方艺术而深陷绝境时，回眸传统，或许就是新生"。

2016-11-28

书　　名	《湖上吹水录》
著(译)者	江弱水著
版　　别	生活·读书·新知三联书店 2016 年

对每个人，书都应是我们的师傅

在久违的绿皮火车卧铺上读书，读江弱水的《湖上吹水录》，可算人生一大乐事吧。

《湖上吹水录》，顾名思义，当与文人雅士的闲适心态有关，又或如孩童之天真，噘嘴奋力吹出一湖涟漪。读序言方知，唐宋以来文人都喜欢把西湖一带称为"湖上"，"吹水"则是广东话闲侃的意思。江先生乃浙大名师，对西湖自是情深，他在《读书》杂志所开设的专栏即以"湖上吹水录"为题，本书正是江先生 20 年来在《读书》杂志发表的 20 篇文章的合集。

《读书》杂志一直是我坚持多年每期必购的刊物，它既保留了学术刊物的纯粹但又不面目板结令人望而生畏。江弱水先生此书正好是我心目中《读书》杂志文风与学风的"是其所是"。20 篇文章，涉及古今中外诸多人物：卢梭、巴别尔、鲁迅、吴宓、柏桦、舒羽、杜甫、姜夔……读之像是一种恶补，作者把他 20 年来所读的书、所做的思考、所抒的情、所下的定论，不拗口不轻浅、真性情真感知地告诉你，省却你多少阅读的苦楚。当然也可以说，增加你多少不阅读的苦楚。

放下此书你想做的事是，赶紧把作者书中写到的人、写到的书也列入你的阅读计划，因为它们在作者笔下确实充满意义和现实的悖论。江弱水是个勇于给出自己断语的学者，他不持"此亦可彼亦可"的中庸之态，貌似给人物以充分的理解和宽容实则无自己主见，对卢梭，对姜夔，对黄灿然，对白居易，他直抒己意，臧否自如。江弱水是一个读书的杂家，并且能杂糅所读之书提出新解，从《文心雕龙·唐诗·卡尔维诺》一文可窥其在比较文学方面的功力。

读江弱水的文章我就想到，金庸小说总有一个主人公因各种机缘得到诸多师

傅的传授成为集大成的高手。对江弱水，书也是他的师傅。对每个人，书都应是
我们的师傅。

长途奔波，头晕咽痛，随手记几笔，以证"我确曾听过江先生湖上吹水"。

2017–4–21

书　　名	《做一只充满细节的蜗牛》
著(译)者	舒羽著
版　　别	浙江文艺出版社 2015 年

天赋异禀

如果要用一个词来形容我读舒羽的《做一只充满细节的蜗牛》这本随笔集的
感受，我用"吃惊"，再加一个词——"没想到"，没想到舒羽的随笔写得这么好，
好到让我吃惊的程度。此前，吴子林曾网购有舒羽随笔集《流水》，除了买来时
我翻看了一下书中穿插着的作者美照外，委实一字也不曾读。今天把《做一只充
满细节的蜗牛》读完后，急急地找出《流水》，补读了未收入《蜗牛》一书的其
他文章，主要是访台手记，这才算过了瘾，着实对舒羽佩服不已。

《做一只充满细节的蜗牛》大体上分三辑，第一辑生活纪事，第二辑四海行游，
第三辑艺术感悟，每一辑后面附若干首诗作，一册在手，可窥舒羽诗文的成就。
其中我更喜欢的是她的文。舒羽之文，见性情，见生机，见智慧，见学识。她写
父亲，就让父亲站到了读者面前，我们真想去认识一下这样一个聪明率真、不落
伍于新生事物的长者。仅从舒羽鲜活的刻画人物的能力，我就觉得舒羽有写小说
的本事。她写景，我们便跟着她游欧洲、下江南、行富春江。我甚至认为，即使

我亲自去了舒羽笔下的那些地方，看到的实景一定不会比读她的游记精彩，舒羽的观察力和文笔的表现力都太超凡，更兼她的学识在她所描述的物事中游走，给予读者如我多了一层阅读的开阔。本书的第三辑是舒羽评论才具的展现，她欣赏了"丝绸之路"音乐会后就会把抽象的器乐演奏一一抓到纸面上来，生生地在纸上演练出一场音乐盛典，其现场复原能力堪比白居易的《琵琶行》；她读彼德鲁舍夫斯卡娅的《夜深时分》后一路挥洒她的余绪，分明就是一篇学理与感情兼备的学术论文。她烂熟《红楼梦》于心，行文中经常恰切闪现出《红楼梦》中人、《红楼梦》中事。舒羽自幼习古筝，对中国传统文化极其熟稔，但她又是一个爱美食、善品茗，对生活有极度热情的现代中人，这便形成她写作语言的典雅、俏皮与野马脱缰式的洒脱相交和的庞杂，舒羽随笔最吸引我的正是她的语言！

　　舒羽2009年开始写诗作文，起步不算早起点却非常高，一出手即有这样一部高质量的随笔集，显见她的天赋异秉。就我所见到的舒羽，确实是个智力和颜值均能得高分的稀罕人，难得的是她又是可亲可近的。

2016-12-21

书　　名	《中国"60后"作家访谈录》
著(译)者	周新民著
版　　别	中国社会科学出版社 2017 年

20位"60后"作家的小传记

　　"安琪估计是这本访谈录最认真的读者"，周新民老师在微信交流中如是说。我基本也认可周老师此论。在北京南至厦门北长达12小时的高铁上，我一站一站记录下所经过的地名，一字一字阅读本书，到终点时读完 10 篇，时为 2017 年 4 月 22 日。

在厦门开会的几天时间里在每个睡前间隙，我又陆续读完了余下的 10 篇，可以说，这是一部让我非常长见识的访谈录，它相当于 20 位"60 后"作家的小传记。其中的小说家群体让我记忆犹为深刻。作为一个以诗歌为主要文体的写作者，我对小说家了解不多，读完本书，我萌生的冲动是，要找出这些被访对象的小说来读读，他们是：东西、许春樵、艾伟、王跃文、邱华栋、马竹、王开林、韩永明、葛水平、姚鄂梅、欧阳黔森、马步升、叶舟、晓苏、盛琼、郭文斌。本书收入的其他四位为：李少君、陈先发、安琪、路也，都是我熟悉的诗人朋友，我在对他们的阅读中得到了很多诗歌写作方面的教益。

本书是《芳草》杂志"60 后"作家访谈专栏的结集，周新民老师一直在做这个专栏，我注意到周老师访谈的要点主要有以下几种：1. 童年成长；2. 出生地记忆；3. 大学教育；4. 阅读倾向；5. 具体作品的写作背景及文本分析。整本书读下来，20 世纪 60 年代生人的总体群像就浮现出来，一代人的精神成长史就这样留存于纸页上。

入选的 20 位"60 后"作家有着不同的出生地，他们的叙述提供给读者不同地方的地理特质，有如一幅幅生动的大地画卷，让人过目难忘，印象比较深的是邱华栋的新疆、李少君的湘乡、陈先发的桐城、马步升的陇东、叶舟的敦煌、郭文斌的西海固、欧阳黔森的贵州铜仁、葛水平的山西，作家本来就善于描摹万物，更何况这笔指向的又是生养自己的家乡。在对具体作品的解读上诗人务虚，小说家务实，前者启人心智，后者教人写作秘密，都有可圈可点之处，这本书我画了好多重点词句，无法在此一一引用。

读《中国"60 后"作家访谈录》的过程，是向同代作家学习的过程，也是自我反省、自我教育的过程：葛水平沉静的文采、马步升庞杂的理论与实践相结合的才力、叶舟的野心和力量、郭文斌被乡土中国浸润后的安详、欧阳黔森的自然忧思、王开林的历史意识、韩永明的人文关怀、邱华栋"与生命共时空"的抱负……无不让我感受到巨大的压力。

2017-4-29

书　　名	《21 世纪中国文学大系（2001—2010）·诗歌卷》
著(译)者	何言宏主编
版　　别	南京师范大学出版社 2014 年

用心之选，值得珍藏

　　用了半个月时间才把这部厚达 700 页的诗选读完，本书的选题策划，很容易让我们联想起 20 世纪 30 年代，由赵家璧主编的《中国新文学大系（1917-1927）》，该大系共 10 卷，由赵家璧主持，邀约数十位新文学先驱加盟，上海良友图书公司 1936 年 4 月出齐，是第一个十年新文学理论、作品、史料等的汇录，成为现代文学研究的重要参照，影响至今。自此，编纂"文学大系"可谓是中国现当代文学研究的一项重要课题，也是文学研究者们既畏难又心向往之的情结。2014 年，南京师范大学出版社推出《21 世纪中国文学大系（2001-2010）》，力图全面、系统地呈现 21 世纪第一个十年的文学景观，为学术研究和文学阅读提供有价值的文献资料。该大系共分 13 种文体，计 18 册，分别为文学理论卷、文学批评卷、长篇小说卷、中篇小说卷、短篇小说卷、诗歌卷、散文卷、随笔卷、杂文卷、翻译卷、史料卷、报告文学卷、戏剧卷。何言宏任总主编，并任诗歌卷主编，王尧、陈晓明、张清华、张新颖、施战军等任分卷主编。

　　我本想把入选的 177 位诗人都列一遍，但这工作量实在有点大，只能简要地说：1. 入选本书的作者涵纳了新世纪以来世界各地的汉语写作者；2. 入选本书的诗歌文本除了分行诗，还有不分行的散文诗；3. 每一首入选诗作均标注有详细的出处及日期，这又是一个可圈可点的史料记录，除了那些耳熟能详的刊物，我们看到更多的是作者们的诗集及各种著名不著名的诗歌选本。

　　无论诗歌质量还是书籍的装帧，本书都是用心之选，用心之作，值得珍藏。当代文学研究者更应该把 18 册都攒全。

2017-7-16

书　　名	《以创造抵御平庸——艺术现象学演讲录》
著(译)者	孙周兴著
版　　别	中国美术学院出版社 2014 年

那个时代每一个西哲对中国人都是陌生的

　　要感谢第五届美丽岛中国桂冠诗歌奖，它建立起了孙周兴教授和我的关系。这个由同济大学诗学研究中心、云南大学中国当代文艺研究所、世界诗人大会（中国）苏州诗院等多方组织的奖项，每一届由主办方邀请一位评委会主席，再由评委会主席组织评选班子进行评奖。第五届评委会主席为同济大学孙周兴教授，我很幸运地获得了本届桂冠诗集奖。颁奖仪式在锦溪"苏州诗院"举办，我特意带上孙周兴教授翻译的海德格尔专著《林中路》，并如愿以偿得到孙教授的签名。

　　想不到孙教授这么年轻。20 世纪 80 年代末的高校学子正赶上哲学热大潮，谁不言必尼采、萨特、海德格尔？也因此"孙周兴"三个字很早就进入读书人的视野，他的名字几乎是和海德格尔捆绑在一起，就如周国平和尼采、钱中文和巴赫金。孙周兴作为海德格尔的翻译者和研究者，相信在当年莘莘学子心中一定一幅老教授模样。我以为孙周兴应该年纪很大了（你想，20 世纪 80 年代末我刚大学毕业就知道孙周兴，现在我已近 50，孙周兴可不得七老八十了吗），见面一看，身材高大、体格匀称、步履潇洒、脸无赘肉、头戴鸭舌帽的孙周兴教授居然生于1963 年，和我同为"60 后"。这真令我吃惊，原先预备好的"高山仰止、如雷贯耳"等大词都不好意思吐出来了。

　　依稀听到孙周兴教授说起当年如何与海德格尔著作结缘、如何选定海德格尔为研究对象的往事，印象比较深的一段话：那是一个百废俱兴的时代，国门封锁了那么多年，突然打开，每一个西哲对中国人都是陌生的，你抓住了谁，你引进了谁，谁就成为你的了。我不禁想起了朦胧诗那一拨人，他们也是在一片废墟里盖的房子，不拘多高，只要有房就行。

话虽如此，这房也得盖得好，方才立得起来。能在第一时间认准某个西哲并翻译之、引介之、研究之，没有扎实的功底是不行的。孙周兴真是少年早慧，1992年浙江大学毕业获得哲学博士学位时才29岁，所研究的对象海德格尔又是20世纪存在主义哲学的创始人和主要代表之一。绝非等闲之辈。我唯一不明白的是，为什么存在主义都这么艰深、晦涩，海德格尔的《存在与时间》、萨特的《存在与虚无》在我的书架上放了20多年了，我还一直不敢碰它们。就是看起来厚度不那么惊人的《林中路》我也没法读下去，暂且先放着。每逢遇到"天书"一样的译著我就暗暗地想，译者自己看得懂译著吗？

孙周兴教授自然是懂的，因为在《以创造抵御平庸——艺术现象学演讲录》中，凡涉及海德格尔、涉及现象学的，我也一概如"读海德格尔不懂"一样"读孙周兴不懂"。本书如副书名所示，是一本演讲录，收入作者关于艺术现象学演讲12篇，其中有多篇谈及海德格尔，按作者自述，"我在很大程度上已经被海德格尔'掌握'了，无论在思路还是表达上，大约都被海德格尔'结构化'了"。扣除与海德格尔有关的几篇演讲，单纯就艺术论艺术，孙周兴教授的演讲就不会那么拒人千里，我也因此得到很大的收获，时时能在孙教授别开生面的说法中开悟、会心。

2017-2-5

书　　名	《打开诗的漂流瓶：陈超现代诗论集》
著(译)者	陈超著
版　　别	河北教育出版社 2014 年

一代名师的修为与学养

整个上午都在百度并回忆与陈超老师有关的点滴，想说的太多，一时竟有些茫然。2014 年 10 月 31 日，陈超老师以决绝的方式离开人世，中国诗界便少了一位秉性善良、思想前瞻、表达新锐的诗歌批评家。

在前辈批评家中，陈老师是少有的每当收到诗集便能给予回信答复的一位，尽管他曾于 2011 年 8 月 1 日在诗生活网站他的专栏里用红色大字号的文字做了一个声明，因"不胜其累"而"不再接受任何人作序、作评的约请"，但当他在回信中不吝赞美与勉励之词，本身就是对作者的最大鼓舞，我至今收藏有陈老师一封手写信及四封邮件。

2008 年，陈老师获得该年度华语文学传媒大奖文学评论家奖，在接受《南方都市报》记者访谈时陈老师坦言，"我确实觉得一代人的事只能同代人来做，否则就是老死荒野。如果同代人不做的话，那些真正的杰出的诗人就冤大啦，我对同代人有点使命感。而年轻的诗人，我觉得应该由他们的同代人来做"，陈老师对自己要做什么、不做什么的清醒定位足以当批评家的典范——多少批评家耗费自己的心力在无谓的应酬性事务上！陈老师曾在一篇文章中说到时间的珍贵，他说，自己过了 50 岁以后每有外出邀请他便斟酌再三，轻易不出行，他希望用更多时间在书案的研读与写作上。我承认陈老师这个以 50 岁为界的时间划分对我很有触动，我暗暗地想按照陈老师的时间观来规划自己。

陈老师辞世后，河北教育出版社用两个月的时间出版推出了陈老师的诗论集和诗集，我也在第一时间从晴朗李寒处购得这两本，这便是《打开诗的漂流瓶：陈超现代诗论集》和诗集《热爱，是的》。我是逐篇认真读完陈老师诗论的，感到陈老师于 20 世纪 80 年代对诗歌的逼视就已到了极其前沿地带，所提出的文学的"求真意志"，所要求先锋诗歌"变血为墨迹"的写作，所提出的"是杰出诗人生下传统"的观点，等等，一直到今天都有它的现实意义。一直置身于中国先锋诗歌现场的陈超老师，拳拳寄希望于"那些有才智、有热情的年轻的学者们能够更加关心当代诗歌的情况，不要把自己的精力几乎全部投入到诗歌的抽象理论或者二三十年代的诗歌史中"，他说，"与其挖掘一个三十年代四十年代的二流诗人，还不如好好地把咱们当代的诗人批评做到位"，他自己也正是这样要求自己，作为和第三代诗人同步成长起来的批评家，陈老师对第三代诗人可谓倾尽一生之心力，这是第三代诗人的幸运。作为后学，我则从陈老师的系列诗歌鉴赏中得到诗歌写作的许多开蒙。

陈老师一生任教于河北师范大学文学院，教授、培养了许多诗学硕士、博士，他们已成为今日中国诗歌研究领域的中坚。陈老师辞世后，他的学生霍俊明为导师做了许多资料搜集、整理及出版工作，读者也得以持续地沐浴在一代名师的修为与学养之中。

2016-11-25

书　　名	《百年新诗百种解读》
著(译)者	陈仲义著
版　　别	安徽文艺出版社 2010 年

最熟悉诗歌现场的批评家

诗歌鉴赏读本诗人经常提起的有陈超先生撰写的《20 世纪中国探索诗鉴赏》，其实另有一本也堪称经典，那就是陈仲义先生的《百年新诗百种解读》一书。

诚如书名所示，本书收有百首新诗，时间跨度百年。书分六辑，分别是：第一辑（"五四"–朦胧诗前），第二辑（朦胧诗年代），第三辑（第三代），第四辑（中间代），第五辑（"70后""80后"），第六辑（后现代），几乎当下最活跃诗人的诗作均获得陈仲义先生"多角度、多方法楔入"（孙绍振）的解读。

相比于陈超先生读本的历史性特色，陈仲义先生此书的当下性和现场感更强，许多诗人刚在诗歌实践上有新的摸索，即能获得陈仲义先生第一时间的关注及中肯的评述。《百年新诗百种解读》每篇针对一首诗，每首诗的读解文字均在千字左右，既能透彻解析该诗的创作高妙，又不使阅读者产生阅读疲倦。

个人以为，读此书不要求快，睡前读一篇，慢慢咀嚼，跟着陈仲义先生的分析与感悟走，仔细品味原诗，既可在诗歌写作上有启发，也能在今后自己撰写品鉴文字时有提高。每个诗人多多少少总会涉及评论类文字，这除了是诗歌这一文体的特点，也是诗人这一身份的激情所致——读到一首好诗，总难免有推举给人的冲动。

陈仲义先生被誉为批评界的"劳模"，几乎以两年一本理论专著的速度出版他的诗学成果，这与他长期坚持"深挖一口井"（陈仲义《扇形的展开》后记）的研究态度有关。陈仲义先生又被誉为最熟悉诗歌现场的批评家，通常一个批评家大都只能跟随自己所属的一个时代的诗歌写作走，对后面时代的诗歌群体和诗歌写作就不免隔膜而失语，只有陈仲义先生从朦胧诗始就不保守、不封闭、不故步自封，而是密切关注并跟踪诗歌现场，他的诗歌美学趣味因此时时刷新，所选取的批评对象也时有新鲜血液注入。指认新经典其难度总是大于肯定老经典，但若无勇敢的、有慧眼的批评家当第一食蟹者，则经典之河流淌的将是一成不变的死水。

随着时间的推移，《百年新诗百种解读》将以其"在同类新诗鉴赏专著方面显示的很强的开拓性和穿透力"（孙绍振）而成为鉴赏类诗歌批评的经典，正如陈超先生彼书。

2016-9-26

书　　名	《旧梦重温：民国先知的道路探寻》
著(译)者	李新宇著
版　　别	广西人民出版社 2013 年

新旧交替时代的知识分子

　　这注定是一次心情沉重的阅读，它指向的不仅只有逝去的年代，也有我们立足的当下。《旧梦重温》以学术随笔的方式，通过一个个民国人物，串联起民国历史，还原了那个新旧交替时代知识分子为在中国建立现代政治体制所做的努力。本书分三辑：第一辑，大刀与革命；第二辑，帝制与共和；第三辑，抗争与坚守。叙述到的人物有邹容、秋瑾、袁世凯、孙中山、蔡锷、蔡元培、陈独秀、胡适、鲁迅、吴稚晖、高一涵、钱玄同、陈炯明、章太炎、傅斯年、陈序经，等等，术业有专攻，普通读者没有那么多时间和精力去研读民国历史资料，更无法逐一了解民国精英群体，李新宇此著可弥补读者如上遗憾。

　　李新宇，山东青州人，生于 1955 年，1982 年毕业于曲阜师范大学中文系，现为南开大学文学院教授。主要从事中国现当代文学研究，同时涉及中国现代思想文化和知识分子的研究。我固执地认为，研究中国现代史（无论哪一个门类）的学者会比研究中国当代史（无论哪一个门类）的学者来得痛苦，他们在现代史的研究中所看到的在最深的黑暗中诞生的曙光、所呼吸到的自由的空气、所感受到的沸腾的热血，一定会成为他们游刃有余于当下生活现场的阻碍。

2017–2–11

书　　名	《北漂诗篇》
著(译)者	师力斌、安琪主编
版　　别	中国言实出版社 2017 年

北漂诗人的第一次集结

那天，冯雷兄在微信上我："请问，你可知道苑长武多大年纪？ 60 后？ 70 后？我写文章用。"苑长武？我懵了，不认识呀。"《北漂诗篇》有，我买了《北漂诗篇》。"我赶紧去翻《北漂诗篇》，真翻到苑长武，可简介里并无具体出生年月，但有注明"北京皮村工友之家文学小组成员"。我是从师力斌老师那里知道"皮村"这地方的。此番编选《北漂诗篇》，师力斌老师心心念念"皮村"，选本里的"皮村"诗人都是师主编拿来的。

北京有两个外来人口聚居地，一是宋庄、一是皮村。前者以艺术家群落为主，已是国际知名，后者以打工群落为主，有自己的文学小组、音乐小组，前阵子炒了一阵的范雨素就出自皮村。有许多知名学者、作家，都是皮村文学小组的义务授课老师，我是在编选了《北漂诗篇》后才开始关注皮村，并渐渐了解皮村的。

话说我一看到苑长武的皮村标记后马上询问同样出自皮村的音乐人、诗人许多和小海，这就与苑长武接续上，得知他生于 1957 年。冯雷兄听了很吃惊，"嚯，岁数可真不小"。我说："我们这个选本真正来自底层，来自自然投稿，很多作者我到现在还不认识。"冯雷兄说："这本诗集我觉得很有价值，甚至我觉得以后还可以继续深入再版。苑长武他们的底层诗歌显然和郑小琼他们的底层不太一样，而且同样身在北京，苑长武笔下的北京和欧阳江河的北京，也不一样。"

是的，《北漂诗篇》出版后，很多批评家都自发购买并且撰文给予关注，北漂这个改革开放后冒出来的概念，时至今日依旧有它强大的生命力，一代又一代人前赴后继来京寻找生命价值的最大化，一定有他 / 她的理由。因此当 2016 年12 月师力斌老师邀请我一起编一本诗选时我首先想到的就是"北漂"这个主题，感谢中国言实出版社王昕朋社长给予的支持，让北漂诗人第一次集结到这样一本正规出版物里。《北漂诗篇》的出版，已成为2017年社会学意义而非仅仅只是诗学意义的事，里面的许多诗作，慢慢传播开去。

2017-10-9

书　　名	《1980年代的舞蹈》
著(译)者	马原著
版　　别	春风文艺出版社2004年

中国现代派小说的开山之人

还在云南我就发短信给吴子林，"速购或借马原小说"，从云南回到家，一本《1980年代的舞蹈》已在桌上。

本书收入马原小说9篇，并无一篇与书名相同。书中的故事也并不发生于20世纪80年代，而是发生于20世纪60年代，知青的年代。兴许，"1980年代"指的是作者写作的年代，谁知道呢。这本书如果让我的父母辈来读，一定更能激发他们的青春记忆。认真想想我确实不曾阅读过马原书，但马原的名字于我又如雷贯耳，脑中形成的印象，马原是中国现代派小说的开山之人，马原改变了当代小说的叙述模式。确实读这9篇小说，多次对马原结构故事的能力很佩服，譬如《白卵石海滩》写的是主人公到震区参与抢险，从废墟中救出一个姑娘，姑娘却因为想饮用游泳池的水而被保卫水源的人一枪打死。故事就是这么简单，马原却能绕来绕去，现在过去、真真假假、倒叙正叙牢牢抓住你。再譬如《错误》，一个晚上发生了两件事，"我"丢了最喜爱的军帽，知青点突然生出了两个孩子，人物与人物之间的关系最后时刻真相大白，为了这些关系，同一个晚上制造出了三个残疾人。马原的叙述语言温情脉脉，像拉家常，但导向的却大都残酷的终点。我甚至有点不敢读马原的小说。

2017 年 6 月 23 日至 6 月 30 日，我应海男之邀，来到了向往多年却一直未得机会的云南，参加"海男油画展暨著名作家、艺术家、诗人'世界锡都'个旧行"活动，受到了两个刺激，一个来自海男，另一个就来自马原。马原有着堪称美丽的丹凤眼，面容已是修炼到境界的平和。2011 年他卖掉上海的房子，跑到云南西双版纳南糯山村自己建屋，过起了完全隐居的生活。这一路马原性情平和，言谈超拔，让我等红尘中人羡慕不已。马原自从搬到南糯山村后身心健康，哈尼梯田晨起看日出的人群连宾馆浴巾都包在身上还瑟瑟发抖，而马原只穿短袖、半筒裤依然不觉得冷，实在为云南的宜居作了绝好的注释。

2017-7-16

书　名	《一个人的诗歌史》（第一、二、三部）
著(译)者	刘春著
版　别	广西师范大学出版社 2011 年

向爱伦堡《人·岁月·生活》致敬

刘春的这三部专著和他此前出版的《朦胧诗以后：1986-2007 中国诗坛地图》我均已认真读过，本质上它们和钟鸣的皇皇三卷本《旁观者》、柏桦的《左边：毛泽东时代的抒情诗人》，以及杨黎的《灿烂》一样，都是以诗人的眼光来看待并撰写诗歌史。不一样的是，钟、柏、杨把视界定格在第三代诗人这一历史时段，而刘春则更为开阔，呈现的是朦胧诗及朦胧诗后他眼中的诗歌图景。

的确，撰写诗歌史不应只是批评家的权限，身在诗歌现场的诗人其实更有诉说的冲动和理由，作为亲历者，他们置身于活泼泼的诗人群体中，与这个群体一起成长，他们更有切身的体验和准确的把握，他们笔下的诗歌史与学者相比，另有一番看得见人物表情、听得到人物声音的动人。但为什么实际介入诗歌史写作的诗人很少？这里面自然牵涉到诗人的能力问题。许多诗人除了分行的诗作能写，不分行的文章写起来就疙疙瘩瘩，以至于有这么一种说法，判断一个诗人是不是真诗人，得看他/她写的文章。因为诗歌这种文体是可以糊弄人的，你文词不通、你上句不接下句，你就是先锋；你把大白话分行排列，你就是口语。事实上，先锋和口语有其逻辑和语法要求，它们的对立面就是乱写和口水，当我们辨别不出一个人的诗才时，确实可以从一个人的文章中寻找线索加以认证。从这个角度来讲，我服气第三代诗人群体，这真是早慧的一代，无论是1986—1988现代主义诗群大展的抢先一步，还是之后尾随出国热潮奔向世界的四面八方，或是20世纪90年代商潮初涌时的纷纷跃身入海，这个群体总是身手敏捷冲浪于潮流之间，21世纪以来又纷纷携带各种斩获回归诗坛，依旧笔露锋芒，依旧诗文皆盛，如前所述的钟、柏、杨就均为第三代诗人。现在，生于1974年的刘春以一己之力，续写了诗人撰史的传统，并接二连三出版专著，成为目前仅见的第三代之后延续诗人撰史的接棒人。

刘春的"诗歌史"不是通常我们理解的教科书的诗歌史，他以人物为关注点，选取了顾城、海子、于坚、欧阳江河、西川……伊沙、蓝蓝、朵渔等28位不同年代的诗人，经由对每个诗人"充满经验血肉的叙述"（王家新），把我们带到每个诗人成长与写作的时代语境里，每个时代语境的联结遂成为从朦胧诗到新世纪这一时间跨度的"一个人的诗歌史"。

柏桦在序言中抓住了刘春《一个人的诗歌史》的两个关键词："人"和"诗歌"。在我看来，写人体现的是刘春的叙述能力，分析诗歌体现的则是刘春的评论能力，每写一个诗人刘春均大量阅读与该诗人有关的种种资料，他笔下的每一个诗人因此有了自己的"诗人史"。

刘春曾坦言自己撰写《一个人的诗歌史》是为了向爱伦堡《人·岁月·生活》致敬。

2016-12-9

书　　名	《城里城外》
著(译)者	赖妙宽著
版　　别	鹭江出版社 2011 年

这片土地抚育了她，也给了她丰厚的题材

我已很久不读小说了，但赖妙宽的这部长篇小说《城里城外》，我还是夜以继日地读完。大约 20 世纪 90 年代末，我的故乡发生了一起轰动一时的案件，一个大款被他的老婆使用遥控炸弹炸死在过江东桥的轿车上。现在，赖妙宽用一部长篇小说把这件事叙述、解剖，作为同乡人的我读起来仿佛时光倒流重回昔日。小说，当然有它的继续发挥和深度思考，而不是仅仅停留在案件本身。透过本案的追踪，作者深究的是农村在城市化进程中所必然带来的许多人命运的改变，原先稳定的家庭结构改变了，夫妻关系改变了，夫妻关系的改变所发生的剧烈冲突最终导致了爆炸案的发生。作为一个漳州人，书中方言的运用、书中地名的似曾相识都让我产生阅读默契。赖妙宽的小说语言洒脱、大气，一直为我喜欢，私心认为她是漳州小说家队伍里最具语言天赋的。尽管她很早就移居厦门，但从《城里城外》可以看出，她故事的视点还是在她的故乡，这片土地抚育了她，也给了她丰厚的题材。20 世纪 90 年代初，我在漳州浦南中学任教时每天要乘公共汽车去郊外。有一次，我来到妙宽所在的芗城医院公交站点，突然心血来潮直接到医院眼科部看她，那时她刚发表了成名作《共同的故乡》，我对她说，"我读过你的小说"，她看着陌生的我，笑了笑。这是我文青时代的记忆。

2016-9-29

书　　名	《暴雨将至》
著(译)者	周瑟瑟著
版　　别	百花洲文艺出版社 2017 年

信手拈来即为佳制

　　一直以来，周瑟瑟在我心中就是神一样的存在，任何一件事交给他，他都能抓到要点，弄出大动静。人一天只有 24 小时还得花 12 小时睡觉，周瑟瑟一天 48 小时只睡 5 小时，因此他有比旁人多得多的时间从事各种事务，并且桩桩件件干得好。其他我们不论，只说写作，诗、小说、剧本、评论，哪个领域都有他的身影。再撇开其他，单从诗而言，新出版的《暴雨将至》收录的厚达 500 多页 1985 年至 2017 年上半年的 400 多首诗作是周瑟瑟从海量的作品中艰难选出的。周瑟瑟有着多变的诗风，走的是通才的路子，有一段时间他沉浸在湖南家乡的方言中不能自拔，写了一批称为"元诗歌"的名篇，譬如，《湖南大学，野兽尽孝》《林中鸟》。这些诗姿势纯正犹如武侠小说里的少林一派。2016 年开始，周瑟瑟开始中年变法，以在家每天三首，外出采风每次二三十首的创作量不断挥霍他旺盛的精力和创作力，令人瞠目。瑟瑟生命状态达到极致，他自由的心性和不羁的想象力、他丰富的知识储备和已知天命的人生历练、他身在此地心在彼地的出神状态，已经不能被规规矩矩的既有门派所束缚，他要随心所欲开创自己的写作一派，他称之为简语派，他以自己喷涌的诗作告诉读者，诗歌和生活是可以同步共生的，诗歌就像人间万物自然而然在自己的位置上。而诗人，就是那个看见并说出万物的人。

　　我用了三天时间读完周瑟瑟的《暴雨将至》，本书以倒叙的方式编排，全书重点在 2017 年和 2016 年。瑟瑟这两年的写作真正是信手拈来即为佳制，已经没有什么是他写不了的了。我曾经有几次和瑟瑟一起外出开会，亲见他现场写诗，发现了他的写作秘密，他经常由此出发，调动出一切与此有关的想象和记忆，娴熟地运用口语化的语言貌似轻松地写来。读他这两年的诗你感觉很随意，但你要没有他的库存和发散思维，你根本写不了。同一个场景，我怎么写都没有他丰富和意味无穷。这是我内力不够的缘故。

如果说周瑟瑟 2016 年以前的写作还有一些句式可以被模仿的话，则 2016 年至今的写作旁人完全无从学招，他真正做到了无招胜有招。周瑟瑟这类诗必须全诗阅读而不能择句，他的每一句都因为与下一句唇齿相依而产生意义，单句单薄，集合起来就魅力无穷。

周瑟瑟在我的评价体系里属于综合写作诗人，他诗风多变，每一阶段的写作都有很大不同，元宵节在福建连城的我应连城作家协会之邀做了一个诗歌讲座，讲座结束后我给周瑟瑟打了一个电话，我说："像你和张执浩和我都属于不同时段有不同写法的综合写作型，搞不好要成为面目不清的人了，怎么办？"连城街头轿车、摩托车的声音，淹没了周瑟瑟的回答。

2018-3-18

书　　名	《他手记》（增编版）
著(译)者	侯马著
版　　别	江苏文艺出版社 2013 年

"活着，感受以及表达"

2016 年 9 月 3 日，夜，磨铁图书公司，新诗典赛诗会。大家纷纷坐定，我恰好坐在侯马对面，看到他从黑色手提包里掏出一本很平常的薄薄的笔记本，一看就是使用了很长时间的那种，有点皱，有点旧。我说：侯马，看到你还保存着随手记录诗思的习惯，我真的好羞愧，我已十几年不带本子了。中岛在对侯马的访谈中也写到侯马的《他手记》就是这样零零星星见缝插针记录在笔记本上的。

那个磨铁之夜，我也有幸看到了更皲更旧的写有"他手记"的笔记本。说起侯马的《他手记》，我读了有四遍，2007年编辑《诗歌月刊》下半月"中间代21家"时第一遍，2008年《他手记》结集出版时第二遍，2013年《他手记》增编版出版前校对稿第三遍，出版后又全文阅读，是为第四遍，每次读都像新读一样，不断受到冲击。这证明了一句老话：经典必须经得起重读，而且常读常新。

《他手记》拓宽了诗歌疆域，提供了诗歌写作的一个崭新形式。其分行文字与不分行文字的交叉组合完全随着作者诗思的行进而选取，真是随心所欲笔随心走。我注意到，自侯马《他手记》后，这种形式陆续为成名的、未成名的诗人采用，大家仿佛于此找到了一种更加自如的抒写见闻感受的方式。每次读《他手记》，每次都有写作的冲动——像《他手记》一样写作，把日常点滴记录下来。但真要动笔，又觉得难度颇大，欠缺对生活掘地三尺般的辨析能力，导致了语言的平面化和苍白化，也就是说，没有思想的引领，你对日常经验的描述会因为文本的平庸而让你丧失继续写作的兴趣。《他手记》形式易学，实际难工。

侯马说："我要做一个彻头彻尾的当下历史的创造者和见证者，我要代一代人，首先代我自己，'活着，感受以及表达'。"《他手记》，诚如是。

2016-10-04

书　　名	《边缘的呐喊》
著(译)者	向卫国著
版　　别	作家出版社 2002 年

一个人的诗歌史

2002 年 12 月我离开家乡来到北京，所带的几本不多的书里有一本就是向卫国的《边缘的呐喊》。这是向卫国一个人的诗歌史，是当时最新的诗歌教材。所谓最新，是该书在"70 后"和中间代概念刚提出一至两年的情状下就将这两个概念写进去，并对这两个群体的重要诗人做了细致到位的阐述。时为茂名学院中文系教授的向卫国得广东风气之先，敏锐地注意到兴起于广东的这两个诗学概念，并以批评家的前瞻意识认识到这两个群体之于诗歌史的合理性和"历史的链条不允许断裂"（克罗奇）性，果断地把它们写进了他的专著，这是批评家的洞见和卓识。时至今日，中间代和"70 后""80 后"乃至"90 后"已成为诗歌史叙述接续第三代的几个谱系，这是历史的客观事实。《边缘的呐喊》在尊重既有诗歌历史的情状下，注重新涌现出的有潜力的一代新人，并给予他们应有的介绍，这些，都是向卫国诗歌史写作的一种突破。时至今日，许多当年的新人都以自己扎实的写作稳步进入 21 世纪，成为现代诗的中坚力量。优秀批评家应该是别林斯基式的，而不是事后诸葛亮式的。2007 年，在《诗歌月刊》下半月举办的"十大前辈批评家"海选"十大新锐批评家"活动中，向卫国以 6 票之高票当选（第一名 7 票）。

2016-10-06

书　　名	《顾城哲思录》
著(译)者	顾城著，胡少卿编选
版　　别	重庆出版社 2012 年

我有一种修行的感觉

　　读《顾城哲思录》，心里总是能一下子静下来，无论周围环境如何嘈杂，顾城仿佛是一个与这个世界毫不相干的人，自顾自说着他对世间万象的看法，他说自然，说唐诗，说《红楼梦》，说他的新西兰小岛，说诗歌，说生命，说宗教……他那么信口说出就能让你如醍醐灌顶，豁然顿悟。

　　读《顾城哲思录》，心里一阵阵揪紧，一阵阵颤抖，有时想痛哭，有时想长啸，而最终却是长长地呼出一口气。这尘世的浊气需要在顾城的无心之引导下缓慢地送出去。送出去了，你便也随着清静了。你就可以沉默，反思，觉得此前你所看到的、所追求的人生似乎有哪些地方是错的。

　　读《顾城哲思录》，我想到了举起斧头的顾城和拿着笔的顾城不是同一个顾城，前者是个疯子，后者是个纯粹的自然之子。《顾城哲思录》对编者胡少卿也许并不那么重要，但对顾城本身却很重要，它展现了顾城从生命源头出发看待宇宙万象的方式。在生命的意义上，众生平等，这是顾城一直强调的。

　　我读《顾城哲思录》是一小段一小段地读，舍不得一口气读完，每读到有感悟处，便有写点什么的冲动，但行之成文，则粗陋不堪。越是原创的作品其对读者创作力的激发越大，顾城如此，海子如此。二手货是无法激发读者的。所谓原创，就是以创作者之心对接读者之心，是为心心相印。

　　读《顾城哲思录》我有一种修行的感觉，我正一点一点褪去笼罩周身的愚昧与凡俗。我不想引用《顾城哲思录》中的只言片语，是因为我觉得，必须全文捧读方能领略全书之妙，我由此想到所有顾城文字放在面前时该是如何惊心动魄的巨大冰川。迄今，读者读到更多顾城的诗歌，而他的观点大部分都在他的文字里。

感谢编者胡少卿把这一本预先呈现在我们面前。我期待《顾城散文全编》的出场!

2016-10-07

书　　　名	《真水无香》
著(译)者	舒婷著
版　　　别	作家出版社 2008 年

鼓浪屿女儿献给鼓浪屿母亲的厚重的礼物

　　2012 年 10 月,受厦门《台海》杂志主编、作家年月之约,写一篇舒婷与鼓浪屿关系的文章,网购了《真水无香》并逐篇读完后,我有一种温暖的感动,这是鼓浪屿女儿献给鼓浪屿母亲的厚重的礼物。本书的封底印着细细的三句话:很小的时候,我总问外婆/为什么我会生长在鼓浪屿这样一个地方?/外婆回答得很明确简练:上帝的旨意。那么,在我读完全书后我要说,鼓浪屿把你生长在这里为的是用你的笔,来为它摹写状物它的一草一木一人一物,这,同样是上帝的旨意。

　　鼓浪屿历来被称为音乐之岛,建筑之岛。这里诞生过许多蜚声国内外的音乐家和建筑大师,但真正成长并常年(甚至很有可能一生)都定居在鼓浪屿的文化人就只有舒婷了。能够为鼓浪屿山水人文作传的,就只有舒婷了!《真水无香》,书分五章,第一章叙述鼓浪屿的生活点滴,第二章点写鼓浪屿的动物,第三章描摹鼓浪屿的植物,第四章捋出作者在成长期间的人世际遇,第五章回忆鼓浪屿的名人传记。阅读本书,我们萌生的冲动是"到鼓浪屿去",到鼓浪屿去,去抚触那些斑驳石墙上的泣血往事,去轻嗅每座宅院里从前尘中轮回至今的红花绿柳,去歌哭阳光晒不到的阴暗角落，去悲喜风雨来来去去的人生！

鼓浪屿，仅有铮铮淙淙的琴音是不够的，仅有或颓废将倾或正在翻新的旧时亭榭是不够的。鼓浪屿，你还必须有一双悲悯的看到时光深处的眼，一枝柔软而力道雄厚的入木三分的笔，只有它们，才能记录你的流年与碎影，你的光荣与辛酸。而舒婷，就是这样一双记录的眼和笔。当我们经由舒婷饱含体温的文字进入鼓浪屿夜莺、花腔女高音颜宝林短暂的一生，触到人物由辉煌而陨落的悲剧性命运，我们感谢舒婷复活了这个渐渐被遗忘的人物和她所代表的一个时代的伤口。对历史人物的书写必须多方走访理出线索，方能娓娓道出错综复杂人生的来龙去脉，其书写难度并不小于纯粹想象性虚构的文本。

从《真水无香》中走出的一个个鼓浪屿人，永生在文字里，永生在读者的阅读里。我们有理由期待《真水无香》的续集，因为，鼓浪屿需要舒婷继续为它捡拾历史，也因为，舒婷在鼓浪屿！

2008年，舒婷因为《真水无香》获得第六届华语文学传媒盛典"年度散文家"奖。

2016-10-07

书　　　名	《观音在远远的山上——伊沙的文学课》
著(译)者	韩敬源、伊沙著
版　　　别	北京联合出版公司 2015 年

他的课一定是能激发学生灵感的那种

《观音在远远的山上》这本书是伊沙的教材，却以一种非常意外的方式出版。它是伊沙的学生韩敬源毕业后整理自己四年西外大学课堂听伊沙的文学课的笔记，恰恰是这份自发的整理才表明了伊沙的文学课对一个文学青年的影响。为什么是伊沙，而不是其他教师的课程让韩敬源萌生整理的愿望并付诸行动，最终产生了这部书？读完全书，答案自然会浮现出来。

伊沙的文学课，有强烈的思想性和文学性，每一句话都透露着一种诗人才有的智慧和灵光闪现，譬如，"只有婴幼儿永远需要母亲哄着。你要走出被哄着的状态，心智才会成熟起来"，伊沙此言针对的是学生在学习过程必须要经历的枯燥，而不能只一味地喜欢听那些没有难度的课。譬如，"曹雪芹的写作才是世界上最痛苦的写作"，因为曹雪芹的写作是在社会最看不起小说的时代背景下完全为了表达自己的欲望而写的。譬如，"鲁迅是地地道道的浙江人，如此硬人，生在江南，不可思议——不，他是天才，既是天才，便可投胎于任何地方"，对鲁迅，伊沙毫无保留的推崇在他的文学课上随处可见。另一个他最推崇的天才当然是李白，他是这样解读李白《将进酒》的：李白《将进酒》中那种"跳"，无逻辑，鬼才知道他是怎么搞出来的，才大气死人。

伊沙的文学课，非常见性情，嬉笑怒骂鲜活生猛，他的课一定是能激发学生灵感的那种，从小到大我们都进过学校，上过课，都害怕枯燥地灌输知识的那种讲法。只有伊沙这样搭上自己切身感受的教学才能让学生的血液沸腾起来。譬如讲到民国才女作家丁玲、萧红、张爱玲这一课，他如此结尾"这些可怜的才女，只能沿着她们各自的命运走，讲得我都快哭了"，相信这一句话一定引来会心的共鸣。谈到徐志摩他说：有人要求我朗诵一遍《再别康桥》，对不起，恕我不从，有点酸。相信这句话一定引来全场哄笑。对那些上课小声讲话的同学，伊沙也会发飙，他的发飙也令人难忘：我的课上竟然还有人讲话！你到底想听什么？你以为我这种课在中国的高校中随便可以听到吗？在你梦中的学校——什么"北大""清华"也休想听到！你有幸遇到我，听到我的课，是你的造化！

是的，读完《观音在远远的山上——伊沙的文学课》，我承认伊沙所言不虚，遇到伊沙，听伊沙的课，确实是这辈子的造化。伊沙是个有爱心有正能量的老师，他认为最理想的教师状态是，看着学生在毕业典礼上光彩照人的模样——知识之光从每一个学生个体身上透射出来，这是教师打造出来的产品。伊沙说，如果自己教过的学生中出了一个马加爵，那就会感觉很失败，培养再多对社会有用的学生，出一个马加爵就给你全毁了！当我看到伊沙如下一句话我有深深的感动——

我面对自己的从教生涯，最大的心愿不是培养多少日后成名成家的成功人士……而是所有上过我课的学生，都对人有最基本的爱……

事实上，伊沙教过的学生中迄今已有十几个诗人，这在西外这个以外语为主的学校是奇迹，这一切自然与伊沙的言传身教有关。北京师范大学珠海分校的《招生简章》上列举学校培养出的六个著名作家，其中就有伊沙，西安外国语大学真应该把伊沙也列入《招生简章》中。

读《观音在远远的山上——伊沙的文学课》，你会有一种文学自豪感，这自豪是伊沙不断强化给你的。伊沙认为，中文系学生比新闻专业的学生更适合当记者，这是两千年的文学传统和两百年的新闻专业在时间和知识上的对比所决定的。伊沙不迷信权威，他的文学课经常对权威提出批判，这个我不举例，留待读者自己去读。伊沙认为，文学史应该是作品史而不是撰写者个人对作品的阐述史。只有把作品亮出来，才能一较高下。我无法一一列举读本书的收获，我只能说，你去读了，你就知道。

读《观音在远远的山上——伊沙的文学课》，我还不断地想到伊沙的两个好朋友，徐江和侯马，倘若给他们一所大学，给他们一届一届的学生，他们也一定会讲出如伊沙一样精彩的文学课！

2016-10-10

书　　名	《琉璃脆》
著(译)者	胡亮著
版　　别	陕西人民教育出版社 2017 年

好书不可摘佳字，亦不可摘佳句

　　胡亮的书，你只要读过一本，就必定会成为胡粉，一路跟读。

　　胡亮行文，引用《琉璃脆》序言茱萸博士语，"杂糅文言、白话、口语与翻译体之特色，而成自家格调与面目"，这是最吸引我的地方。诗人有天才一说，批评家也应有天才一说，胡亮可谓批评的天才。批评之于胡亮，是无师自通，他并不是毕业于什么大学的硕士博士，从事批评纯属天赋。既有天赋，便能在洞见上、语言上、胆略上卓尔不群。读胡亮文，想一口气读完，又舍不得一口气读完，终于还是一口气读完，因为这样告诉自己，这是一本可以读一生的书，这是一本常读常新的书。

　　确实，收入本书的两大部分，"屠龙术"和"窥豹录"，此前在胡亮主编的《元写作》上、在胡亮发布的"简书"上，我都已详尽拜读。今日捧读书卷，明知是故人，却从头到脚仿佛新生，让我继续在阅读中发出赞叹。"屠龙术"采用的札记体，收入 777 则，大都一句两句却足可让读者自己引申一篇两篇思绪，譬如，"浮云属于哪个省呢"？譬如，"落日无非一颗，诗人数个不停"，譬如，"愤怒、奔跑和泥石流均不可押韵"，"屠龙术"涉及诗学论想、生活顿悟、阅读进益、万物指认，读者就像在珍珠中行走，哪一颗都想捡，捡起哪一颗都觉得遗漏了更好的。"屠龙术"第 527 则，胡亮曰，"好诗不可摘佳字，亦不可摘佳句"，用在"屠龙术"，正合适。

　　本书第二部分"窥豹录"在葆有第一部分"屠龙术"机锋处处、旁逸斜出的灵光闪现基础上又多了学者谨严的文本细读和理论推演。66 位诗人何其有幸被胡亮从百年中国新诗史上撷取出来，置放于胡亮档案馆并配备胡亮解读词，从此成为打上胡氏标签的新诗史上的标本。读"窥豹录",始信胡亮所言不差,"我浏览了数以百计的诗集,阅读了数以千计的诗篇,最后写出了七万五千字——亦如一部小型的当代新诗史"。"窥豹录"涉及 20 世纪 20 年代诗人 2 人、20 世纪 30 年代诗人 4 人,20 世纪 40 年代诗人 4 人,20 世纪 50 年代诗人 13 人,20 世纪 60 年代诗人 33 人,20 世纪 70 年代诗人 9 人,20 世纪 80 年代诗人 1 人,这种纺锤形的人选结构符合一个一直置身中国当代诗歌现场的优秀批评家对优秀诗人的考证与指认,随着时间的推移,下一时下一刻,纺锤形中间最饱满的部分将由 20 世纪 70 年代、20 世纪 80 年代构成,两头尖的部分将由 20 世纪 50 年代、20 世纪 90 年代构成,经典的筛选非常严酷,一旦你没有后劲,一旦你的文本最终证明不能传世,你就会被甩出去。

且不管那么多了,能在今天先进入胡亮的档案馆,被胡亮盖了一个章,就先行喘口气吧。然后蓄足力量,继续前行。

如同《红楼梦》的每个人名、地名都有深意,胡亮为他的著作、为他著作的每个标题所取的名字也都颇有考究。本书书名"琉璃脆",典出白居易的一篇歌行:《简简吟》;本书第一部分"屠龙术",来自庄子一文,说的是一个人练成屠龙术,却"技成而无所用其巧";本书第二部分"窥豹录",取意"管中窥豹,可见一斑"。我想说的是,胡亮在第一部分练就的"屠龙术",已经在第二部分小试了一把。

另,茱萸博士为本书所作之序熔旧学与欧美之新知为一炉(借用"屠龙术"第 23 则语句),在赞美胡亮及胡亮此著的同时,自身亦文采灼灼,光彩照人。

2017-12-18

书　　名	《秘道》
著(译)者	远人著
版　　别	湖南文艺出版社 2011 年

许久不曾有过的阅读体验

　　《秘道》未曾引发想象中的热潮始终是我不解的问题，我是在这本书还未正式出版前就在电脑上一口气读完的，许久不曾有过的阅读体验，一部 40 万字的文稿还在 Word 文档上就被我加班加点读完，眼睛发酸了也不舍得休息，脖颈僵硬了也不舍得离开，这就是《秘道》的魅力。最恐怖的是，极具悬疑效果的《秘道》让我在起夜独蹲卫生间的时候后背一阵阵发麻，我疑心每一面墙都有突然打开的缺口让杀手默立面前，手中提着一把锋利之剑，剑尖尚滴着温热的血，这就是一莲师太的血！在《秘道》中，一莲师太是被重棒击扁头颅而亡。这个深爱着周石天的女人为了周石天从日本来到湘西南的清风镇，却不能以伴侣的身份陪伴周石天，心灰意冷之后遁入空门，而她怀揣着孙中山秘谕的使命是连周石天也不知道的。周石天，清风镇首富，玉石鉴定家，当年跟随孙中山在日本闹革命，后携带一块蝶玉回乡等待另一块蝶玉与之合璧方能寻到一笔巨款，这笔巨款如今蔡锷将军需要，他委派的青年才俊韩飞龙已秘密登临清风镇……而抢先在韩飞龙之前到达清风镇的美丽女郎宋颜兰手持的一块蝶玉又预示了什么？而周石天 20 岁的儿子为什么在 4 岁时突然痴呆，他的大太太为什么难产而死，二太太为什么激烈反对丫鬟秀文嫁给他呆傻的儿子……笼罩在这个清风镇首富家的阴霾让周家恍如坟墓一般令人窒息难耐。这一切，究竟为什么？深居简出的一莲师太死于非命断了韩飞龙此行的一条线，这线，究竟将把他带往何处？秘道，究竟在山上还是在人之心中？清风河里埋藏着什么样的惊天秘密，一切的悬疑故事都必须在最后才能真相大白，《秘道》也不例外，因此，必须打开《秘道》，方能探知最终的结局。

　　而我更想探知的是，远人为什么能写出这么一部让我目瞪口呆的小说，其情节设置之诡异、缜密，其人物关系之错综、纠结，其历史背景之宏大、壮烈，已非寻常想象力所能企及。我不由得想起 1999 年 12 月和远人的第一次见面他用湖南长沙那种有点拐弯的普通话说：我从小就认为我是天才。读了《秘道》，读了他近几年接二连三出版的各类文体集结，我承认他从小的自我认定。

2016-10-04

书　　名	《百年汉诗史案研究》
著(译)者	赵思运著
版　　别	中国社会科学出版社 2017 年

以“文献—发生学”方法烛照诗史个案

“在历史的坐标上透视个案，个案犹如森林里的一棵树木，既有它自己独特的生命和风韵，又根植于这片森林的同一片大地。因此，个案研究蕴含着通史意识和通史视野。这种个案研究，是谓史案”，赵思运给出关于“史案”的名词解释，也给出了《百年汉诗史案研究》这样一本特殊性中寓含着普遍性的立体的诗学专著。

本书依照时间顺序，选取 20 位诗人、批评家作为研究对象，其意并非仅为这 20 位诗人、批评家在文本创作上给予褒贬评判，而是试图凭借对这 20 位诗人、批评家在文本创作上的研读和分析，考量“同样的时代语境是如何以不同的方式影响诗人精神个性的生成、诗人自身的精神境遇，乃至隐秘的精神风暴又是如何外化到诗人的诗歌文本之中的”（作者自序）。

读《百年汉诗史案研究》，既是读诗论，亦是读史论，读每个诗人、批评家所处时代的历史，因此本书既是百年汉诗史，亦是百年中国不同时代对诗人、批评家的强行进入在诗歌及诗歌批评上的表征——没有一个人能逃避得了时代的追光或追击：时代有时给予你光环，有时给予你击打，只看你处于什么时代。

本书的特点之一，并不单纯将目标投注在诗人群体，它也将关注的视点投注到批评家身上。诗人与批评家本就是诗歌生态环境不可分割的一个共同体，但在以往的诗歌研究专著中我们看到的大都是他们的分离，或者只锁定诗人，或者只锁定批评家。赵思运此书提供了新型的研读模式，当对同行有启发。随着诗人批评家的不断涌现，今后的诗学专著应该也大都会走赵思运这种复合型路子。

本书中以诗歌批评家和诗人双重身份进入作者叙述视野的有：闻一多、姜耕玉、格式、李少君。以诗人身份进入作者视野的有：陆志韦、茅盾、何其芳、林昭、李新宇、杨克、李笠、陈克华、海子、潘维、非亚、雷平阳、安琪、徐俊国、张晓楠。纯粹以批评家身份进入作者视野的有谭五昌。

《百年汉诗史案研究》采用"文献—发生学"写作法，使阅读变成一个辛苦活，它不是单纯地对一个诗人的诗作进行评析。诗作评析在这本论著里反而不重要，重要的是作者希望透过每一个个体写作者的人与文，辨析写作者何以有如此的心灵理路和时代的特质，我相信作者所选的论述对象都有一个特定层面的代表性。

2018-1-27

书　　名	《童心百说》
著(译)者	刘再复著
版　　别	漓江出版社2014年

尊重自己内心的声音

　　薄薄的书，由一百则笔记构成，主题即是书名所示，"童心"。这百说，2000年刊于《万象》杂志，2014年漓江出版社出了单行本，因此得以让更多的人读到。读作者自序可知，《童心百说》大约写于60岁前后，其时作者的"反向努力"意识开始觉醒，不再习惯性地朝着争取更多权力、财富、功名的方向发展，而是反向地做"复归于朴""复归于婴儿"的努力。本书是作者在日常生活中对所遇到的事、所读到的书、所敬仰的人的感悟和体会，他们/它们丰富了作者对"童心"的思考，引发了作者的哲思。说到"童心说"，我们本能地想起李贽，《童心说》即为李贽的名篇。刘再复在本书第二则就写到他的这位同乡，两人同为福建泉州人，作者熟悉先贤李贽走过的"开满野蔷薇与映山红的乡间小路"，敬仰李贽"太阳般的迸射着思想的灵魂"，作者仿佛听到了李贽对他的呼唤，呼唤作者从堆积如山的教条中走出，往回走，回到童心。在某种程度上，刘再复和李贽有着相同的人生走向，都保持着本真本然的天性，都尊重自己内心的声音，也都是自己所处时代的异端。1986年，上海文艺出版社推出了刘再复《性格组合论》、余秋雨《艺术创造工程》、赵园《艰难的选择》，如同当年的文学爱好者，我一本不落地读完。那是我第一次读刘再复。

2017-8-31

书　名	《细说红楼梦》
著(译)者	白先勇著
版　别	广西师范大学出版社 2017 年

远远见过

　　《细说红楼梦》是白先勇先生 2014 年至 2015 年受邀回母校台湾大学开讲《红楼梦》导读通识课的讲稿编撰而成的专著，全书依照《红楼梦》一百二十回顺序，一回一回开讲，我读了前三回，想想自己对《红楼梦》的熟稔程度当不似从未读过或只读一遍的大学生们，遂决定放下此书，不读。当然白先勇先生并不只是简单复述每一回内容，他在复述的过程中会有分析、有伏笔、有推断、有自己的观点和注解，但终究全书还是以复述《红楼梦》每一回的故事为主，可能这本书更适合不曾读过《红楼梦》的读者。我高兴地发现白先勇也是认为《红楼梦》全书其实都是曹公曹雪芹一人完成的，本书前言白先生写道，"世界经典小说，还没有一本是由两位或两位以上作者合写而成的例子。《红楼梦》人物情节发展千头万绪，后四十回如果换一个作者，怎么可能把这些无数根长长短短的线索一一理清接榫，前后成为一体。例如，人物性格语调的统一就是一个大难题……后四十回本来就是曹雪芹的原稿，只是经过高鹗与程伟元整理过罢了。"我完全认同白先生此论。

　　20 世纪 90 年代初，开始热爱文学时即读过白先勇先生的《玉卿嫂》《永远的尹雪艳》。2013 年 1 月，中国社会科学院文学研究所主办的"白先勇的文学与文化实践暨两岸艺文合作学术研讨会"我便慕名而去，悄悄坐于会场后排，远远看着白先勇，觉得先生举手投足皆有一股柔美之风。那天，白先勇发言的两个主题为：新著《父亲与民国》和昆曲《牡丹亭》，其间还展示了父亲白崇禧的许多照片。当时还记了很多笔记，遗憾并未马上撰文，于今只剩"远远见过"四字了。

2017-12-20

书　　名	《2018 天天诗历》
著(译)者	霍俊明主编
版　　别	中国青年出版社 2017 年

用撕日历的方式读它

晨起突然想，应该再买一本《2018 天天诗历》，从 2018 年 1 月 1 日起，每天读一首，撕一首，撕完最后一页，2018 过去了，《2018 天天诗历》也读完了。霍俊明版的"天天诗历"今年已进入第三个年头，2016 年刚出来时诗界奔走相告，在岁末年初各类诗歌年选中突然冒出一个"诗历体"，填补了近 20 年诗界不再有"诗历体"诗选的空白，令人耳目一新。

霍俊明版诗历有几个特色：1. 装帧设计非常讲究，一看就是高档品，完全可做新年赠礼。精装封面、布制书脊、彩色相片（2016 年版黑白，此后就改为彩色），内文的字体字号，无不透出一个"雅"字，显见出版方的专业。诗歌这种文体特别讲究版式和字体字号，稍不用心，一流诗就降为三流，稍稍用心，三流诗都可提升为二流。2. 每月开篇都有主编霍俊明关于诗歌的几百字短文，见观点、见性情、见诗意。3. 所选诗作的诗学品质三年来已得到公认。4. 经常会有意外的情趣性的东西，比如，2016 年七月一日，选了我的《七月开始》，别小看这个选择，这证明编者心中留意中国当代新诗已到了烂熟于心的地步。今年开篇选的是李南的《新年寄语》。其他如二十四节气选了节气诗等，这些都证明了主编者平时阅读之细致、之心有所瞩。

我的床头总放着一本霍俊明版"诗历"，临睡前翻几页，每次都能读到让自己心动的诗作。但确实没有从头到尾读完，想来应该采取撕日历的方式了。

2017-12-2

书　　名	《穆旦与中国新诗的历史建构》
著(译)者	易彬著
版　　别	中国社会科学出版社 2010 年

易彬的穆旦研究

易彬博士大概想不到，为了写他的"穆旦研究系列"读书记，我顺带又百度出了江弱水、张定浩、于慈江诸位学人研读穆旦的心得，是为延伸性阅读。此前微信上曾有一文广为传播，点击率已近 6 万。该文题为《一个诗人的改造》（作者李舒），从青年穆旦在远征军队伍里染上疟疾差点死去，后因杜聿明将军给的一片药活了下来写起，叙述了穆旦的一生，采用通俗手法，主抓穆旦的爱情、"文革"受难、劫后余生又摔伤及至病逝，写出了一代人（从现代走到当代的中国知识分子们）丰富而伤痛的命运。文后的注解告诉我们，易彬所撰写的《穆旦评传》和《"他非常渴望安定的生活"——同学四人谈穆旦》是重要的参考资料。必然，易彬这三大卷出版以后，凡穆旦研究就绕不过了。

"有意识地搜集穆旦的资料，是在世纪之交的南京读书期间"，易彬在《穆旦年谱》后记如此写道。1976 年出生的易彬在世纪之交的 2000 年 24 岁，正在南京大学读研。整整 10 年，易彬把自己的学术青春献给了穆旦。穆旦生前属于"沉默的诗人"，自我阐释的机会很少，尽管经历曲折，无论哪一段都可以铺陈展开，无奈 1977 年 2 月穆旦就因心脏病突发而去世，享年 59 岁，没有给自己阐释的时间。易彬注意到，比穆旦年长的艾青、冯至、卞之琳，与穆旦同时代的杜运燮、王佐良、袁可嘉等，无一例外地写下了较多评论文字与自我阐述类文字，客观上做到了在别人追认他们之前的自我追认。我在易彬《穆旦评传》的引言中读到了一个词，"剥索"，脑中浮现的是这样一幅画面：烈日酷暑下，荒芜的田野，头戴斗笠的老农光着黝黑的脊背，蹲在那里，双手爬梳着坚硬的大地，试图从中拈取到可食用的麦粒。

　　十年来，年轻的易彬就是这样"剥索"着，从茫茫文海、人海里翻阅捡取他人笔下与穆旦有关的点滴，既然穆旦自己不能提供多少与己有关的文字，那就从穆旦的同时代人笔下去碰吧，只能碰了，谁也没有权利要求别人写你推你，别人写不写你、推不推你全凭他们的慧眼和公心，时至今日，依然是这样。每个诗人所做的就是，写好自己，无论诗还是文。幸运的是，穆旦遇到了一批懂他爱他的知己，1981 年曹辛之、辛笛、袁可嘉等人编选《九叶派诗选》时，已辞世的穆旦位列其中。袁可嘉称穆旦是 20 世纪 40 年代新诗潮"名副其实的旗手之一"，因为穆旦是最能表现现代知识分子那种近乎冷酷的自觉性的。

　　在《穆旦评传》中我还读到了一个感人的故事，同为九叶派诗人的唐湜回忆，1947 年秋，他原本打算给汪曾祺写篇评论，有一次去找他，"可他拿出一本《穆旦诗集》，在东北印得很粗糙的，说：'你先读读这本诗集，先给穆旦写一篇吧，诗人是寂寞的；千古如斯！'"这样，唐湜才细读了穆旦的诗歌，也才有了《诗的新生代》和《穆旦论》两篇评论文章。

　　当今文坛，不知还有几个汪曾祺？

　　穆旦诗作的"非中国化"是引发争议较多的地方，易彬认为，穆旦身上同样有杜甫和陶渊明，"穆旦精神世界所透现出来的'奥登'与'陶渊明'也并非决然分裂，相反，在某些时刻也曾合二为一"。穆旦怀疑和要排除的是"传统的陈词滥调和模糊不清的浪漫诗意"，他想给现代诗以"严肃而清晰的形象感觉"，在《穆旦与中国新诗的历史建构》中我读到了易彬"为穆旦一辩"的努力。

　　《穆旦与中国新诗的历史建构》以穆旦为核心，构建出了与穆旦可资比较的中国现代文学史上重要作家的整体性写作行为史：鲁迅、艾青、冯至、九叶派诸家、昌耀，因此本书既是穆旦的"个人史"，也仿佛易彬撰写的中国现代文学史，易彬不但研读了穆旦，也把与穆旦有关的时代、作家，一并研读了。

　　"易彬著《穆旦年谱》，其用力之深广，考证之细密，在今天的穆旦研究中可谓是前所未有的"，皇皇三卷本"穆旦研究系列著作"确证了李怡教授此论。

2018-2-15

书　名	《黄道周》
著(译)者	青禾著
版　别	厦门大学出版社 2014 年

越走越丰富、越走越厚重的经典写作之路

读青禾老师的《黄道周》，很感慨。在我是四个日夜的阅读，在青禾老师不知多少年的资料查询。书后所列参考文献有 40 部书籍，我大略看了一下，至少《剑桥中国明代史》并没有列进去，还有与黄道周同时代的并且书中也写到的诸位同僚的诗文集也不曾列入，也就是说，作者所阅读的书目远远不止这 40 部。作者标注写作时间：2011 年 12 月至 2012 年 5 月，大约半年，这半年作者与黄道周休戚与共，朝朝暮暮厮守，一定有被黄道周附体的感觉，我读《黄道周》，也像读青禾老师。当我读到作者分析没有师承的黄道周的学问来源时，脑中涌起的第一念头是，这几乎就是作者自况：一、来自书本，记忆力强，过目成诵；二、来自实践；三、来自对社会对人生的感悟；四、来自无所不在的思考，讲学和著作是思考的最佳方式，是所学知识的升华。我所认识的青禾老师也是这样的。

漳州文化人都知道黄道周，都知道黄道周是著名学者、书画家、文学家、儒学大师。1999 年 5 月 23 日，我跟随福建省文联组织的 523 采风团走了漳州的"水线一路"，瞻仰过漳浦"黄道周故居"，看到墙上黄道周血书临终绝笔"纲常万古，节义千秋。天地知我，家人无忧"，也为故居天井那方巨大的"天地盘"而迷惑不解，我的长诗《任性》对此有过寥寥几句的陈述。但其实对黄道周完整的人生经历我委实不知，一直到今天读完《黄道周》全书，这位伟大的先贤的完整形象才在心中鲜活起来。

读《黄道周》，不单读黄道周一人，还读到徐霞客、读到张岱、读到洪承畴、读到郑芝龙、读到钱谦益……每个人都不是孤立地存活在一个时代，不平凡的人物总会带给你同样不平凡的一批人，所谓人以群分。读《黄道周》，也是在读晚

明历史，活在王朝之末的人无论皇帝还是臣子还是民众都注定是悲哀的，每个人无法选择自己的时代，赶上了就赶上了。但每个人可以选择自己存活的方式，同样国破，有人选择降清譬如洪承畴、钱谦益，有人选择殉国譬如黄道周。其实还可以有第三种选择，遁世，譬如，张岱，张岱的文学成就都是在明亡后取得的，遗憾黄道周不走这条路。

读《黄道周》，也是在读漳州文朋诗友，长期担任漳州市作家协会主席的青禾老师对漳州作家的熟悉，使他在行文中信手拈来当地作家的诗文，客观上也为被引用的当地作家做了传播，譬如，王文径、陈子铭，身为闽南师大教授，青禾老师也没有忘记让自己同事的研究成果在本书中亮相，凡此种种，都使这部书更具浓郁的地方色彩。

从文体上，这是一部长篇历史散文，又兼有一点小说的塑造人物笔法。青禾老师早先以小说名世，从企业调到闽南师大后连续写了几部长篇历史小说和历史散文，与他身处学院环境不无关系。我曾有一次在漳州文学圈的聚会中听到他笑言创作《杨骚评传》的初衷，"既然学院派不认为小说是创作，那我就来一部有理论性的评传"。此后，青禾老师又应台湾某出版社的约请，连续创作了7部历史小说，在台湾和大陆均一版再版。

到闽南师大工作是青禾老师人生至为关键的一个节点，它提供了青禾老师新的写作方向，让他往学者型作家的路上走。这是一条越走越丰富、越走越厚重，也越走越令人期待的经典写作之路。

2017-8-31

书　　名	《人间草木》
著(译)者	汪曾祺著
版　　别	北京时代华文书局 2017 年

汪曾祺：文学家，生活家

　　栀子花粗粗大大，又香得掸都掸不开，于是为文雅人不取，以为品格不高。栀子花说："去你 × 的，我就是要这样香，香得痛痛快快，你们 ×× 的管得着吗！"

　　读书读到此处不禁大笑，遂拍了图片发到微信上，询问：这谁写的呀？并要求，不能百度，直接说作者，好家伙，叶子、鬼石、李寒、陈浩文、谷雨、韩晓露、朱灿马上跟帖：汪曾祺。何奕敏直接点出书名《人间草木》，谷禾更酷，撂了一句，"看第一句我就猜出了是汪先生"，雨竹说，"我也曾晒过汪老这句著名的栀子花香"，我既喜且惊，喜的是我的朋友圈果然都是高人，往来无文盲，惊的是有这么多读书人盯着我的微信，我这"读书记"还怎么写啊？！且不管它，就学汪先生，信笔跑纸，到哪儿算哪儿。

　　《人间草木》是汪曾祺先生随笔集，书分五辑，眉目清晰：一果一疏（植物）、季节的供养（时令与风物）、四方游记（山水笔记）、联大师友（西南联大求学往事）、从容而安（人生感悟），彩色印制，配有诸多汪先生书画作品。

　　除了文学家的称誉，汪先生另有一漂亮头衔：生活家。若放在古代，汪先生会不会是另一个袁枚？我感觉很有可能。汪先生性情淡泊（在《七十抒怀》中汪先生认为这种性格是由自己的生活经历、文化素养、气质所决定的，他不希望青年作家在起步的时候学他）、喜读书（在西南联大读书时经常逃课读书）、爱烹调（自认为"做做菜"是业余几个爱好之一，本书有汪先生对某几道菜的程序和口感的具体描述，读者可循此汪氏菜谱烹饪一番）。汪先生是一个热爱生活的人，每到一地，他更喜欢逛的是菜市场而非百货商场。等公交车他能和公交站旁的一户人家的一个老人结为朋友，为之写文称之为"活庄子"。1958 年，被划为右派从京城下放到张家口农业科学研究所到果园上班，恰好提供给他细致观察果树成长的机会，本书第一篇《关于葡萄》就是很详尽的葡萄成长的故事。嗨，对作家而言，所有的经历都不会白白经历。诚如是。

汪先生写随笔真是自在，也不谋篇布局，也不起承转合，也许有，但已臻至化境，读之仿佛没有。以第三辑"四方游记"为例，因为我也经常有到外地采风必须完成作业的任务，读本章不免留心汪先生如何写。先生真是洒脱，有话则长、无话则短，知之为知之，不知为不知，譬如，《天山行色》，汪先生一行一路游历，走了大半个新疆，写到"尼勒克"一节，寥寥两段，第一段点了三个与此地有关的女性人物但并不展开：远嫁乌孙不知有无路过此地的细君公主、解忧公主以及汉代女外交家冯嫽夫人。第二段就只有三句话。

读《人间草木》，读到汪先生到过福建，并且从我故乡漳州走起，漳州—云霄—东山—厦门—福州—武夷山，依然是有感则不吝惜笔墨，无感则一两段打发，譬如"东山"一节，汪先生很无奈地写道，"问我有什么印象，只能说：我到过全国最大的海滩了"。

2018-2-20

书　名	《在北师大课堂讲诗》（五卷本）
著(译)者	谭五昌著
版　别	陕西师范大学出版社 2018 年

"一部口语体的中国当代新诗发展史"

虽然事先已知《在北师大课堂讲诗》有五卷，但真正看到它们整整齐齐码在北京国际展览中心陕西师范大学出版社展柜里，还是吃了一惊。中国高校教授诗歌课的老师多矣，但迄今也只有谭五昌老师能如此用心把授课录音整理出来并正式出版，谭五昌老师的执着、敬业于此可见。

2005 年下半年，谭五昌老师开始给北京师范大学中国当代文学专业研究生开设"中国当代诗歌研究"专题课程，最初谭老师担心在当下诗歌被边缘化的时代语境中这门课程的命运，出乎意料的是，研究生们对这门课表现出很高的热情，经常围绕着一首诗争相发言，令谭老师深感欣慰，不少同学还鼓动谭老师将讲课录音整理成文字稿。《在北师大课堂讲诗》五卷本就是在这种师生互动中形成的，收入的是 2011 年至 2015 年谭五昌老师在北师大课堂讲诗的文字记录。谭老师的诗歌课是由一个个具体的诗人和他们的一首首具体的作品构成的，我数了一下，共有 98 位诗人和 3 个诗群进入谭老师的课堂。可以肯定的是，凡上过谭老师诗歌课的学生，脑海里留下的是一个个清晰的诗人名字和他们的经典作品。《在北师大课堂讲诗》五卷本的出版，生动地还原了谭老师的授课现场，捧读此书，你仿佛也置身于北京师范大学文学院四教 209 教室，和同学们一起聆听谭老师讲授诗歌史上众多的优秀诗人，并参与对他们诗作的研讨与评析，你也就像读了五年北师大研究生课程（比正式研究生还多了两年）。

《在北师大课堂讲诗》每篇都标注出具体的时间、地点、主讲老师、听众，然后是主讲老师谭五昌对这堂课所讲诗人的综述推介与评论，之后进入具体文本，一般先由一个研究生朗读该作并先行阐述阅读体会，其余学生再参与探讨该作，在探讨的过程中谭老师进行适当的引导并做总结，再进入下一首。每个诗人大都有十几首诗进入课堂教学，这些诗作都是在谭五昌老师的精心挑选下按照创作的先后顺序出场的。每堂课结束谭老师会对该诗人做一个总结性点评。整个授课模式给予学生充分的主动权，既是对学生上课积极性的发动，也激励学生认真思考诗作、评述诗作。许多学生目前都已是诗界或诗学研究领域的新生力量了：黄尚恩、李壮、金铎、李啸洋，等等。

《在北师大课堂讲诗》（五卷本）的出版可视为 2018 年新年伊始中国诗界、中国诗歌批评界的一件大事，2018 年 1 月 11 日出版方陕西师范大学出版社在北京国际展览中心为该书举办了温馨而高规格的首发式，洛夫先生发来贺信："诗本身是一种价值，诗人就是这个创造价值的人，而评论家则是一个诠释、评述、释放诗歌价值的知音。像谭五昌这样的评论家，不但是诗人的知音，中国当代诗歌价值的定位者，甚至是中国新诗评论史的建构者，他的成就值得推崇、表扬。"吉狄马加先生在贺信中激情而睿智地肯定了《在北师大课堂讲诗》（五卷本）是谭五昌"本人从事当代诗歌研究多年积累起来的学术成果的结晶……完整地呈现出中国当代诗歌的版图，填补了国内相关诗歌研究的空白，堪称一部口语体的中国当代新诗发展史"。

2018-2-23

书　　名	《百年诗说》
著(译)者	任毅著
版　　别	武汉大学出版社 2015 年

知人论诗与顿悟体验融为一体

2006 年 8 月 10 日，对漳州诗群而言是一个必将写入漳州诗史的重要日子，这一天，湖北房县人任毅从西南大学中国新诗研究所硕士毕业后来到闽南师范大学文学院任教（硕士导师：蒋登科教授），成为漳州诗歌史上第一个科班毕业的诗学研究专家，至此，漳州有了自己的诗学教授。多年后当我在北京春阳暖照、水仙飘香的这一日写下如上言词，脑中闪现出任毅教授纯朴友善、时时含笑的脸，这个 1972 年出生的小伙子，有着白净的脸庞、微丰的体格、诚挚的表情，他是迄今我所见过的最为谦逊低调的湖北人。

1990 年代以来，漳州一直活跃着一批又一批先锋诗人，是"福建先锋诗歌版图的重镇"，著名诗歌批评家陈仲义教授在接受《厦门日报》记者年月采访时充分肯定了漳州诗群，"阵容大，特别有能量，在全国有一定影响，甚至在某个阶段，扮演了主角或重要角色。真没有想到小小板块，竟有这么大的能耐"。但批评家的缺席，一直是漳州诗群的软肋和无奈。如今天降任毅，怎不让漳州诗群雀跃？！手头的这本《百年诗说》就可确证任毅教授之于漳州诗群的意义。本书系任毅教授攻读武汉大学博士学位期间出版的诗学研究专著，"所论涉及百年中国新诗人及诗歌文本……以点带面，兼及其余……但求个案深入，不作陈辞套语，拓展逆向创新。批评方法上，力求把新批评的细读法和中国式的整体感知结合起来，知人论诗与顿悟体验融为一体，同时兼顾了中国新诗的传统继承与现代技法，潜入诗人情思内核与诗歌语言本体，见微知著，多有新见"，导师陈国恩教授在序言中对任毅此著给予了恰切的评价。

《百年诗说》书分三章：20 世纪上半叶中国新诗的生成、20 世纪下半叶中国新诗的嬗变、21世纪初"新诗的二次革命",尤其第三章,所论述及当下,中间代、"70后"、新归来者、网络诗歌,中国新诗在变革中的成长,在成长中的探索,一一在任毅笔下剖展。任毅擅长对诗人个案的梳理,用细微的情怀与诗人进行心心相印的交流,他的评析才能如此丰韵而刻骨。鉴于任毅教授对此书的不事张扬,我猜很多被文本细读到的优秀诗人们并不知道他们已在本书获得足够的诗学肯定,且让我简要点几个名字:梁平、娜夜、侯马、雷平阳、胡弦、洪烛、徐钺……当然,作为漳州唯一的诗学教授,任毅也给了漳州诗人们足够的荣光,也只有他才能将"闽南新诗生态研究"纳入他的研读视域并有足够的才学把他的研读成果呈之以文本。本书特为漳州诗群辟出的这一章体现了任毅教授的苦心、用心和爱心。

2012年,任毅教授和漳州诗人康城、老皮、阿里、许海钦、林立峰发起注册成立了漳州市诗歌协会,又是一个零的突破,几年来,协会办会刊《0596诗刊》,办年会、朗诵会、研讨会,推举漳州诗歌,服务漳州诗人,功莫大焉。

2018-2-25

书　　名	《北京没有海》
著(译)者	叶子著
版　　别	中国华侨出版社 2017 年

读到熟悉的家乡的物事

昨天和今天,着着实实把叶子的小说集《北京没有海》读完,11个中短篇,涉及城乡差异、大学教授、剧团、医院、宗教信仰、职称、北漂等主题。我经常说,小说家真不容易，得了解多少行当才能写出一篇又一篇题材各异的小说。小说家的另一个不容易是，要坐得住，一篇小说至少得一万字以上方成规模，算得上短篇，中篇、长篇字数就更多了。相比于诗人满天飞到处跑，小说家个个定力十足，知识面也足够广。他们写一行钻一行，装进脑子的东西想来比诗人多多了。我接触到的诗人大都自以为了不起，很不把小说家放在眼里，言必说，只有转行小说成功的诗人，没有转行诗歌成功的小说家。事实虽如此，但我并不因此认为诗人就比小说家厉害。我曾试过写小说，一篇一万两千字的小说就把四五年的经历写尽了，想再写就没东西了。我觉得小说真难写。

我对中国当代小说的阅读停留在 20 世纪 90 年代方方、池莉、刘震云等新写实主义那一拨，以后专注于诗，就再也不读小说了，觉得太耗时间。此番能把叶子的小说一口气读完当然因为她是我老乡，我在漳州时就知道叶子，有没有见面记不得了，她和我的诗歌老友林茶居是校友，龙溪师范毕业，属中专，然后自学大专、本科，差一分就考上研究生，林茶居说，叶子真是读书的料。当时我们一拨人热衷写诗，叶子却主打小说，所以我并未读过她的小说。我到北京后依稀知道叶子调到漳州市某中学任教，去年回乡又知她已转行到漳州市图书馆，真是越来越对口了。这十多年叶子出版了一部又一部小说，参加过全国作代会，已是福建省作协重点培养的青年新锐了。

我是第一次读叶子的小说，第一反应是，好读，经常能在小说中读到熟悉的家乡的物事，四果汤、阿达仔、芗剧团、胜利路……有些尽管换了名字但一看写的也是我家乡漳州。漳州人读漳州人写的小说就有亲切感。二是了解到了叶子其人，不只诗人瞒不住自己，任何一种文体的写作都是作者思想意识和种种价值观的体现，对认识的人好奇是人的常态，正是这常态让我在成千上万本藏书中率先读完叶子的小说。

鉴于对当代小说所读不多，要说我对叶子小说有何不满意的地方，那应该是写作的新意上。以写北漂的《北京没有海》为例，里面所叙述的北漂的困境不是不真实，但这种真实在 20 世纪 90 年代北漂刚盛行时似已被写过，如果写北漂再从这个角度入手，则谈不上什么新了。其他篇也有这个问题。我想我对袁枚、罗曼·罗兰都不吝批评了，如果对叶子全盘赞美，他们一定不服气。

2017-9-23

书　　名	《给孩子的 12 堂诗歌课》
著(译)者	树才著
版　　别	上海社会科学院出版社 2017 年

"每一种个性里面都包含着天才"

　　读树才的书，就像听他讲话，听树才说话可谓是"大饱耳福"。树才的声音很有魅力，委婉、谦和、动人，吐字清晰，语速不快不慢，正好适合一个人的接受度，上一句话才进入耳朵由耳朵入心，下一句话继续进来，很匀称、不杂乱。树才的声音是天生适合当老师的，特别适合当小朋友的老师。树才的人也天生适合当老师，特别适合当小朋友的老师。树才是"谦谦君子"这个词的具象化，真的有些词你一见到对应的人／事／物，你就叹服这个词的准确性，发明这个词的人当年一定是经历了足以让这个词产生的人／事／物。

　　如同大多数文学博士、大学教授一样，树才还有一本事，出口成章。无论什么场合，只要他开口，就是一篇文章，一篇以禅思、诗意见长的文章。读《给孩子的 12 堂诗歌课》读到树才的案头长年放着陶渊明和王维，我想，这就对了。树才整个人的状态就是陶渊明和王维山水田园诗的状态（陶渊明也有不山水田园的）。那种心无挂碍，那种单纯、与世无争，在树才是完全天然的。树才本质上是水，随物赋形，具体到什么水，我想是湖水，清澈、平静、幽深。不像溪水那么浅和闹腾，也不像海水时有狂浪激涌。

　　树才北外法语系毕业，读的却是文学博士，这点跟学俄罗斯语的汪剑钊相似，外语对他们而言是用来辅助他们热爱的中文写作的。我的意思是，他们视之为安身立命的是中国文学，而非外语。

　　2016 年，因着某种缘故，树才开设了网络诗歌教学课，授课对象是小朋友，这本书便是他的授课成果。这真是一本好读又长知识、开觉悟的诗歌教材书，任何一个认识树才的人都能在阅读中耳边仿佛同步播放着树才的语音，这就是树才的讲话方式，这是一本讲出来而非写出来的书，娓娓道来，循循善诱，那种面对面感，很有亲和力。12堂课，涉及《诗经》、屈原、诗歌中的月亮、阿多尼斯、泰戈尔、日本诗歌、法国诗歌、写诗与画画，对小朋友，是诗歌的启蒙；对大人，也是知识的加增。

我读《给孩子的12堂诗歌课》，总是能读到让我心动的来自树才的脱口而出，譬如，"每一种个性里面都包含着天才"，譬如，"所有伟大的文学都是世界文学"，等等。本书穿插着很多童诗，中国的、外国的、树才的、小朋友们的，对成年人陈腐僵硬的脑子是一种洞穿，一种会心的微笑，一种开启。

2017-9-19

书　　名	《现代诗物语》
著(译)者	徐江选评
版　　别	青海人民出版社 2015 年

什么才是现代诗

2013 年 8 月，侯马诗歌研讨会在天津举办，主办方《葵》诗刊主编徐江做了总结发言，那纯粹就是徐江的单口相声，长达半小时，徐江字字机锋、缓缓道来，一路说尽他和伊沙、侯马几十年的交情，以及他对侯马诗与人的评价，其间夹杂着他对中国当下诗歌现场犀利的剖析，整个发言亮点、笑点迭出，许多与会诗人都笑出了眼泪，连徐江的好朋友、素以善辩著称的伊沙也在之后的告别聚餐中盛赞徐江的口才了得。我想的更多的则是，同为北师大毕业的徐江可惜了没有一个讲台让他的满腹才学得以施展，否则他定会像伊沙一样在课堂上口述出一部"文学史"。徐江和伊沙、侯马同级同班，并同时于 1989 年毕业于北京师范大学中文系，三兄弟一个从教、一个从警，徐江则长期在报刊杂志开设专栏担任大文化主笔，始终一致的是他们的诗情和友情。无论是日常生活的见面闲聊，还是此前微博今日微信上的文字交往，我感觉徐江是万事通，无论什么话题他都能给出自己的见解，这与他几十年来的广泛涉略和专栏撰写有关。

21 世纪以来，徐江孜孜以求他的"现代诗"和"新诗"的辨析，近乎偏执地要诗人们"写现代诗，不要写新诗"，他发现，"全中国写诗的人里，90% 以上在写新诗；2% 用半通不通的文言写古体诗；剩下的大约 5%，才是写现代诗的，而且大多还都欠缺理念上的梳理与培养，是在写浑浑噩噩的现代诗"。在徐江重新定位"现代诗"和"新诗"这两个概念之前，大部分诗人是把这两个词画等号的，"新诗"不就是"现代诗"吗？但徐江说，不是，他继续从美学属性、语言建设、个性指标，等等一一区分出二者的不同，并进而指出，从创造者能否应对时代的挑战、回应文学对创新贪得无厌的要求上看，唯现代诗，才真正为诗人们承此天命（文明观、世界观，然后才是从属于它们之下的文学观），提供了广阔的空间。

在致力于现代诗理论建设的同时，徐江又用了三年时间编选了这部《现代诗物语》，全书对一百多年间、世界范畴内的诗歌佳作进行筛选与评点，为读者勾勒了一个相对清晰的现代诗生长轨迹，并尽可能地呈现出各个国家、各个时段诗歌不同的形态。有一段时间，这部诗选伴随我在上下班的路途上，仿佛 136 位来自世界各地的诗人和我同时行进在北京拥挤的地铁里，他们被徐江的妙笔解读着，苦口婆心地告诉我，什么才是现代诗。

阅读《现代诗物语》，我们还能读到诗人、画家李伟精彩的人物素描——每一个入选诗人都在他的碳素笔下复活。

2016-11-26

书　　名	《年月走宝岛》
著(译)者	年月著
版　　别	厦门大学出版社 2012 年

对历史有执着探寻意愿并且有文字表现力

　　"安琪雨中来。年月，2016·10·21"，这就是年月，连题赠也这么有创意，信手一写，天地人事，全有了。于是记起那个台风天，张小云开车带我来到《台海》杂志社的情景。在年月的办公室我看到这本期待已久的《年月走宝岛》。年月担任《台海》杂志社长、主编后因工作需要，时常走访台湾，行迹所至，有文为证，最终集结成这样一部图文并茂的台湾旅游宝典。本书收入 41 篇台湾纪行，每篇均由名片（景点简介）、正文、相关图片、小贴士（景点辅助资料等）构成，周到而丰富。作者行踪遍及台北、台中、台东、台南、高雄、屏东、南投、宜兰诸县市，这些地方也因此在她笔下留下痕迹。我跟着年月的笔触走了一趟台湾，弥补了迄今尚无去过宝岛的遗憾。本来我对台湾并不是很向往，私下认为台湾人大都来自闽南（并且相当部分就来自我故乡漳州），语言相通，民俗相同，想来各方面与闽南无异，景点的陌生感不会那么强。但年月此书却勾起了我想去台湾一游的心念，想去观赏长途大巴从台湾南部至北部沿着太平洋走的壮烈景象，想去体验悬崖峭壁中人力凿就的苏花公路，想去朝拜中西合璧建筑的中台禅寺，想去感受离岛、兰屿的原始气息……好的旅游文字就是这样，让一个个景点在读者心中活了起来，激发读者"到彼一游"的冲动。年月的文字兼顾景点的描述与自我的情绪，她不是干巴巴地推介，而是把自己鲜活生动的内心也放到景点中，打动你的恰好是这个鲜活生动。

　　年月和我同为漳州师院校友，我是中文系，她是历史系。对"史"的敏感贯穿着年月的文学生涯，当她还在家乡中学任教时，她就对电影《龙江颂》为何会产自她的家乡漳州龙海县，以及《龙江颂》之后的人物原型走向等产生了兴趣，在当地政府部门的支持下，年月开始了回访工作并最终以《龙江人寻找〈龙江颂〉》一书给出了答案。我想在当年八个样板戏里，也只有《龙江颂》享有这样的待遇，因为它遇到了一个对历史有执着探寻意愿并且有文字表现力的故乡人——年月。2001年10月，利用黄金周的时间，我约年月和我一起到北京考察是否北漂，这段经历在年月写我的文章中有过描述。此后我们的人生轨道分成两个方向，我离开体制北漂，她从漳州调到《厦门日报》，在更高的平台上施展她的天赋。那段时间，年月经常到北京出差，我也多次去她下榻的宾馆跟她同吃同住。记忆最深的是每个清晨醒来就看到年月在电脑前敲打稿件的背影，报纸讲究实效，一刻也拖不得。有一次和年月聊天，从苏东坡"书到今生读已迟"说到我们的很多知识和才华都是前生带来的，我们今生的读书为的不仅是今世，也为来世。然后我问年月，你对新闻的热爱、你没有正规学过新闻专业却能出手一篇又一篇重头新闻稿，是不是也有来自前生的感觉？年月很肯定地点了点头。这一幕一直印在我心里，大约是2008年在北京的某个餐馆发生的事。

年月是我交往的闺蜜级女友里身心最健康的一个，她总是兴致勃勃，对生活充满激情和爱，她智商和情商都很高，能把工作与生活打点得不慌不乱并且互相成就，最重要的是，她对每个朋友都充满爱心，总是把朋友的困难放在心上，尽心尽力为朋友解困。作为年月的朋友是幸运的，他们被年月的光芒眷顾着，从黑暗走到了亮处。我已亲见多起。

上天会给年月更多的恩泽因为她会把恩泽施加于人，祝福你，年月！

2017-8-12

书 名	《当代传世诗歌三百首》
著(译)者	祁国编选
版 别	时代文艺出版社 2017 年

"不同时代诗选合集的影响远远大于个人诗集"

21 世纪以来，诗歌出版有了一个本质性的改观，凡是有想法、有志向、有经济实力的人，都可以编选自己的诗歌选本。这就打破了 1949 年后长期由文联或刊物或相关政府部门才有资格编选各类选本的惯例，诗歌选本的民间视野和个人美学趣味因此得以实现有效的传播。《当代传世诗歌三百首》等选本的出现，某种程度上也是对《诗经》和《唐诗三百首》编选模式的承继。我认同祁国所说的"不同时代诗选合集的影响远远大于个人诗集"，让选本与选本互相撞击、比较，优秀选本自然会淘汰掉劣质选本得以留存传世。我始终坚信，以一己之精力、财力编选的选本，会比政府行为的选本更具苦心，谁也舍不得私款消费编出注定要被丢弃的垃圾。

连续三天，我逐首读完荒诞派诗人祁国编选的《当代传世诗歌三百首》，确认这是一本值得一读值得推荐的好书，305 首不能说首首皆佳，90% 是优秀之作总不会错。本书是祁国近五年阅读八万首诗作后精选而出的诗歌读本，有着编选者独立的个人编选意志。大体上祁国更偏爱诗歌对现时代、对当下生活现场、对中国经验的呈现，这个选本可以视为当代中国的解剖图。在祁国看来，"当代诗歌是与生活等高的"，当代诗歌有能力让后人在读这个选本时了解今日中国的方方面面。作为一个长期在中国诗歌现场保持中立品格的诗人，祁国也没有忽视那些形而上的、语言实验的经典之作，它们既已获得时间的检验，自然也有传世的价值。

除了诗歌自身的光芒，本书还有三个亮点：一、祁国与陆渔的对话，是为本书的序。祁国的诗学理想，他对当代诗歌乃至当代艺术的思考，他建立于 30 年诗歌写作、诗歌阅读所达至的对中国当代诗歌在纵横两个向度的自信（"纵"即是与中国古典诗歌的对比，"横"即是与世界诗歌的对比），他对诗歌写作两种模式的批判（翻译古诗式和搬弄外国诗式）……都在这篇序里有令人信服的阐述。二、每一首入选诗作后面的一句话导读，夹杂着诗性与哲思的妙语，体现了编选者的智慧和理论修为。三、附录部分的参考文献，近乎涵盖了新时期以来重要的诗歌出版物和互联网资讯。

三天的昼夜阅读让我相信，本书能满足编选者在书名上所期待的，"传世"。

2017-8-25

书　　名	《文化·语言·诗学——郑敏文论选》
著(译)者	郑敏著
版　　别	福建人民出版社 2017 年

"诗歌与哲学是近邻"

郑敏老师的《文化·语言·诗学——郑敏文论选》，我是校对员，在出版之前就认真读过了，我觉得应该找时间再重读一遍。读书记不住是我的毛病，又加上不爱做摘录（觉得浪费时间），我的脑中基本没有名人名言（这从我的文章中可见）。我对阅读的理解就是两个词：囫囵吞枣，潜移默化。能读尽量读，让那些书在你的身上自己去搅拌、杂糅，再生成营养。虽然我记不住名言，但郑敏老师的"诗歌与哲学是近邻"我是知道的，曾有幸得到过郑敏老师题签赠送的同名理论专著，惜乎北漂搬迁过频，且每次搬迁都逃难般丢盔弃甲，郑老师的书已不知所终，地摊上购到彼书者有福了。因为工作关系，我有三次登荷清苑郑宅采访郑敏老师的经历（另有一次为邮件采访）：2008年1月17日，陪同韩国《诗评》杂志主编高炯烈教授以及社科院刘福春教授，此其一；2010年夏，陪同《教师月刊》主编林茶居老友，此其二；2016年春，带作家网团队上门做郑敏老师的访谈视频，特邀首师大诗学教授孙晓娅博士客串主持人，此其三。语音清脆、思路清晰、活泼可爱、智慧思辨，每次见到郑敏老师我都暗暗地想，这就是浸润在诗与思的女性所放射出的光芒。

2017-7-30

书　　名	《给孩子的截句》
著(译)者	蒋一谈著
版　　别	中国画报出版社2017年

饭后小散步，最宜读截句

饭后小散步，最宜读截句。捧着蒋一谈的《给孩子的截句》在房里来回踱步，半小时内即可读完。截句出版每页四行以内的设计总让我觉得太过奢侈，好在这本书每页都有插图，而且还是彩色的，观赏乐趣和艺术品质大大提高，也是对购买者心态的弥补。等于你买了一本诗集同时还搭你一本画册。《给孩子的截句》因此物超所值。迄今蒋一谈出版的三本截句诗选我都拜读了，作为此概念的发明者，蒋一谈确实善于此道。他的截句，有现代诗思、有宗教禅悟、有轻盈之姿，也有沉郁之叹。蒋一谈其人，不开口时木，开口时较真、博学，他坐在那里，总与人世有着一点隔，仿佛陷在自己的思绪里。因为我是截句的铁打拥护者，蒋一谈有想法总会约我，但大抵我寄去的稿子被否定的居多，我也就恐惧起来，不再认为截句只是四行以内那么简单了。蒋一谈对我截句的批评主要针对我的"实",归结蒋一谈与我的微信语音交流,我认为蒋一谈的截句追求是话外有话,是张力、是空间感。蒋一谈现在一个主题一个主题写截句、搜集截句:大海、生命、未名湖……大有包罗万象之意。《给孩子的截句》就是他已经成型并出版的主题截句诗选,我在读的过程中真是佩服蒋一谈的童心依旧,成人写儿童作品搞不好就装嫩,一装嫩就像老莱子跳舞,旁人实在看不下。读蒋一谈此书我不断画线或打钩,蒋一谈以他的纯粹之眼所看到的孩子的世界引起了我的共鸣,譬如,"世界那么大 / 蚂蚁这么小 / 我要带着蚂蚁去旅行",譬如,"雨滴在天上跑步 / 谁累了谁掉下去",譬如,"老师,为什么要说 / 一个一个的女孩,而不说 / 一朵一朵的女孩?"……书中所述,这些年蒋一谈养成了写截句的习惯,已写了一千五百多条,我想,他的全身已浸透在诗中了。

2017-7-25

书　　　名	《新世纪先锋诗人三十三家》
著(译)者	李之平主编
版　　　别	百花洲文艺出版社 2018 年

从"巡展"到"三十三家":审视先锋诗歌

读了《新世纪先锋诗人三十三家》,感想很多,我先说这一句:有了这本书,之平你两年的辛苦有了价值,有了光芒。

2015 年 6 月,一个叫"华语实力诗人联盟"的微信公众号开始推出一个名为"新世纪十五年优秀诗人巡展"的专题,每期一人,内容涵盖被展诗人的诗、简介、照片、视频、才艺、自述和他评,等等,多维、立体地呈现了一个诗人的全貌。

本巡展由李之平主编，由一个爱诗公益团队具体运作。

作为参展诗人之一，我切身体验到了这个团队的敬业和辛苦。在微信群里，我看见李之平几乎时时刻刻在场，排兵布阵、催稿、定稿，张罗、招呼，隔着手机屏幕，我甚至能听到她焦虑的嘶喊，有时又是疲倦的抱怨。鉴于组稿和具体发布微信的各有其人，又因为所约诗人资料太多而诗人们又总爱丢三落四，要么缺照片要么缺评论，需要补充再补充，其中的烦琐就不一一而论。回想起来，"新世纪十五年优秀诗人巡展"是一个原创性比较强的栏目，每一期均有主持人开场导语对入选诗人做简要综评，这工作大体就由李之平自己完成。李之平的评论文字一直是我喜欢的，总体立基于禅宗佛理，她用着一种闲闲的不急不躁的语气，像在跟被评者谈心、商量，又像是自言自语、自说自话，自己对被评者诗作的感受，我读李之平的文字，经常能读出微笑、读出敬意。

天下没有不散的宴席，树叶总也有归根的时候，巡展停止于第 73 位诗人时已做了近两年。一个新的想法在李之平心头涌起并渐成执念：要把诗人们从微信上请到纸上。过程堪称漫长，无论如何，这本书终究正式出版了，按李之平后记所言："根据作者意愿，做了最终的权衡和选择。'33 家'便是我们看到的最终的样板。"

对我，这 33 家可谓耳熟但还称不上能详，我顽强地保留着纸质而非微信阅读的习惯，虽然这 33 家都在微信上巡展过了，但真正的阅读还是这两天我手捧诗集的时候。于是我读到了李德武过滤掉尘世浮躁之音只以纯良本性处世所得到的感思之诗；读到冯晏繁密坚韧的思维之思之于一个女性写作的深邃之相；读到蒋立波的冥想，他用这冥想建立了属于他的自然山川；读到高春林被古典中国换了骨骼与血后的写作全然有别于 2002 年我刚认识时的他；读到晏榕独自攀爬绝壁并已渐渐远离众人注视的一意孤行；读到孙慧峰的洒脱和异见，每一个寻常事物在他笔下均变得不同寻常；读到津渡随时随地均能唤回前世的自己的能力；读到罗亮诡异如狐妖的诗句我突然想到，如果句子也有阴阳，那海子就是阳罗亮就是阴；读到臧棣我豁然开朗于那从天而降的语言天梯终于被我抓住，当我读到"一把琴，它也许是世界上 / 最瘦的琴。看上去同样很新鲜"时，此前对臧棣的诗作我一直不得其门。

入选本书的新朋老友我曾在其他文章中有过点评，此处不再重复。

本书序言由诗人、批评家程一身教授撰写。其意义在于对"先锋"概念的梳理和对入选诗人的准确把脉。

我庆幸自己能与这么多优秀诗人同处一书。

2018-1-29

书　　名	《百年新诗经典导读》
著(译)者	张德明著
版　　别	暨南大学出版社 2015 年

以文本的形式来呈现中国新诗的历史发展轨迹

2011 年春节，整个假期我一直守候在电脑前，时时去刷新批评家张德明教授的新浪博文，从大年三十开始的"新诗话·21 世纪诗歌初论"以每日一篇的速度现写现贴，成为那个春节激动着朋友们的一件重大诗学事件。在 QQ 上张德明对我说，他要恢复中国古典诗话传统，以千字文的方式梳理 21 世纪以来的诗歌写作，为新世纪 10 年诗歌的点滴进步尽自己一份力。这个工程持续了一个多月，所撰写的几十篇诗话最后结集成书，次年由九州出版社出版。这是国内第一部新世纪诗歌史，也是中国学界首次以"诗话"为批评话语方式而撰写的一部学术专著。该著分"现象论""地域论""诗群论""结构论""本体论"五章，对新世纪第一个 10 年中的重要诗歌现象、诗歌流派、诗歌思潮、代表诗人与诗歌作品做了精要阐释。

因此，当 2015-2017 年，批评家沈奇先生主编推出两套《当代新诗话》时，我自然脑子里涌现出张德明的"诗话"，心里暗暗想到，有时，太超前了就等于落伍。

张德明是个有强烈的理论自觉的诗歌批评家，他对中国诗歌现场的透彻了解、他的学养、他的勤勉、他的自我加压，使得他能敏锐抓住中国诗歌的各种冷门热门、并能形成有建设性的文论。张德明最让我感动的还在于他的团队意识和奉献精神，身为岭南师范学院南方诗歌研究中心主任，张德明总是把发表文章的机会让给中心的其他老师，极力把年轻教师推到学术前沿。

这几日，我认真拜读张德明教授的诗学专著《百年新诗经典导读》，受益良多。本书的绪论就是一篇百年中国新诗的综论，文章指出，中国新诗的起点并非就是胡适等人在《新青年》上发表第一批现代白话诗歌的 1917 年，而应该追溯到黄遵宪、梁启超等人所发动并积极进行了创作实践的"诗界革命"。鉴于既往文学史"只注重对文学外围的描摹"，本书试图"以文本的形式来呈现中国新诗的历史发展轨迹"，因此本书是一部诗歌作品及其诗歌评论的"史"，作品来自百年新诗史上的诗人，当然这些诗人是经过张德明教授的挑选，评论来自张德明本人。读此书也因此既读诗又读评，是双重的进益。

2017-11-28

书　　名	《痖弦诗集》
著(译)者	痖弦著
版　　别	广西师范大学出版社 2017 年

以一本诗集屹立华文诗坛

到小众书坊参加诗歌活动，总要买一两本诗集，一方面因为这里的诗集委实丰富，更重要的另一方面是对书坊主人彭明榜先生的尊重。这年头卖书本就不易，单纯卖诗集就更不易。2017 年 11 月 26 日那天，小众书坊的活动是霍俊明主编的

《2018 天天诗历》首发暨朗读会。我提前半小时到小众书坊，这喧闹的南锣鼓巷安静的一角，已成为京城新的诗歌发布中心。这次我挑的是痖弦先生的《痖弦诗集》和周梦蝶先生的《鸟道：周梦蝶世纪诗选》。我在为《海峡瞭望》开设"台湾诗人推介"专栏时写过他们，读过他们不多的十几首诗，留下很好的印象，此番看到他们的诗集，自然想好好拜读以完整地了解他们。

痖弦我见过一面，远远地见，那是 2013 年 11 月 25 日在北京大学百年纪念讲堂举办的第四届"中坤国际诗歌奖"颁奖典礼，痖弦是当年中坤诗歌奖的得主。迄今所颁发的中坤诗歌奖证明了该奖的价值取向：优秀的诗艺＋高长的年龄。北大教授洪子诚颁奖现场朗读了痖弦的授奖词。他说痖弦从 20 世纪 50 年代初开始发表诗作，1965 年停笔，诗歌写作生涯只有十几年，创作的诗作也不到 90 首，但这为数不多的作品，却以其原创性、高度的想象力、对人生的敏感、对世事的洞察，以及独特的词语、句式的创作，在新诗界影响深远。

对诗歌研究不多的我也是从这个颁奖词才知道痖弦一生的诗歌数量不到 90 首，小小地吃了一惊。但大陆诗界以少胜多的也不乏其人，譬如舒婷、譬如陆忆敏，也不值得大惊小怪。《痖弦诗集》腰封有言，"痖弦以一本诗集屹立华文诗坛"，全书收入八卷 86 首诗作，均为短制，其中第八卷"二十五岁前作品集"18 首，颇为稚嫩，可以不读。这么一算，真正成熟期作品 68 首（真可跟陆忆敏媲美了）。痖弦自述自己的创作受到里尔克、何其芳的影响并在创作上留下了受影响的痕迹，我注意到这部分作品他很老实地在诗后写上诸如"一九五七年一月读里尔克后临摹作"等，这就是大师的自信，学了谁就坦诚言之，不自信的人偷偷摸摸地拿却一言不发俨然以原创自居，仅从这点，时年 25 岁的痖弦就令人佩服。

痖弦最有名的诗作自然是《红玉米》和《如歌的行板》，确实在整本诗集里这两首最精彩，可见读者和批评家的眼力是准的。昨天我在国防大学讲课，谈到了诗人的代表作问题，一个没有代表作的诗人是可怜的，理想的状态是诗应该站在诗人的前面，最不济也应是说到一个诗人，脑中能闪现出他 / 她的某一诗篇。痖弦的这两首诗作无疑是他强有力的身份识别码。读《痖弦诗集》会有一个奇妙的感觉，仿佛在读古书，每一首诗的时间落款都是 20 世纪 50 年代，但我们明明知道痖弦依然在宝岛那边生活，也不时来大陆参加诗歌活动。相比于洛夫等，痖弦真的太低产了。在序中痖弦说，"世界上唯一能对抗时间的，对我来说，大概就只有诗了"，又说，"一日诗人，一世诗人"，可他竟能耐得住半个世纪不写诗，实在令我费解。对那些写出了好诗就罢笔的人，我只能认为他们太爱惜自己的羽毛，他们太懂得节制了。

痖弦喜欢在诗中灌入人名、地名，这人名和地名又大都来自国外，痖弦应该有过一段着迷西学的时光。他善于把实有之物与虚幻之物并置又看出他亦曾受到超现实主义创作手法的影响，痖弦 1932 年出生于河南南阳（我记得洛夫曾有诗写到南阳并言那诗是献给痖弦的），1949 年 8 月，17 岁的痖弦随军队到了台湾，他早期所受到的中国传统文学的教育在他的诗歌中也会时时发散出，譬如，他也如同现代文学史上的诗人一般，把"的"写成"底"。

2017–12–1

书　　　名	《鸟道：周梦蝶世纪诗选》
著(译)者	周梦蝶著
版　　　别	中央编译出版社 2016 年

诗化了的人生

1959 年至 1980 年，长达 21 年，如果你到台北武昌街二段二十三号门口的走廊上，你会看到一个旧书摊，一个卖书人，那人就是诗人周梦蝶。因为周梦蝶，武昌街街头成为 20 世纪六七十年代台北重要的文化街景之一。

《鸟道：周梦蝶世纪诗选》精选了周梦蝶三本诗集中的优秀诗作:《孤独国》《还魂草》《约会》，仅从这三本诗集的题目就可见出作者对汉语言文字的讲究。前天我在国防大学讲课，谈到了诗人可以改变固有的词性、可以创造新的句法、可以发明新的词汇，譬如，张若虚的"春江花月夜"（此前，杨广写过此影响不大），就是把原本不相干的五个字强行组合，并用一首"压全唐"的诗作让这五个字的组合有了可以成立的文本依据而成为一个类似成语一样的词，还有海子的"面朝大海，春暖花开"，原本也是不相干的两个词，海子把它们黏在一起，并用一首足以传颂千古的诗句来证明这个题目的合理性，于是读者便也相信，这两个词原本就该在一起的。如今我们看周梦蝶的"孤独国"，孤独和国，本也是不相干的两个词，被周梦蝶这么一组合，顿时含义无穷。伟大诗人原创性的表现之一就是如同张若虚、海子、周梦蝶一般创造词语的能力，创造了，并且还能让人认可。我跟学生们说，我也曾创造过，譬如，"纸空气""矮多树"，也曾用诗表达过我的创造，但我的诗终于没有像张、海、周一样流传开来，我的创造因此失败。

　　和诗人叙灵交流过对台湾几位前行代诗人的阅读感受，叙灵说，"最厉害的还是洛夫和周梦蝶"。这是叙的一家之言，我不敢深以为然，因为台湾确实还有很多厉害的老人：纪弦、商禽、余光中，都是我要找机会读诗集的。我认为读一个诗人不能只读诗选，怎么着也得读本诗集才能约略见一斑。每个诗人总会有个十几首拿得出手的诗，但要一本诗集都拿得出手才见本事。若从我同时购买的痖弦和周梦蝶诗集来看，我可能更偏爱周梦蝶一些。单纯从人生而论周梦蝶的活法已是独此一家。如前所述在街边摆21年书摊，恐也是前无古人了。对此龙应台有言："如果没有诗，周梦蝶只是被大时代拨弄的退伍军人、骑楼下小贩，或是残酷时代的风中蓬草，他的孤单身影将是岁月的凄凉与人生辛酸。可是，因为有诗，他成为一种态度，他的一生清冷也成为美学。"

　　当然，因为有诗还不够，还必须因为有好诗。读《鸟道：周梦蝶世纪诗选》，真心觉出周梦蝶之敏感、丰富、细腻、浪漫、天真，觉出他视万物为知己的人生态度，觉出他的慧与悟，觉出他的古典修为与现代感，觉出他早已深得诗歌语言之妙趣……周梦蝶一生受困于经济但他并不在诗中苦凄凄叫喊，他的内心一直为蓬勃的诗意所充溢，一片落叶在他眼里大于三个秋天，一个哈欠是鱼肚白的。周梦蝶的写作如同台湾大多数前行代诗人的写作，都是诗化了的人生而不是他们正在过的人生，也就是说，你从他们的诗中看不出一日三餐。这种诗作无疑非常精神，也非常符合人民大众对诗歌的想象。

　　这种诗歌无论在哪个时代都为诗人所喜爱，也会为人民大众所喜爱。当然，我也是喜爱的，虽然我同时还喜爱看得见作者物质人生的诗歌。

2017-12-2

书　　名	《卡卡的信仰》
著(译)者	崔曼莉著
版　　别	湖南文艺出版社 2012 年

处理雅俗两种类型小说的强大功力

　　《卡卡的信仰》这部短篇小说合集如果和作者的另一部长篇小说《浮沉》一起读，就能体会到作者处理雅俗两种类型小说的强悍功力。《浮沉》最初在新浪原创小说连载，事先未进行任何宣传却点击率一路飙升，到最后是作者一路写，读者一路追读，就像金庸先生当年在《新晚报》连载武侠小说引发洛阳纸贵一样。《浮沉》的火爆让作者也感意外，其实细究起来却是情理之中。小说以外企职场为背景，通过讲述职场上各色人物际遇的浮浮沉沉，真实地展现了缤纷的职场风云和商战玄机。21 世纪以来类似职场生存指南的书籍一直经久不息，我就曾看过把四大名著的人物关系敷衍发挥成职场励志故事的各色书目，相比于同类题材枯燥的分析论证式写作，崔曼莉的《浮沉》以长篇小说形式出击，自然更有可读性。2011 年，《浮沉》（第一部、第二部）由陕西师范大学出版社出版，被誉为"最激励人心的职场生存小说"，销售量很快突破百万。2012 年，由滕华涛导演，张嘉译、王志飞、白百何主演的同名电视连续剧播映，收视率又创新高。无论是小说《浮沉》还是电视连续剧《浮沉》，我都是不眠不休彻夜追看，情节太抓人了，那几天我简直是眼睛看直了头也看得浮浮沉沉的，睡眠不足的缘故。《浮沉》为崔曼莉赢得巨大声誉的同时，也把崔曼莉定位于畅销小说作者。

　　通常，文学圈的人喜欢以"雅俗"来悄悄给出自己心中的标准，似乎前者就高后者一等，以至于 1994 年时为北京师范大学文学院教授的王一川先生在其主编的《二十世纪中国文学大师文库》把金庸排进前 10 位列第 4 时竟引发一片哗然，批评者认为，金庸这样一个通俗小说家怎么可能在茅盾、老舍这种现实主义纯文学作家之上？这真是不可理喻的傲慢和偏见。有华人的地方就有金庸，金庸把中国艰涩的古代历史化为流畅的引人入胜的武侠小说反而有罪了。莫名其妙。每个人的成长史上大都有过一段疯狂阅读金庸的经历，金庸的武侠小说陪伴了大部分中国读者成长，我也是其中之一。这点，是茅盾和老舍无法做到的，金庸没有居于二者之下的必然性。再举一例，《三国志》雅，《三国演义》俗，事实证明，人民群众对三国的知识都来源于《三国演义》。同理，要看职场竞争的酷烈，要明白人在职场何以不败，我觉得也要读读《浮沉》，《浮沉》给出的答案是，要在职场生存，同样需要人性的善良和正义。

我放下了《浮沉》后又捧起崔曼莉另一部小说合集《卡卡的信仰》，又是吃了一惊，这一回，崔曼莉完全以纯文学的笔法来完成全书的14篇小说，这是另一个崔曼莉。14篇小说来自生活的14个层面，各式各样的人生绝境，广大无边又无所不在的孤独，总在阅读的某个点上击中你。崔曼莉具有走遍人物内心的能力。与《浮沉》情节取胜不同，《卡卡的信仰》的14篇小说，以人物塑造取胜，以叙述语言的丰富、充盈和张力取胜。

崔曼莉其人具有极高的辨识度，把她放在一群人中，要你找出与众不同的她，相信你能十拿九稳把她认出来。生活中我从没见过有这么大一双眼睛的女孩，又圆又大又黑又亮，有各种语言隐藏在这样一双眼睛里。崔曼莉出生于一个殷实之家，家庭教育很好，自小即在祖父的教习下阅读、品茶、弹琴、习书法，就像她所出生并成长于其中的六朝古都南京，有一种绮丽的优雅。据其所言，她考进南京大学，一直到毕业，然后工作，她都没有确立自己的写作志向，只是浑浑噩噩地玩，开心极了。28岁那一年，她突然顿住了，想，自己这一生难道就要这样不留痕迹地过？于是她拿起了笔。我感觉崔曼莉的这一"顿"有王阳明龙场悟道的意思。自此，一个才女在美女的身上站起来了！

2016-10-12

书　　名	《燕园集——谢冕文论精选》
著(译)者	谢冕著
版　　别	福建人民出版社 2015 年

补课百年中国新诗史

2014 年底，应福建人民出版社约请，张炯和吴子林两位闽籍学者联合主编了"闽籍学者文丛"第一辑 10 部，谢冕老师因年龄、精力等原因，全权委托吴子林负责他这一部的选编工作，吴子林经过大量阅读谢冕老师的文章后，分四辑选定稿件，分别是：诗潮篇，诗史篇，诗人篇，反思篇。本书共收入谢冕老师不同时期的文论 23 篇，加上谢冕老师接受学生张洁宇的长文访谈为序，以及谢冕老师的学术简表和他特为此书撰写的题为《燕园集记》的后记，全书体例完备，基本可以作为阅读谢冕老师、了解谢冕老师学术思想的简易读本——相比于谢冕老师迄今丰硕的学术成果，这一本 300 余页的《燕园集》自然只能作为"全豹"之"一斑"。

幸运的是，我成为率先窥到这"一斑"的第二个读者，或者说第一个也不为过，因为本书的校对工作由我完成。当我获悉吴子林受命全权负责谢冕老师此书的编选工作之后，我主动请缨校对，这确实是一个很好的学习机会。和谢老师虽然时常在一些诗歌会议上见面，也亲耳聆听过谢老师多次会议发言，但那毕竟是零散的不成体系的（补充一句，谢老师无论出席什么会议都很认真地备课，我有几次看见他掏出连夜写的发言稿，这种精神在中青年批评家中也不多见），细想起来确实还没完整地读过谢老师的任何一部专著。

阅读《燕园集》，就是在补课百年中国新诗史，其中的三论"新诗潮"，谢老师从 20 世纪"最初十年那一场开天辟地的新诗革命说起"，以"造山运动中裂变和聚合"的"新诗潮"作结，梳理了朦胧诗之前中国新诗的发生发展历程，提供给后人研究这段诗歌时期的很好视角。通读《燕园集》，可以发现谢冕老师的诗歌研究大致落脚于第三代，最熟悉的领域自然还是朦胧诗。1980 年 5 月 7 日，谢冕老师的文论《在新的崛起面前》在《光明日报》上发表，率先为朦胧诗发出了理论上的宣言。考察朦胧诗三个"崛起论"的发声者谢冕、孙绍振、徐敬亚，可以找到他们的共同点：敏感与激情！不敏感，捕捉不到新生事物刚冒出的微小苗头；无激情，不会眼中所见心中所想即口中所出。时至今日，谢、孙、徐三位老师依旧充满激情，他们的身影依旧时时闪现在各种诗歌活动、诗歌研讨现场，令人深感诗人旺盛的生命力。本质上，谢、孙、徐都是诗人型学者。

2015 年 10 月 9 日，"2015 闽派文艺理论家批评家高峰论坛暨'闽派诗歌'研讨会"在中国现代文学馆召开，"闽籍学者文丛"（第一辑）首发式也作为会议议程之一隆重举办，谢冕老师听说我是他这部书的校对时连夸我"辛苦"，并挥笔在扉页上签下，"感谢安琪的工作。感谢'主编助理'。谢冕 2015.10.9"。

2016–12–1

书　　　名	《中国文学史》
著(译)者	钱穆讲述，叶龙记录整理
版　　别	天地出版社 2016 年

对阅读缺失的一种补充

家里其实已有很多钱穆的专著，连"钱穆先生全集"都有 15 本之多，但我却一本也没读，心里想的是，以后再读不迟。但他的文学史我却先睹为快，确实因为讲课和著述有阅读上的不同效果。著述，难免要正襟危坐，谋篇布局，遣词造句，就连我写这么一篇小读后感，都要一字一句斟酌一番，学者写文，更要考据引喻，慎思慎言了。而讲课就不同了，首先，能讲得出来的首先得有货沉淀于心以备脱口而出，特别是不依凭讲义而讲述的，更是烂熟于心的思考存积，其价值不可估量。其次，讲课中受到当时当地当情当景的激励，是很能灵光闪现出很多精彩诗思的，这诗思，是连讲述者本人都会被震惊到的。有过讲座经历的人都会有此体验，状态好的话，眉飞色舞，妙语迭出，这，又是冷静伏案写作所不能企及的。读讲课笔记之鲜活，之灵动，是吸引我的重要原因。

钱穆先生是公认的通儒和国学大师，他 1894 年生于江苏无锡，这值得说一笔。无锡这地方奇了，尽出姓钱的大师，钱穆、钱锺书、钱中文，前两者我不认识，中国社会科学院文学研究所钱中文老师我曾采访过，问他这钱和钱锺书那钱是否亲戚，答曰，非。但从小，钱中文老师就知道钱锺书先生。我打定主意，下次见到钱中文老师也要问问他是否和钱穆先生是亲戚。钱穆先生和著名科学家钱伟长真是一家，属于叔侄关系。钱伟长回忆叔叔钱穆时说，"他（钱穆）在苏州（中学）任教时，朝迎启明夜伴繁星地苦读"，钱穆自己也说，"我认为每个人的天资是差不多的，一个人要写出好文章，最要紧的是多读书，要能刻苦学习"，天资聪颖如苏东坡在钱穆看来也是多读书的典范，钱穆在课堂上说，苏东坡 21 岁便考中进士，主要是因为他博览群籍、广征博引、多读书喜读书之故。

《中国文学史》是钱穆先生在新亚书院授课时的口述，经由他的学生叶龙整理后出版的教材，全书 31 篇，从绪论到结论，实际就是中国经典文学作品史，或者更具体一点，中国经典文学选本史。以前曾听闻一言，文学史就是选本史，今日读钱穆教材，信了。当然，这也只是文学史之一种。《中国文学史》从《诗经》《尚书》《春秋》《论语》……一路梳理到明清章回小说，对胡适发起的新文学运动点到为止，全书即告终。我读此书，多次读到眼酸，一种莫名的感动和向往，回望中国传统，不能不肃然起敬。本书灌注了钱穆先生对中华文明的一片赤诚，当他缓慢道来一部又一部经史子集，当他说"胡适不讲道理，只说'孔教吃人'的口号，而并不说出理"时，我能感受到老先生的无奈和痛心。钱穆先生有很深的孔子情结，他认为，若要大略了解古代文学，《诗经》和《昭明文选》就可以了；他推崇孔子为诸子之首，认为《论语》文学价值极高，"更遑论其思想"。钱穆特为《论语》辟出一篇。

读《中国文学史》是对既有阅读的回望，更是对阅读缺失的一种补充。第 17 篇建安文学，钱穆先生对曹操的解读让我很受益。钱穆注意到了曹操的平民文学之路，虽在政治上跃升为领袖，但作品并无官僚吐属，仍出于私人情怀。曹操的

《让县自明本志令》挥洒自如，毫无拘束，在钱穆看来，是一代枭雄在文风上的突破。钱穆课堂上的曹操，可亲可近，不似《三国演义》里的曹操，阴险狡诈。

对"建安七子"大都早夭，钱穆给出的猜测是，"不知是否诗酒应酬过频，以致伤肝病亡"，并进而提醒"这养生问题，实在是我们读书人应该注意之事"。

钱穆自己活到 1990 年，以 96 岁高龄仙逝，实在令我辈欣羡不已。钱锺书、杨绛，也都高龄而终，除了无锡这地的风水好以外，中华古籍之于一个人身心的宁静，应也是高寿原因之一。这算是我的猜测。

读《中国文学史》，读到了许多故事，这些故事事关作品和作者，兴许在正史中读不到。譬如，欧阳修某年偶寓汝阳，遇见两位活泼歌伎且能背唱他的词，欧公不免心欢，约定将来要来汝阳做太守，再来欣赏她们。数年后，欧阳修果然如愿到汝阳当太守，却不见歌女踪迹，于是怅惘赋诗"柳絮已将春色去，海棠应恨我来迟"。譬如，苏东坡某次替人读文章，读后说，该文内容文笔仅仅值一分，他的诵读却占了九分。

类似的名人轶事一定深深藏在钱穆身上，只待时机一到便含笑说出，我们都从学生时代过来的，当然很清楚这样的故事是多么活跃课堂气氛，又是多么深入人心。古之贤达真是名士风流，也因此留下很多供后人神往不已的掌故，这些掌故倘无钱穆这样博学的先生传递，很快也会隐没无踪，没有掌故的文学史该多么无趣！

一部《中国文学史》，钱穆先生一直强调，中国传统文学自有其生生不息的活的永恒的生命，他反对今日中国自"五四"以来因有人提倡有了新文学，便认为京剧及以前那些文学都是旧文学。时为 20 世纪 50 年代。时代既已走到 21 世纪，对国学的重视已提上日程，当足以慰先生了。

2016-10-13

书　　名	《这才是中国最好的语文书》
著(译)者	叶开选编
版　　别	江苏凤凰文艺出版社 2014 年

语文应该有自己的独特性

这得耗编者多少心血啊？这是我网购到《这才是中国最好的语文书》这套书后的第一反应，全套四卷，诗歌两卷、小说和综合各一卷，按照语文教材体例分编设章，不同的是，每一卷都有自序和后记，每一编都有编前言，每一首诗、每一篇文后都有编者导读（不是三言两语而是行之成文的）和思考题，我特意数了一下，四卷共收入诗文 185 首 / 篇，也就是说，编者写了 185 篇导读文字。本套书开编的时候微信尚未兴起，我是从微博上获悉此讯的，到成书出版，微博式微，微信勃发，这套书便也在微信上引发热潮，读者纷纷购买。

我是从头到尾认真读完叶开版语文教材的，读到了很多心仪作家的优秀作品以及叶开对这些作品的鲜活评论。叶开认为，文学作为人类文化中的核心组成部分，其核心价值应是"人道主义"，应关心、同情普通人的生活，贴近广大读者的灵魂。有感于现行语文教材脱离当代文学创作的现状，此次推出的四卷本选编的都是 20 世纪 80 年代以来当代文学的优秀作品，如果读者欢迎，叶开会继续选编现代卷、古代卷和外国文学卷。

叶开认为，语文应该有自己的独特性，除了基础的识字之外，最重要的是大量阅读经典作品。《这才是中国最好的语文书》一出版即畅销即可证明叶开的选稿眼光和评论功力，这套书目前已被许多中小学接受，成为孩子们的课外读物。叶开本人是作家，文学博士，《收获》杂志编审，但我感觉如今的他，已经又多了一重身份：语文教育家。他已经越来越像他的同姓前贤叶圣陶了。

当大多数人还在对教育这抱怨那抱怨时，叶开已经开始行动了，《这才是中国最好的语文书》就是明证。

2016–10–13

书　　名	《大河拐大湾》
著(译)者	西川著
版　　别	北京大学出版社 2012 年

大师气象

  2015 年 10 月 27 日，作家网组织作家们赴山西吕梁采风，当汽车在尘土飞扬的泥土路上颠簸前进翻越一道又一道山梁终于到达目的地时，我们并不知道我们被带到了一个天地奇观面前，跟随东道主我们步行了一段山路，突然间，我们被眼前所见震住了，一个巨大的正圆形土山被黄河缠绕着，黄河在此形成一个巨大的圆，这就是天下黄河第一弯，我用诗歌记下了这个地点：石楼县，前山乡，马家畔村。那一瞬间我脑子里闪现出诗人西川的一本书，书名叫《大河拐大弯》，我不知道西川是否到过此处（我相信他到过的可能性不大，因为此地并非闻名天下的著名景点且地处偏远），但"大河拐大弯"绝对是对眼前我所见景象最朴素也最贴切的描述。

  在书的序言中我找到了我判断的依据，"大河拐大弯"是西川原创首发的，"本书书名《大河拐大弯》的意思，出自我的组诗《鉴史》中的《观世音菩萨木像赞》。但原诗句是'河水兜大弯'，感觉改成'大河拐大弯'比较适合做书名用"，自此书出版，中国的词汇库里就多了一个词，"大河拐大弯"，优秀的诗人总是在给这个世界创造词汇并提供新的表达方式，西川如是。

此外，西川还有一种特殊的能力，预言能力。2012 年 7 月 29 日，我应邀赴德令哈参加首届海子青年诗歌节，报道的那个夜晚，看着手中《柴达木日报》连篇累牍报道海子与德令哈的关系，想到一个城市因为一首诗而给诗作者举办诗歌节且诗作者并非古人而是当代人，不禁百感交集，当晚，我给西川打了一个电话，我说，此时此刻我想到了 1990 年 2 月 17 日你撰写的《海子诗全编》序言《怀念》第一句话，"诗人海子的死将成为我们这个时代的神话之一"，我们确实是眼睁睁看着海子成为神话。

和西川见过面的人当能感受到他身上那种混沌苍茫的气象，我形容为大师气象。我喜欢神性写作的西川，也喜欢诗风改变后难以归类的西川，借用美国卢西恩·斯泰克亚洲翻译奖对西川诗作的评价，西川"诗歌语言的多样性"和"对残酷而迷人的人间喜剧的犀利洞察。这其中既有对中国语言的深入探索，也展现出他深厚的西方文学素养"。我曾有多次读西川诗作读到不知与何人交流心中喜悦的地步，我感觉我读到了西川诗作的妙处——诗的无所不能，诗的上天入地，诗的入世与超世，诗的尖锐，诗的庞杂。能写出这样诗篇的诗人究竟是怎样一个人，究竟有怎样的写作理念和语言观，他所关注的东西是什么，他心心念念的究竟又是什么样的一个世界？种种疑问都能在一本书里约略找到答案，这就是眼前的这本《大河拐大弯》。

这是西川最新出版的一本文集，收入洪子诚先生主编的"新诗研究丛书"，由诗人文论、诗学随笔、会议发言稿和相当部分访谈文章构成，容量大，涵盖面广，其中涉及诸多关键词：问题意识、现实感、诗歌写作谱系、语言的创造性……本书有一个副书名"一种探求可能性的诗歌思想"。

2016-10-16

书　　名	《围城》
著(译)者	钱锺书著
版　　别	人民文学出版社 1983 年

世俗生活的大荟萃

　　听来的故事：话说有一年，有一位非常著名的批评家还是小年轻时，携带评论钱锺书先生《管锥编》的论文辗转找到钱先生，当钱锺书听说小年轻用了两个月时间读完《管锥编》并写完此论时，连看也不看，直接把稿子还给作者并且用无锡话连说两遍：拿回去，拿回去。我听了不敢笑，想想自己一字未读《管锥编》，连那小年轻的背影都望不到。所以我只敢推介钱先生著名的小说《围城》，好歹这部我读了三遍。

　　《围城》的火当然与同名电视连续剧有关，这是文学作品改编成影视剧里我以为最成功的一出，我甚至认为电视连续剧《围城》超过了小说《围城》。在我读了三遍《围城》后我就不太喜欢这部小说了，因为读得很郁闷，起初还是笑的，到最后就堵得很。想方鸿渐这种人究竟有什么可爱，何至于从出场到结束都不断有人爱他、追他，无论鲍小姐闲极无聊之肉体诱惑，还是苏小姐之大龄未嫁心急火燎的主动示爱，乃至唐小姐之青春年少的春情萌发，到最终孙小姐之费尽心机的修得正果。可以说，方鸿渐从来就没有断过追求者，凭什么？凭他貌似愤世嫉俗的刻薄言论？凭他聪明灵活的脑瓜？凭他出过洋留过学的几桶水？好像都有一些。至少方鸿渐从出场到离开三闾大学这一段经历尚有人性恻隐不忍的一面，但是，当他和孙小姐结成姻缘之后，却完全换了一个人，尖酸刻薄，时时处处和当时的孙小姐现在的方太太吵架斗嘴，真是让人越看越难受。如果说，前期的方鸿渐还有一丝风雅的话，则婚后的方鸿渐简直就是莫名其妙，这份莫名其妙来得古怪，似乎也没个说得过去的解释，只能说，作者钱锺书把方鸿渐俗化了。

　　其实一部《围城》，本身就是世俗生活的大荟萃，重读之后我发现，除了赵辛楣略有可爱之处外，其余就简直没有一个好东西。赵辛楣后来也陷入对汪太太的婚外想象中以至于不得不离开三闾大学，从这点看，赵也是一个灰色人物。至于书中方氏一家人，孙氏一家人，以及三闾大学全部师生各位，就全无好货。钱锺书真的是一个看破世事的人，更是一个深悟人生之虚无、之荒诞的大家，也只有这种人，才能真正做到不以物喜、不以己悲，也才能彻底拒一切繁华喧嚣于门外。

《围城》其实采用的是很传统的写作手法，它通过方鸿渐这个人物贯穿始终，完全没有玩弄任何现代派技巧。语言上也是古典主义的使用，并无多少西化语言。和书中大多数人物一样，钱锺书也出国留学过，而他的写作却没有受西方现代主义思潮的影响，也许是他内心中国传统文化的结太深所致。

2016-10-17

书　　名	《自然集》
著(译)者	李少君著
版　　别	长江文艺出版社 2014 年

少君山水，不悲也不喜

每次读李少君的诗，我总能安静下来，我总在想，少君本质是安静的，甚至是忧伤的。尽管他这么多年给人的印象很活跃，一会儿提"草根"，一会儿推"新红颜"，一会儿又主"中国好诗歌"，但这些，丝毫不干扰他与自然对话的定力。

2016 年 6 月，西昌国际诗歌节上我曾瞥见独坐的少君，不悲也不喜，那一瞬间，我看到了沉潜在他身上的某个隐士，正是这个隐士指引着他与草木对话，在山水间流连，也正是这个隐士让他写出自然诗篇。少君的山水诗自成一格，就像我在西昌那一瞬间看到的他，少君山水，不悲也不喜，就只是呈现，但在这呈现中，少君加入了自己来自生活的经验，他看到空空的青花瓷瓶会想到它的寂静，想到它在等待一枝梅或一朵桃花的插入；梅雨季节让他感到抑郁但幸好夏天适时来到拯救了他。

读《自然集》，读少君的情怀，一个浪漫的文人从古代走来，每天要去看一眼南渡江，只为了心情好一点点。本质上少君是个古典气息很重的人，一遇到山水，他就抑制不住怀旧与抒情，山水是他躲避俗世的清凉地，他在山水里休养生息一首诗的功夫便恢复元气，精力十足投入现实中的奋战。山水—现实，诗是媒介。

2013 年 4 月 24 日，我在北京外国语大学听少君的讲座，他先从中国诗歌传统以向自然致敬谈起，谈到中国诗歌的传统是讲究人与自然的和谐，人与人的和谐，《诗经》的关关雎鸠、《离骚》的香草美人，都拿人与自然做譬，体现了自然经由诗歌来抚慰心灵的力量。少君列举苏东坡等古代诗人无论遇到多大磨难都能乐观面对来印证，古代诗歌对诗人心灵的安抚作用犹如大自然的教化，总是能让人获得自我解脱的宁静。现在，少君用一部《自然集》现身说法讲述他的体悟。

2016-9-28

书　　名	《流云奔水话杨骚：杨骚纪传》
著(译)者	杨西北著
版　　别	山西人民出版社 2000 年

父亲在儿子心中

　　杨骚是漳州现代文学三大家之一（另两位：林语堂，许地山），和穆木天、任钧（森堡）、蒲风等发起成立中国诗歌会，这样一位大家因为其子杨西北一直生活工作于漳州而在情感上较其他两位让我觉得亲近，虽然他早在 1957 年即病逝于当时他所供职的广州，葬于广州天河公墓，和萧红毗邻。杨骚出生于 1900 年，与冰心同年，但冰心活了 99 岁，几乎比杨骚多一倍。寿命这东西真是没办法。

　　1956 年 5 月 2 日，杨骚在日记中写道："北已差不多五岁，对于死亡不知何物，前曾问我是不是想死。对是。又说现在是不是死着，漫应之。"此处的北即为杨西北，杨骚的次子。第二年，杨骚因病医治无效，溘然长逝。时年杨西北年仅 5 岁。一个 57 岁的父亲在 5 岁的儿子心中能留下什么？当杨西北渐渐长大，他必须面对父亲离去所设置的巨大空白。一个名字成为文学史一部分的父亲，距离他的儿子有多远。杨西北必须以自己漫漫的寻找来回答这个问题。我时常想，诗人杨骚在生命即将结束时一定以温情有力的目光注视着自己的儿子们，他相信，在这三个年幼无知的儿子中，必有人来承担自己血液中激情、进取、锲而不舍的潜质。

　　多年以后，杨西北经历了上山下乡、被推荐到大学、成为一名国家公务员等种种生活，他始终坚持对父亲资料的搜集、整理、汇编、研讨，及至最终的人生传记的完成。我感叹于这一份完整地衔接起隔断了近半个世纪的父子之爱，为我们复活了一个生动感人的诗人杨骚。不可否认，也正因为杨骚的过早离去，杨西北在书写父亲时的感情才能如此沉静，笔触才能如此客观，他似乎不是在写自己的父亲，而是在如实还原一个有血有肉、有爱有恨的杨骚。

　　而涌动在《流云奔水话杨骚》中的隐痛仿佛又在否定我的如上观点。可以想象当一个孩子只能从图书馆，从父亲的亲朋故友的口中笔中查阅、了解自己的父亲时，该是多么令人伤感。相比于中国现代文学史上的同一批作家，57 岁的杨骚无疑太早就告别他所热爱的人间。杨骚具有典型的诗人气质，又兼具多方面的才能，除了诗歌创作，他还翻译、写政论，充满强烈的爱国主义热情和战斗精神。新中国成立后，他本应有更多的时间、精力去从事他毕生追求的文学事业。但疾病夺去了儿子们的父亲，更夺去了一个诗人投身火热新生活的能力。这，不能不说是杨骚的不幸，不能不说是新中国文学的不幸。

《流云奔水话杨骚》还清楚地呈现了杨骚一生丰富曲折的爱情际遇。我感觉在杨西北或舒缓或浪漫的叙述中，他已不单纯把自己作为杨骚的儿子来对待了。毕竟，属于家庭的父亲更属于历史。而历史是所有后来者共同拥有的。杨西北深谙此理，在他笔下，杨骚与白薇的恩恩怨怨才如此令人扼腕。

中国现代文学史是一个群雄并存的年代，作为其中的一名优秀者，杨骚不可避免地与一大批同样赫赫有名的文学史人物同呼吸共命运。他们是：鲁迅、许广平、林语堂、郁达夫、陈嘉庚、白薇、穆木天、任钧、蒲风、巴人，等等。这是一些单名字就能使我们肃然起敬的人。无法想象，当杨西北一次又一次地在与父亲相遇的文字中同时相遇这一大批文学史中人时，他的眼睛是否会和我一样因为激动而跳起，是否也会和我一样因为不可思议而怅然长息。时光的流逝在带去一些人和事的同时，也会公正地留下一些什么的。

2000 年初稿。2016-10-19 修订。

书　　名	《大地粉尘》
著(译)者	何也著
版　　别	国际文化出版公司 2001 年

身边竟然藏着一个小说大家

　　我不厌其烦地一次又一次把何也的中篇小说集《大地粉尘》念叨在嘴上，实在是因为我已许久未受到如此强烈的阅读冲击了！何也的小说很抓人，有一种传奇与悬念混合产生的奇异效果，难得的是何也的语言居然葆有不落俗套的雅致和古味。

　　读何也的小说时体会到的激动是与当初读苏童的《妻妾成群》时一样的。无论是故事情节的设计，还是神秘氛围的营造，何也都舒缓有致、游刃有余。和苏童一样，何也擅长把小说叙述的背景放在清末民初，地点则是他土生土长的闽南大地，然后是错综复杂的人物关系和理也理不清的恩怨情仇，像《恶魔时代》，像《蔓延》，像《玉簪劫》。何也笔下的人物形象一个是一个，极具典型意义。看过他的小说的人，说起马大勺，说起小叮当，说起祁旺根，无不发出会心的微笑。何也的小说必须读了才能交流，才能有共同的默契和赞叹，因为他巧妙的结构谋略、生动的语言线条，是简单的复述所无法达到的。

　　与何也同在一个城市已有多年，他的安静，他的节制，他的不张扬，使许多与他相识日久的老朋友都想象不出他的小说写得如此之棒。就如我自己，要不是那个晚上偶尔拿起《大地粉尘》抱着随便翻翻的态度结果一翻不可收拾的话，想来也是不会知晓身边竟然藏着一个小说大家。第二届闽南文学笔会上我的发言主要谈及何也的小说，一时弄得何也表情羞涩。在他，是延续着中国文人的传统训诫，不自夸，也不善于被人在大庭广众之下夸。在我，却是心痛于何也的小说才华尚未被大规模地发掘和开取，所以不免溢于言表。而在私下的交谈中，何也是很自信自己的创作的，他拥有一批铁杆读者，譬如，他家乡平和县的知识人，他们总是在第一时间迫不及待地把他的小说一读而尽，因此，当何也听到我大呼小叫如何熬夜一口气读完他的小说集时，他也只是淡淡一笑，这种话他可听多了。

现在，一个最重要的问题是，如何把不认识他的读者吸引过来，让他们拿起他的书。我相信，所有读到何也《大地粉尘》第一行的人都会如我一样再也放不下了，然后也都会如我一样到处充当何也的义务宣传员。关键是，谁来吆喝、敲响这一面何也之钹，散淡的何也是任我如何煽动都只是笑笑，他已经很知足了，仿佛人生能够从平和的山沟沟走到这一步就很好了。1962 年出生的何也知道很多稀奇古怪的民间典籍，有着参透世事奥秘的闲定。在漳州市文联办公室里，他操持着手头的一份刊物，把每一份心思都用来拉赞助，走市场。对自己的小说抱着顺其自然的态度。我于是写此文为他招徕读者。

我曾经在一篇关于中间代的诗歌理论文章中写道：即使你认为自己的诗作是天才之作，但在这样一个时代，要读者自发地来读你的天才之作概率是很小的，要评论家自觉地发现你这样一个天才概率也是很小的。我把它写在这里作为结束语：但愿以此唤醒所有沉迷于"酒香不怕巷子深"的过去神话的人。

2002 年，初稿。2018-1-10，修订。

书　　名	《生活在故乡》
著(译)者	陈子铭著
版　　别	中国华侨出版社 2017 年

"漳州本是个文质的城市"

我是怀着羞愧的心情读陈子铭的《生活在故乡》的，在漳州生活了 33 年的我，竟然必须借助陈子铭的眼、陈子铭的笔，才能发现故乡之美。陈子铭是大我一届的学长，我在芗城区文化馆工作时他也一直在芗城区政府部门供职，当时只知道他能力出众，很快就被提拔为部门领导，却不知道他也写得一手好文章。有一年回乡，陪父亲看漳州电视台关于漳州的一部专题片，为博学典雅的台词所吸引，特意盯了一下撰稿人，看到了"陈子铭"三个字，心里暗暗地佩服，其时我已北漂至京。

我曾在一篇文章中表达过一个观点，每个城市都会默默地选择自己的代言人。这个人首先要有对这个城市不离不弃的感情，不仅不离不弃，还要无比热爱；这个人还要有配得上书写这个城市的不凡笔力，普通的写者担不起城市的信任。今天，在我读完《生活在故乡》一书后，我知道漳州城已做出了它的选择：是的，就是你，陈子铭。你可能想不到，我读你文章的激动就像当年读余秋雨、夏坚勇大文化散文的激动，这是一种我无力为之的写作，我读到了你雄视古今的视野，看到了你在史料中探钻，也领悟到了你对这座城市信心十足的展望。因为你也是这个城市建设的推助者，在某种程度上，你的每一个与漳州有关的历史挖掘，都能为这个城市挽留住文明的记忆，使它们不至于被推土机所摧毁。读你的《一座城市的前世今生》，你按捺不住的喜悦感染了我，你说，人们开始考虑把漳州老城做成林语堂时代的模样，你还说，项目做成后，古城不会仅仅是别人的古城，因为物质可以复制，而精神不行。2017 年 12 月，我应邀回母校参加"诗教"活动，特意游览了"闽南风、漳州味、宋河韵、慢生活"的漳州古城，惊喜于故乡的变化，我又想到了你说的，"漳州本是个文质的城市"。

一个城市有自己的代言人也是城市中人的幸运，因为《生活在故乡》，我认识了许多卓越的家乡人：主题集中"表现老漳州城的陈年旧事"的画家游海杰（穿插在你的书中的他的钢笔画每一幅都是我熟悉的青年记忆）、秉持人与自然和谐相处创作理念的艺术社区"和道工社"社头柯毅和一群有梦想有创意的闽师大孩子，正是他们制作出了关于福建的宣传片《虎见！福建》、老木偶雕刻艺术家徐竹初，等等。你在为漳州城立传，也在为漳州人立传。

下次回故乡我要带上你的《生活在故乡》，按图索骥，去洪坑村参观雄阔的七座大屋构成的明代古村落、坐在民国的阳台上喝茶、去浦头港听南词……我想你这本书是对每个漳州人的追问：作为漳州人，你了解漳州什么？

2018-3-15

书　　名	《英雄无语》
著(译)者	项小米著
版　　别	作家出版社 2001 年

每个客家人都会热爱这部书

　　用三天时间读完项小米的长篇小说《英雄无语》，脑中萦绕不去书中的人物、故事。多年以前就知道项小米和《英雄无语》，但开始阅读却在 2012 年，原因自然与今年春节是在连城姐姐夫家过的有关。从初三到初十，整整一周，走在连城的土地上，耳听客家语言，感受到客家浓浓的风俗人情，对客家生出亲近的愿望。在朋口中学的办公大楼，我们看到特辟出的项南纪念馆，项南父亲项与年与女儿项小米的照片，都在墙上。

　　福建人对项南是有感情的，这个老省委书记在任期间，朴实开明，扎扎实实为福建做了许多有益的事。

　　《英雄无语》以项小米的家族为原型，叙述了"爷爷"如何走出连城温坊镇那个群山环绕的小村，参加革命，并在革命胜利后又如何在"文革"中遭遇众所周知的批斗。

　　和同类小说革命者必被塑造为一身伟光不同的是，爷爷这个形象在书中绝非完全正面，他娶二奶奶弃"我"奶奶，娶三奶奶弃"我"奶奶、二奶奶，对子女也冷酷无情。但他舍命递情报拯救红军，是当之无愧的英雄。

　　奶奶这个形象是全书着力最多也最成功的一个，本书题献"谨以此书献给我的祖母"，可见奶奶的重。奶奶是客家妇女的代表，从小被卖给爷爷家当童养媳，为爷爷生下一个儿子三个女儿，却还免不了被抛弃的命运。儿子参加红军去了，三个女儿陆续死去，成为一个"孤人"的奶奶却担负起了抚养二奶奶和二奶奶儿子的重任，可以说，奶奶这个形象是客家妇女命运的写照。她们忍辱负重、智慧而豁达。

全书穿插着另一条当下的线：申建、乔纳和"我"，三个对客家文化情有独钟的研究人员，在对客家《迁徙诗》的追踪研读中，如何碰撞，如何背叛，如何一一剖析出客家人从中原背井离乡一路艰难来到闽西这块偏远荒僻的、蛇虫出没的土地上，仅仅为了躲避层出不穷的战乱，保全自己家族的血脉不至断绝。

客家人读此书，会读出激荡的热血，读出亲切的微笑。书中屡屡出现的客家语言让你忍不住要用客家话念一遍。每读到作者用同音字写的客家方言，我就要吴子林用客家话说一遍，以此对照。说实在的，因为吴子林，我开始读《英雄无语》。

每个客家人都会热爱这部书。与客家有关的人也会热爱这部书，我坚信。

2012-2-7，初稿。2018-3-5，修改。

书　　　名	《魂断激流岛》
著(译)者	麦琪（英儿）著
版　　　别	四川人民出版社 1995 年

"认识你自己！"

"我狠踩了油门，车一下子就冲出了好远。船在我的背后，鲜艳得像一团火焰"，一个通宵加一个上午的阅读终于至此流下热泪，索性就痛哭起来，好多年没有在阅读中流泪了，"我的泪水终于涌了出来，滴落在方向盘上"，英儿写道。

凭着泪水，我信任英儿超过顾城，其实我本来是想写《英儿》一书的读后记的，我也是先读了顾城所著《英儿》，再来读英儿所著《魂断激流岛》的。这两本书在它们当年出版时就被我第一时间购下并一口气读完，20 多年过去了，我早已记不得当初读两书的感受，我能记得的是我对英儿的抱怨。2008 年我应诗人远人之约写一篇与顾城有关的文字，刊登于《文学界》当年第 4 期上，该文题为《如果他不杀妻，一切都很完美》，在文中我视英儿与顾城的关系为孽缘，她介入顾城的生活只是为了让顾城杀妻自缢，她自己再全身而退，今天重读顾城和英儿的这两本书，我年近半百，感到自己对英儿的偏见依然是站在男权社会的立场。

英儿是一个不能把握自己感情走向的女孩，她 23 岁爱上有家室的年龄大她一倍的刘湛秋，这段无望的爱折磨着她，是她离开北京奔赴新西兰投靠顾城、谢烨夫妇的原因。诚如《魂断激流岛》所言，其时尚有美国和日本的朋友提供她去向，但因为此前和顾城夫妇互为知己，且内心认顾城为宗教一样的存在，遂决定到有顾城的新西兰，这些，对诗人英儿来说是可以理解，也是正常的选择。在新西兰，英儿看到了顾城夫妇过着原始的生活，自己造房养鸡种植，英儿本质是一个现代人，喜欢咖啡，喜欢布尔乔亚生活，顾城的环境并不适合她，但顾城和谢烨接她到新西兰是有企图的，顾城爱她，谢烨也不反对。人类的感情是没有道理可讲，所谓日久生情，更何况英儿对顾城有着崇拜之心。英儿后来真正爱上顾城也是一件自然而然的事，在新西兰这样一个近乎与世隔绝的地方，顾城用他的天才营造出了一个他心目中的"女儿国"，这个疯狂天才连自己的儿子小木耳也不容，不允许小木耳留在家里，而是要寄养在别处。此间的恩怨纠葛不是是非对错可以一言概之。谁没有经历过说也说不清的情感际遇，谁就无法理解顾城、谢烨、英儿之间不能按常理判断的感情。

说到底谢烨和英儿遇到了顾城，这是必死的命，顾城从来就不是一个正常人，我觉得谢烨的可贵可爱和可悲可叹也在这里。谢烨知道顾城的天才并呵护成全顾城的天才，没有谢烨，顾城发挥不了他的天赋。顾城和谢烨的关系就像伍尔夫和伦纳德的关系，都是天才遇到了善待他们天才的人最终他们的天赋大放光芒，不同的是，伍尔夫的天才杀伤力只针对自己，顾城的天才杀伤力却不仅针对自己也针对别人，结果，伍尔夫自杀，顾城杀妻后再自杀。英儿离开顾城是对的，不然她也将遭遇谢烨的命运——躲不过顾城血腥的斧子。顾城和谢烨应邀到德国讲学一年顾城不想走，因为他离不开英儿，这时谢烨希望英儿劝顾城接受邀请，因为他们太需要钱了，此时英儿已经爱上顾城，但她还是忍住悲伤说服顾城到德国，她说，她要顾城挣钱买房子。这是英儿能说动顾城的理由。同样这个情节在顾城笔下变成英儿爱慕虚荣，想用他的钱。两本书一路读下来，我起伏的心绪和最终按捺不住的泪水告诉我，英儿的陈述是有情感推动的逻辑在，无论是在国内与刘湛秋不被道德接受的爱情，还是在新西兰与顾城被谢烨接受的爱情，英儿都是没有名分的第三者，不能站在阳光下，她不能不为自己的未来考虑。此时，谢烨提醒了她，在她和顾城离开激流岛的这一年，英儿可以自己选择留下还是离开，如果留下的话，他们回来时还是可以一起生活的。只有谢烨这样的非同常人才能适应顾城那样的非同常人，也恰恰是谢烨这样的非同常人，让她的死也那样的非同常人（倘若谢烨稍稍有点世俗心，她早就该躲顾城远远的）。

英儿跟着在岛上认识的约翰私奔离开激流岛是对此前自己两段情感枷锁的解套，她以为她和约翰逃到了澳大利亚并正式结婚就可以一切重新开始，过上正常生活，但是，命运给她下了魔咒，她遇到的千年不遇的疯狂天才顾城用杀妻自缢的极端方式掀起了滔天巨浪，她想沉默，静静地把往事埋在心里直到走入坟墓，但顾城早有准备，临死前一部《英儿》把她赤裸地推到光天化日之下。在《英儿》一书中，她性狂热、善于用色达到目的，贪钱……当然，《英儿》一书也写出了相爱之时的绚美，但终归，英儿是该千夫所指的。直到，我重读了英儿本人"别无选择"地把她的生活公之于众写就的《魂断激流岛》，我相信英儿所述，我的眼泪我的痛哭失声代我做出了决断。

那年，我应邀参加诗刊社刊授学院组织的改稿会，地点在北京八里庄鲁迅文学院。当时我20岁，对诗歌的认识很模糊，属于尚未开窍的那种。那届改稿会有一个议程是，安排诗刊社编辑到鲁迅文学院和我们座谈，当时的主编刘湛秋带来了几个编辑，我只知道里面有个麦琪，短发、圆脸、白净。因为我们那届有个女学员冰晶看来和她关系不错，我看到她跑过去搂着麦琪的脖子说"麦琪，你什么时候给我礼物啊"，年轻的我无端地有一种羡慕。顾城事件后我才知道英儿就是当年我见过的麦琪，连忙找出当年改稿会发给学员的笔记本，上面有学员与老师间、学员与学员间的签名题词。我翻到了麦琪的题词："认识你自己！"恍惚想起她给谁都是这句题词。这是一种题词策略，对刚见面的人，找一句概括一切的话很管用。"认识你自己！"古希腊德尔斐神庙某块石碑上的这句哲理警句被当年的麦琪、后来的英儿写给每个人，也许透露了她内心的惶惑：她无法认识她自己！从她处理自己与刘湛秋、与顾城的感情即可知。

2014年1月8日英儿病逝于悉尼，终年50岁，死神来得太早，令人唏嘘不已。

2016—11—04

书　　名	《文明的碎片》
著(译)者	余秋雨著
版　　别	春风文艺出版社 1994 年

开创了"大文化散文"的风气

　　20 世纪 90 年代,福建有一份刊物《散文天地》,冰心手写的刊名。主编楚楚在每一期最后一页有个创意,邀请五位作家推荐五本散文并提供推荐理由。余秋雨的《文明的碎片》是我当年推荐的五本之一,理由是,可以把余秋雨的文章当作很好的旅游手册。前日重整书橱,又看到余秋雨此著,想起这些年自己已走了若干地方,其中就有余秋雨写过的岳麓书院、山西、东北、西湖,等等,不免想再对照着读读,于是把《文明的碎片》重新翻阅起来。余秋雨的写作开创了"大文化散文"的风气,每写一地,就把与此地有关的历史掌故融会贯通,读者读其文也就相当于读了许多文,这种手法时至今日我依然认为值得提倡。对余氏散文,蔡其矫先生如是说,"他把抒情叙事的散文发展为文化散文,他广博的知识正是当代文化人的楷模"。蔡其矫进而从余氏散文比及诗歌创作,提出,"与其写那些不痛不痒的抒情诗,不如在诗中灌输一些历史、地理、文化素养来得有益于人",并尝试着用"大文化诗歌"的思维创作了《郑和航海》《丝路》,因不曾读过,不知效果如何。这几年余秋雨热已消,余秋雨在《苏东坡突围》一文中有言,"起哄式的传扬,转化为起哄式的贬损",此话用在他身上也很适合。细数一下,我读过的余氏著作有《艺术创造工程》《文化苦旅》《文明的碎片》《千年一叹》,从余氏著作里获得许多知识,我觉得余秋雨对他笔下的人文风景地的普及推广是有功的。

2017-1-26

书　　名	《被骨头知道》
著(译)者	鲁亢著
版　　别	阳光出版社 2015 年

雅者读懂其雅，俗者读亦懂其雅

　　《被骨头知道》这本书是"中国诗人随笔系列·福建卷"的一本，这个系列总共有五本，另外四本为：安琪的《女性主义者笔记》、何奕敏的《去远方寻找自己》、老皮的《知天命》、深蓝的《在春天或者在梦里》。

　　鲁亢此书刻在我心里的是他"日漂"期间的那几篇以及写父亲的这篇《被骨头知道》，重翻此书想起为什么我会被鲁亢打动，一是同"漂"的共鸣。20 世纪 90 年代初，福建许多青年纷纷以各种原因赴日，我的一个大学同学大学刚毕业就"日漂"了。估摸赴日理由，或者求学，或者淘金。我估摸鲁亢和我的大学同学一样，都为淘金。求学的一般回来后都会到大学任教，我身边也有这么几位。淘金的回来后就自谋职业，我大学同学即如此。作为同样有"漂"体验的人（我今日还是北漂），读鲁亢这部分随笔，那种茫然、那种恍惚、那种心悸、那种惶惶不可终日、那种碎影般的回望、那种无人怜悯的自找苦吃感、那种窥见异域文明的新异……啊太多复杂涌至笔端！读之不免勾起我的新叹旧愁。

　　本书第 2 部分的 4 篇文章都与父亲有关。《被骨头知道》从父亲临终前写起，面对呼吸机上的父亲，儿子开始点滴记录父亲一生的光荣与沮丧，作为革命队伍中成功的一员，父亲的一生足够光荣，但作为一个热爱文字并且乐于被文字的颓废浸泡着的儿子的父亲，父亲又是沮丧的，他扭转不来儿子的青春、规定不了儿子成长的路径。现在父亲行将离世，儿子在父亲的病床前依旧不想妥协于父亲，他知道，他和父亲有着"生命价值上的不同"。

　　就我所接触的福建作家，鲁亢之博闻强记让我极为佩服，我感觉没有鲁亢没读过的书。鲁亢的创作领域遍及诗、小说、散文，前两种文体鲁亢走的是语言奇崛之路，读之如进入迷宫云里雾里，我时常建议他要从语言的险峰上稍稍往下走，至少让大学中文系毕业的读者看得懂你啊（以我为例，我就进不了亢兄诗作）。这本《被骨头知道》，鲁亢展示了他雅俗共赏的语言绝技，雅者读懂其雅，俗者读亦懂其雅，所谓"正正好"。

凭记忆写此读书记，但愿对得起当时阅读的喜悦。

2017-12-4

书　　名	《诗歌风赏》2017 年第一期
著(译)者	娜仁琪琪格主编
版　　别	长江文艺出版社 2017 年

静悄悄地把事做成并且做得如此漂亮

用了几天时间断断续续把这期《诗歌风赏》读完，总第 15 期了，2013 年创刊至今，娜仁琪琪格一期一期扎实推进着这份中国当代诗坛唯一以期刊形式公开出版的女性诗歌读本，已走到第 5 个年头。作为她相隔仅十分钟路程的朋友，我见证了娜仁琪琪格以一己之力编辑 15 期刊物的奇迹——通常这种情况只发生在民间诗刊，并且这样的民间诗刊一年也只出一期，而《诗歌风赏》却是有书号并且一年要出版 4 期的公开出版物，工作量之大可以想象。但娜仁琪琪格就是有本事不声不响，不抱怨不喊累，静悄悄地把事做成并且做得如此漂亮，实在让人惊叹她瘦弱身躯的能量。随着《诗歌风赏》影响的日渐增大，许多后续活动也陆续跟了上来，譬如，已办了两届的"女子诗会"。我参加了在阿尔山举办的第一届，开幕式上娜仁琪琪格脱口而出不看稿讲出了一篇文章的能力、娜仁琪琪格在每一个景点挂牌"女子诗歌创作基地"的创意，无不让我打心眼儿里佩服她的才气、想象力和行动力。这么多年正是这么多优秀的同行姐妹激励着我，让我不敢偷懒，不敢懈怠。

本期精选了朦胧诗至"90后"155位女诗人的代表作，时间跨度大、容量多，作为"70后"诗人，我注意到娜仁琪琪格对"70后"女诗人群体的把握非常到位，收入本书的"70后"女诗人诗作的心灵冲击力相较其他几个代际群体似乎更大。每一期的卷首语都是一篇美文，崇尚古典、热爱自然的娜仁琪琪格喜欢娓娓道来她对河流、山川、花草……的感受，读她的卷首语，心也随之安静。我和娜仁琪琪格的文学营养来自东西方两种不同的阅读体系，读娜仁琪琪格的文字对欠缺东方思维的我恰好是一种补课，总能有所受益。

近几年我对中国当代女诗人的了解多半从《诗歌风赏》获得，感谢娜仁琪琪格，祝福你！

2017-4-17

书　名	《诗人往事》
著(译)者	张后著
版　别	时代文艺出版社 2015 年

每个人都不是独立的一座岛

《诗人往事》是一本访谈录，张后用了三四年时间完成。他这个访谈做得很细，先是题目细，每个题目几乎都是张后对被访者的个人见地的表述，再是回答细，张后要求被访者尽己所能答得越多越好，他甚至要求被访者把这个访谈做到两万字。当年我情绪一直处于低谷，这个访谈拖了一年，其间我跟张后说过，能不能不做了，张后很坚持地说不行，也很有耐心地说等我。我于是一个问题一个问题很艰难地回答了。其实我挺怕做访谈的，访谈这东西大都涉及往事，回忆往事总是伤筋动脑有时还得翻箱倒柜去寻找旧货，如果往事不开心，岂不自寻烦恼。

但今天，当我回忆张后逼我做这个访谈时我是愉快的，这个访谈让我得到六篇文章，它们的总题为《女性主义者笔记》，话说张后要求我们长篇大论回答问题，这就为每个问题的单独成篇打下基础，后来我就是这样把回答张后的访谈逐题拎出放上一个标题，就是一篇文章了。感谢张后。

约翰·堂恩有言，每个人都不是独立的一座岛。每个诗人肯定也不是独立的一个人，每个诗人的成长必定伴随着许多师友的成长，因此，这19篇访谈涉及的诗人非常之多，从这个角度看，它又是一部小小的诗歌史。

现在搜索我脑中对这部书印象最深的部分，当是郭力家用东北话写的几首诗，和与王小妮、徐敬亚、吕贵品有关的故事，当时是边看边笑，萌生对郭力家其人很大的好奇。第二是李小洛，原先只觉得李小洛命好，在诗歌之路上真的好顺利，读了访谈，知道李小洛也不是寻常女子，人家有家学的，其外婆出生大户人家，外婆的父亲是那个年代的大学生，李小洛整个家族的演变与时代的变化息息相关，也是曲折复杂的。其他我就不一一回味了。有兴趣的朋友可以百度拙文《每个人都不是独立的个体——读张后〈诗人往事〉札记》一文，有更详尽的介绍。

一句话，张后做了一件好事，一件大事。谢谢他！

2016-9-8

书　　名	《身边的江湖》
著(译)者	郑世平（土家野夫）著
版　　别	广东人民出版社 2015 年

在狂飙盲进的岁月里逆向而行

　　读完《身边的江湖》不免掩卷长思，竟不知如何下笔推介。2010 年 5 月机缘巧合，我读到了野夫在台湾出版的随笔集《江上的母亲》，遂将野夫牢牢记住。其实早在 2003 年我就知道野夫，那年 6 月，我经诗人中岛介绍到第三代诗人张小波的"共和联动"图书公司担任图书编辑，见到了许多日后方知他们不同凡响的人物，譬如徐晓、譬如野夫。那时的野夫只是以出版社编辑的身份为我所记忆，并不知他有如此卓绝的一面。我对野夫生佩服之心完全来自《江上的母亲》一书，经由此书，我知道了野夫的父系家族和母系家族的遭际。他写掌瓢黎爷、他记遗民老谭、他叙乱世游击表哥、他叹罗小毛绑缚刑场的青春、他悲因情自杀的乡下妹子、他描摹刻画酷客李斯、他深情作序为散材毛喻原、他感慨京门黄珂流水席、他沿途记录香格里拉点滴……每一个不似红尘中人、不与现实妥协的人都在他的笔下得到鲜明的立此存照，因为他相信，"个体的生活史自古便是国家叙事不可或缺的构件"。野夫，1962 年出生于湖北恩施利川县，才气、胆气、豪气兼具，又有一颗柔软的慈悲心，先后就读于恩施民族学院和武汉大学，做过书商，也写过剧本，始终在"狂飙盲进的岁月里逆向而行"。

2016-11-05

书　　名	《2015—2016 中国新诗年鉴》
著(译)者	杨克主编
版　　别	金城出版社 2017 年

"艺术上，我们秉承真正的永恒的民间立场"

　　每年岁末，就是各种版本的年选上市之际，哪家出版社由哪位选家编选也都相对固定，以至于诗人们心中都有一本明晰的账。

　　但在 1998 年，当杨克从广州向诗坛抛出一本《1998 中国新诗年鉴》并在封面上印上这么一行广告语，"艺术上我们秉承，真正的永恒的民间立场"时，诗人们并不知道，原来诗歌也可以用"年鉴"的方式来选编。在已出版的 13 本"年鉴"中，我唯一没入选的就是 1998 那本，恰恰是那本，引发了诗界著名的"盘峰论战"，"民间写作"称谓之"民间"正是来源于"年鉴"上那句广告语，那句广告语也成为杨克版年鉴雷打不动的口号，尽管入选作者已几经变化。

　　杨克版年鉴最大的特点是第一卷，"年度推荐"，这一卷基本由当时最年轻的一代诗写者占据，我第一次上"年鉴"就在这一卷，时为 1999 年。诗歌界更新好快，1998 年还是"60 后"，20 年后，今年年鉴的"年度推荐"已到"90 后"甚至"00 后"了。年鉴的第二个特点是对理论板块的重视，今年的理论文章还不是很多，但也收进了 9 篇。

　　理论板块中我注意到张清华和孟繁华两位批评家合著的《第三代以后历史如何延续》一文，本文有一个副标题，"关于'70 后'诗歌的一个粗略扫描"，我知道这是两位批评家主编的一套"70 后"诗丛的总序，本文的前半部分，身为第三代批评家的张清华教授回顾了第三代"揭竿而起"的历史，然后以"第三代以后历史如何延续？"另起一段，自问后自答，"这是'70 后'必须回答的问题"，由此导入本书后半部分，对入选诗丛的"70 后"诗人的评述。事实上，在第三代和"70后"之间尚有一批生于 20 世纪 60 年代但因种种原因（或年龄太小尚未写诗，或未曾收到"两报大展"的邀请函）没有参加第三代诗歌运动的优秀诗人，他们便是 2001 年黄礼孩和我编选的"中间代诗人诗作展"之"中间代"。中间代确实是太过安静的一群人，看看同样收入本年鉴的徐敬亚的文章《"'86'诗歌大展"十年后说》，徐教授如数家珍般细数第三代的发生发展暨 20 周年纪念、25 周年纪念、30 周年纪念，并在文章最后一段大胆做了一个预测："也许 15 年后，这种煞有介事的纪念，念念有词地数到 45 的时候，最后一个 20 世纪 60 年代出生的第三代诗人也将解甲归田……那时候，谁来陪你们玩呢？"不错，第三代是最爱玩也最会玩的一代，但我想，当他们解甲归田不玩的时候，沉潜写作中的中间代们，早已个个都是自己写作向度的一代宗师了。

2017-9-26

书　　名	《北京法源寺》
著(译)者	李敖著
版　　别	中国友谊出版社 2004 年

沉郁的英雄气

第一次去北京法源寺就觉得这里有着与其他寺庙不同的气息：清幽、阴冷、凛冽，有着一种死亡的凉意，站久了，竟然想要落泪。我很纳闷，按理寺庙应该给人安宁祥和之感才对，可为什么在这里却反而有种明显的寒冷和不安？

因为不爱查找资料，我并未对法源寺进行深入追踪。在我看来，到一个地方旅游，如果仅仅依凭资料介绍，则它并不是自己的真实感受。而那种一游完某地即赶紧上网把资料东拼西凑敷衍成文的方式，更不是我想要的。我希望能在一个景点把自己参与进去的想法使我的写作处在被动的等待中。

直到李敖的《北京法源寺》出现，我知道，我找到了切入北京法源寺的点。

在写此文之前，我想先写写李敖经由《北京法源寺》一书给我留下的强烈印象，那就是，李敖真不是个浪得虚名的人。在书中，李敖以北京法源寺为核心点，让袁崇焕、佘姓家人、康有为、谭嗣同、梁启超等人物在此出场，并通过他们的口阐述了作者自己对历史人物历史事件的思考。是的，李敖迫不及待地在书中把自己的观点哲理地阐述出来。他像在劝慰自己、鼓励自己、安抚自己，李敖一生猖狂，骂过人、坐过牢，却到老依旧保持着藐视天下的勇气。也许有凡俗如我辈者，会把李敖归入匹夫之勇，甚至小人之心地认为李敖成名的方式不过如此。那么我要说，看看《北京法源寺》，你就会知道李敖为什么会如此目中无物了。

李敖在《北京法源寺》的行文慷慨而不失从容、雄辩而不失理性，这真令人刮目。就我读过的文章而言，大陆的余秋雨与其有相似之处，但余文总有按捺不住的自炫，李文则无此陋习。李敖在《北京法源寺》里传递给我们更多的是沉郁的英雄之气和壮志未酬身先死的质疑和自我解惑。

经由李敖《北京法源寺》，我知道了该寺本来就不是一座单纯用来求神拜佛的所在。它始建于唐朝，初名悯忠寺，是唐太宗李世民为哀悼北征辽东的阵亡将士而建的。唐太宗以此寄托自己决策失误而给将士们造成生命损失的哀思。可以说，这座寺庙的兴建一开始就与死亡有关。

事情的发展正是如此，大家都知道宋钦宗赵桓被金兵俘虏北上，却不一定知道宋钦宗被囚地就是北京法源寺。至于宋朝遗臣谢枋得抗元失败被俘，关押地方也是北京法源寺，他绝食而亡也在此处。

经由李敖的《北京法源寺》，我们还知道，明朝大将袁崇焕蒙冤受剐致死后，遗体曾被忠义的佘姓家人偷偷运到北京法源寺停灵做简单的法事。

同样经由李敖的《北京法源寺》，我们还知道，清末谭嗣同和梁启超曾在此邂逅并一见如故相谈投契。以后，两人随同康有为积极参与百日维新，直到变法失败，谭嗣同从容选择就义。

一部文学作品的价值往往比枯燥的旅游资料告诉我们更多东西，这就是文学不死的明证，李敖的《北京法源寺》再次印证了这一点。

2007-7-21，初稿，2018-3-18，修订

书　　名	《文学行为论》
著(译)者	马大康著
版　　别	中国社会科学出版社 2017 年

从"文学活动论"到"文学行为论"

《文学行为论》从《庄子·秋水》"濠梁论辩"入手，提出了两种迥然不同的看待世界的方式：庄子式的直觉体验和惠子式的逻辑推理，前者从鱼的悠然自在中体会到鱼的快乐，后者则以客观的眼光反驳：你又不是鱼，怎么知道鱼的快乐？作者进而提出了两个概念：言语行为和行为语言。跟随着作者的阐述，我们明白了"相对于言语行为，人的行为语言要更为古老，它深深植根于人的身体和心灵，成为人最基本的能力，人须臾不能离开行为语言"，人是先有行为语言，再有言语行为，而"文学写作就是一个运用言语行为给行为语言记忆重新赋形的过程"，在这个过程中，作家除了从文学经典中习得文学语言外，更要注意语言的创新，要善于从日常话语中汲取营养，保持自己对行为语言记忆的召唤能力。作者已经注意到了当代"口语诗"告别书写文化惯例，回归大众、回归民间、回归日常生活的努力。

本书第二章《社会规约：文学的结构性要素》是第一章《行为语言与文学创造》的延伸，因为"行为"作为"语言"是社会共享的，必须遵从"社会规约"。本章立足社会学、历史学、人类学的交叉视角，将社会规约作为文学的结构性要素来探讨，指出，我们称赞某个人物个性鲜明，就是因为这个人物在某一方面的行为已经"逼近规约的极限，甚至挑战了规约"，我觉得这个发现特别重要，它为读者归纳出了古今中外优秀小说家在塑造人物方面的成功之处，也为热爱写作的文学爱好者指明了写作方向。除了人物，语言、结构上是否也可以逼近规约的极限，甚至挑战规约，自然也是可以的。作为一个资深文学理论家，本书作者不会忘记以一部又一部经典作品为范例来陈述他的理论发现，《西游记》《水浒传》《红楼梦》《红字》《复活》《阿Q正传》《竹林的故事》……每个人物的出场都带着作者分析的烙印和言之有据的陈述。

本书第七章《文化诗学·行为结构·历史化》以童庆炳先生提出的"文化诗学构想"为理论框架,继续向前推进,亦即从构想到行为,把文学视为一种独特的话语行为进行深入把握和探视。作者清醒地思考了"言语行为是意识形态斗争的重要场域",并进而分析了后殖民文学作家所面对的宗主国设立的教育体系所推行的语言范式对地方的、本土的语言的贬低和重塑。这个思考,对每一位作家都不无警醒意义。

从"文学活动论"到"文学行为论",作者拓宽了语言的疆域,认识到行为语言的不可或缺性,明确了人与世界的关系:把世界结构化,并进而把握世界。

马大康,温州大学人文学院教授,中国文艺理论学会常务理事。其父马骅,著名诗人、学者,"又名莫洛,夫妇战时在大后方办左翼文学刊物"。其女马小予,作家、画家。文学世家,可谓温州望族。

2018-4-6

书　　名	《赶尸:不仅仅是传说》
著(译)者	梁波、李苑著
版　　别	作家出版社 2009 年

探秘赶尸

我没想到,文天祥也没想到,他的《正气歌》会成为湘西赶尸人的法诀,"天地有正气,杂然赋流形。下则为河岳,上则为日星。于人曰浩然,沛乎塞苍冥……"好长的一首诗如果用含混的湘音喃喃念诵,外地人哪里听得出是文天祥的,幸好我读了梁波、李苑的《赶尸：不仅仅是传说》，我把这秘密写出来，你读了我的"读书记"，也便知道了赶尸人驱赶尸体的符咒原来来自《正气歌》。

湘西赶尸，诡异传奇，遗憾的是，至今也只能是传奇了，本书写到有一个叫燕垒生的研究者亲临湘西考证赶尸，结果大失所望，湘西赶尸早在"文革"前就已经消失了，如今只是一个历史名词。我想就是没有消失，依凭今日触角伸向每座山、每道河流的便捷的交通，赶尸人活在今天哪里讨得到生意？

无论如何，梁波、李苑这两位湘西作家抓住这个题材大作文章，读此书可了解赶尸的源起，赶尸的工具，以及如何赶尸，赶尸的注意事项等，作者显然深信有赶尸一事，尽管他们并未见过赶尸。这世界能见到赶尸的也没几个，一来赶尸人都在深夜赶尸，二来赶尸人走的都是荒野小径，三来赶尸人会打锣吆喝生人回避，四来生人听到锣声都自觉回避，因为遇到赶尸不吉利，五来，除了赶尸人和死者家属，谁也不愿传播赶尸这事，赶尸人是不让人知道自己赶尸的，不然别想娶妻生子。

是不是应该赶紧抢救赶紧列入非遗呢？

2018-4-3

书　　　名	《唱吧，悲伤》
著(译)者	蓝蓝著
版　　　别	江苏凤凰文艺出版社 2017 年

乡村性和大地性

《唱吧，悲伤》这本诗集是我特意网购的，此前黄礼孩曾寄来过蓝蓝获《诗歌与人》国际诗歌奖的获奖专辑，但因搬家过频，书籍大都散佚，那本《蓝蓝诗选》

也不例外。说起来对蓝蓝的阅读都是零星的、随机的，刊物看到了就读一读，微信上看到了也读一读，就此前所读到的蓝蓝的诗作，印象无疑很好。每一个时代都会有自己的代表女诗人，朦胧诗自然是舒婷，第三代为翟永明，中间代目前看来就是蓝蓝，一个人能成为自己所置身其中的诗歌时代的代表，是各种因素的合力，作品本身、群体推举、社会效应，等等，最终约定俗成。蓝蓝的诗作音质雄浑、底蕴沉郁、题材博大，我最佩服的是蓝蓝关注现实的能力，她写过一些社会题材，譬如溃坝、譬如教育等，这些都是我还没有能力处理的。蓝蓝的诗歌来处和我完全不同，她是俄罗斯风格，我是欧美风格。欧美以语言的陌生化取胜，俄罗斯则以雄厚的历史感打动人，在中国语境里，俄罗斯风更接近大众的审美趣味。

《唱吧，悲伤》以时间为顺序，收入蓝蓝 1983 年—2014 年长达 31 年的诗作近 200 首，可以说大部分诗作我是第一次读到。本书定为"抒情诗集"，语言表达上确实是抒情式的，对我这种诗歌起步接受的即是欧美变形、破碎、裂变、意识流语言风格的人来讲，要被逻辑顺序清晰的抒情语言震到还真不容易，这也是我对本部诗集部分诗作不满足的地方——过于顺溜的语言造成的阅读疲劳（时至今日，那些在语言上标新立异的诗作总是能第一时间抓住我的心，我也一直在反思自己的阅读趣味是否出现问题）。蓝蓝诗作的第二个特点是它的乡村性和大地性，植物是她诗中的常客。悠久的农耕文明依旧是中国社会的本性，与此有关的书写无论在文学的哪个门类依旧是主角，依旧能引发共鸣和认同，但也因此造成工业文明和现代性在当下文学领域的缺席。

2017-6-21

书　　名	《海男诗画集》
著(译)者	海男著
版　　别	云南人民出版社 2017 年

一个内心异常繁茂的人

　　我特意称了一下，《海男诗画集》有 5 斤重。这样一本 27.5cm×40cm、重达 5 斤的铜版纸诗画册被从遥远的彩云之南带回北京显然是因为它物超所值。它由三部分构成：海男的画、名家评说海男（栗宪庭、叶永青、丹增、朱朱、王祥福、陈晓明、黄礼孩、胡彦、杨杨、蔡晓龄、冯楚、黄玲、陈川）、海男诗文。第一部分我已有幸见过原件，2017 年 6 月 24 日下午，云南省图书馆海男油画展开幕式上众人流连于两个展厅之间，为满目妖娆绽放的海男画作所魅惑的场景我还记得。时常听人说，看画要看原作，对比画册，果然，原画的面积、原画原料的凸凹感，画册上体现不出，是为遗憾。第二部分我在 2017 年 6 月 23 日北京飞昆明的航班延误时在 T3 机航站楼抢先在"非鸟雅书"微信平台上逐一读完，对海男的文学、绘画及为人有了通盘的了解，此前海男的形象在我心里一直很模糊，坊间极少有与之有关的文章。我千里迢迢带回海男这部沉甸甸的诗画册，为的就是里面的诗文。海男的文体能力十分全面，没有她不曾尝试过的文体。即使同一种文体，海男也决不单一地使用同一种语言表达。这是一个内心异常繁茂的人，她已用语言搭建出一座又一座情感花园、情感迷宫、情感金字塔，它们，足以构成她避世的理由，让她安静地栖居于此。这是我读《海男诗画集》诗文的感受。

2017-7-12

书　　名	《写碑之心》
著(译)者	陈先发著
版　　别	长江文艺出版社 2011 年

汉风之美

晚唐诗人陆龟蒙在《野庙碑并诗》开篇即说"碑者，悲也"，意为"碑，是用来寄托哀思的"，把陆龟蒙的话拿来做陈先发的长诗《写碑之心》的读解开篇也是适宜的，诗中所示，诗人之父 2009 年 8 月 7 日离世，诗人此诗既是祭父，也是诗人之思的文本自白。思，思念，思想，思辨。中国人一向有树碑立传的情结，所谓"建永世之业，流金石之功"，那是雄才伟略之人理所当然的结果，他们的碑更多地由血缘以外的文人墨客去书写铭刻。平头百姓如我等众生，活着为先人立碑，死了被子孙立碑，生生世世，代代相传。碑是一个证据，给予人的肉身灰飞烟灭之后一个物质性和精神性兼具的永恒想象。碑也是一个形而上的他信，当一个个风景名胜被陈述以碑文，观者知道，风景也可以被碑化。而诸多名人分散各地的衣冠冢之碑文注释，直接投射给观者一个"象征的寓意有时反而大于主体本身的寓意"的感慨及领悟。

诗集《写碑之心》收入陈先发短诗百余首及长诗若干，容量大，知识密度也大。其中的《写碑之心》是陈先发继《白头与过往》《你们，街道》《姚鼐》《口腔医院》之后的第五首长诗，它继承了此前四首长诗中往事之追溯、故土之记录、中年之惊觉、时代之印证等命题，而搜入了亲人之离散的感事伤怀，一开始就具有了因阴阳两隔而导致的"存在在何处"的逼问。诗人再一次和家族的命运，和不能更改的父亲所处的环境交会、遇合并剧烈碰撞，并在碰撞中深感个体之卑微无力，对此诗我曾有文《作为长子的诗人接受生命教育的最后一课》，此处不赘述。

我想说的是诗集《写碑之心》的短诗部分，《丹青见》《前世》《鱼篓令》《黄河史》等早已是陈氏名篇，此次重读还是心生喜悦，我感到我身上传统的血液在复活，在汩汩流动，在探起头来与我的眼睛一起盯视着陈先发的诗句，每个中国人都会像我一样沉浸于陈先发这些散发着汉风之美的诗句，此处的"美"不能做狭义的理解，它是"美学"之"美"；此处的"风"从"诗经"时代吹来，一路辗转三千年。世纪之初，汉语之"风"遭到西方之"风"的强劲搅和，遂成"不是西风压倒东风，就是东风压倒西风"之势，如今，秉持"本土性"的徽籍诗人陈先发似乎想以最基本也是最可靠的东方文化立场，创造出东方人自己的现代性，经由诗集《写碑之心》，可以确认，他已经成为自己的父亲，而大大小小跟随、模仿陈先发的诗人，则让他成为他们的父亲。

2016-10-10

书　　名	《世界比想象的要突然一些》
著(译)者	巴客著
版　　别	海峡书局 2014 年

语言派诗学

　　终于还是留下 30 页没有读完，但我想，我应该是读巴客诗最多的人之二了（之一就是作者本人）。就连本书，即《世界比想象的要突然一些》序言作者朱必圣我都敢打赌，他并未读完全书，也许连二分之一都没读完，为什么？因为巴客的诗就像世界上最精美的食材烹制出的菜肴，吃一盘香喷喷，两盘喷喷香，三盘喷香喷，四盘，就真的吃不下了，口味一样的。我不知道这是表扬巴客还是批评巴客，随你想吧。

　　巴客的诗又像一屋子珍珠，你一推开门，满屋子珍珠，随便拿一颗都晃你眼，丢进珍珠丛里就被珍珠们淹没了。不错，我要说的是巴客的诗歌语言，每一句都漂亮极了，随便翻开抽取某句，"黑暗中，血液里有疾风吹过"，"先知有着先知的眼神"，"修女脱下身上的马匹"……哪一句都让你惊叹，当巴客让他的每首诗的每一句都让你惊叹时，事实上他已把自己摆在马戏团表演者的位置而非诗人的位置。小时候我有过看马戏团表演的经历，尤其空中飞人，你真的担心他会掉下来摔死，当然他终究不会掉下来摔死。巴客亦是如此。你看久了，知道马戏团表演者不会摔死，你也就麻木了，巴克的诗不幸亦是如此，你知道他在语言的钢丝上翻筋斗、自得其乐，你喝几声彩、鼓几下掌也就放下巴客，跑去看其他项目了。巴客的写作还不能称为"超现实主义"写作，他的词与词的搭配、句与句的组合并非反语法反常规反逻辑（超现实主义是可以把几十个词随意丢在罐子里再采用抓阄方式把抓到的词组合起来的），巴客的写作应该是语言派诗学"重视被创造出来的奇特语言的诗歌"的一种，他只负责呈现语言的快感而非语言的意义。巴客甚至比机器人小冰更熟练掌握诗写的技巧，写作对他而言已是惯性，他可以顺手在键盘上敲打出任何一首诗只要你给他一个题目。这是我阅读巴客此著后对巴客写作的想象。

2008 年 7 月某日，在北京街头偶遇巴客（其时，林茶居做东宴请巴客毕，二人步出餐馆正好被我撞上，要没有林茶居我也不认识巴客），算来也已十年。对巴客诗作的评判恰好体现了我诗学观念的转向，如果说十年前我会为巴客语言自身的超常所迷醉，则现在我更想读到的是语言所指向的社会真实，或巴客你的生活真实。曾在微信上读到洪子诚教授的一篇文章，大意是，有两种诗歌写作，一种是你读完后对作者依旧一无所知，一种是，你读完后，作者的喜怒哀乐都呈现于你的面前。洪教授说，他越来越倾向于后者的阅读。我亦如是。

2018-3-13

书　　名	《郑愁予的诗》
著(译)者	郑愁予著
版　　别	江苏凤凰文艺出版社 2016 年

雅，抒情

2016 年 10 月 25 日 11 :00—13 :50，厦航 MF8101 航班，63A 靠窗的座位上，一中年妇女手捧一本粉红封面的书读得起劲，那就是我和《郑愁予的诗》。

借鼓浪屿国际诗歌节郑愁予先生亲临现场之便，厦门诗人颜非接受台湾诗人颜艾琳的建议预先在微信上建了一个《郑愁予的诗》订购群（最初颜艾琳建议我做此事但我因当日正欲从北京飞厦门，有诸多不便，遂谢绝），我也订购了一本，所有订购的人都能得到郑老签名。

郑老是 10 月 23 日深夜到达鼓浪屿的，据说郑老此次大陆行马不停蹄走了几个城市，真正让我既惊且羡。我也是一个爱到处走的人，但似郑老这般一个城市接一个城市再接一个城市又接一个城市地走我是不敢的，身体吃不消。台湾前行代诗人譬如洛夫、余光中、管管，等等，21 世纪以来成为大陆各种诗歌活动的明星，他们高寿、健康、声名卓著，所到之处无不受到尊崇，郑老自然也不例外。

此次参加鼓浪屿国际诗歌节我特意带了 12 本《海峡瞭望》，我在这个杂志开设《台湾诗人推介》专栏到今年 12 月已开设了 4 年零 1 月，撰写了 49 位台湾诗人。因杂志方没有寄给被写的台湾诗人，于是每逢有见到台湾诗人的机会我都会委托他们带回台湾分发给大家。此次鼓浪屿国际诗歌节台湾来了 6 位诗人，其中 4 位我恰好写过，趁便就把刊物给了他们（余下的就委托诗人方群，感谢他慨然应允），这里面就有郑老。

我把刊物给郑老时介绍了刊物的情况，郑老微笑着接受了，我小心翼翼地询问能否请郑老拿着《海峡瞭望》让我拍个照，因为该刊责编鲁亢希望在封二封三刊登，郑老也很乐意地遵从了。现在我看着《郑愁予的诗》扉页郑老的签名："安琪！郑愁予 2016.10.24"，想起郑老写下"安琪"时很满意地说，"这两字写得好"。

当晚的闭幕式晚会上，郑老一口气朗诵了三首诗并演唱根据他的诗作《偈》谱曲的歌，音质浑厚，动听。印象更深的还是郑老朗诵的诗作中有一首在创作上颇有特色，即诗中某一行是音乐旋律，郑老朗诵到此句时就"多雷米法索拉希"唱了起来，这种写法我第一次见到，所以默记于心。台湾诗人朗诵都有很大方的表演性，管管、颜艾琳，如是。郑老虽是此次诗会的重量级嘉宾，但大家体谅老人家年高体弱，不敢围观骚扰，且郑老也似神龙见首不见尾，并不容易遇到。

话说在返京的飞机上我读完了《郑愁予的诗》，最大的感触是郑老的古典修为，整部诗集充溢着浓浓的古典气息，字词句的选用和搭配营造出的意境，让我恍然在读一部古书。我纳闷耶鲁大学教授郑愁予先生身在西方为何没有受到西风熏陶，其诗中把触不到现代派的冲击力，此疑问希望能有机会再见到先生时当面请教。我最喜欢的自然还是他已经并且必将千古流传的《错误》，"哒哒的马蹄"已然成为中国知识分子耳熟能详的成语，以至于一写马蹄必是"哒哒"。

2016年10月26日下午，我到北京师范大学参加"跨越语言的诗意：2016中外诗人对话百年新诗与互译"时和诗人树才谈到了阅读《郑愁予的诗》的感受，树才给出了他读郑老诗歌感悟到的两个关键词：雅，抒情。

2016-10-27

书　　名	《批评的准备》
著(译)者	张定浩著
版　　别	北岳文艺出版社 2015 年

"一种认真、诚实、有力的'写作'"

张定浩的《批评的准备》入选 2015 年度《羊城晚报》"年度花地文学版"评论类书籍"十佳",提名评委之一吴子林应《羊城晚报》"花地"版编辑之约为此书撰写百字点评,吴子林对本书认真细致的阅读有书上画线批注为证。

我对张定浩名字的第一次听说来自欧阳江河与西川的对话,记不得在哪次聚会中,听到欧阳江河问西川是否读过张定浩批评他的专著《大河拐大弯》的文章,西川答读过,两人只是淡淡地把这个话题扫了一下,未深入下去,也未见西川有激烈的情绪。我因此记住了张定浩这个名字。此番因为吴子林读《批评的准备》,我也拿来翻阅了一下,就看到张定浩题为《拐了弯的诗人》的批评西川《大河拐大弯》的文章,我读了一下,主要还是诗人思维和学者思维的不同所致,比如,西川认为"唐代没有出过一个像样的思想家",张定浩就会搬出思想家张三李四来反驳。喜欢极端和以偏概全的诗人思维在强调论据缜密、无一处无来历的学者思维面前是很容易被揪住辫子的,这是我对二者关系的理解。或者说,诗人善于大胆假设,学者则要小心论证。

2016 年 9 月 11—17 日,我在上海大学"第二届中国网络诗人高级研修班"学习期间,有幸听过张定浩老师授课,他授课的题目是《智者与歌手:诗人的两个面向》,记忆比较深的是他谈到诗人不仅要读诗歌作品,也要多读读批评家论述相关诗歌作品的文章,他们会帮助你多角度理解原诗,他自己是很喜欢不同批评家解读同一首诗的文章,这让他在比较中尝到了阅读的快乐。张定浩授课不是满堂灌,两个小时的课程他讲了半小时就结束,然后要学生提问他来解答。我心里咯噔一下生怕同学们无人响应导致冷场,作为二高班当天在现场的唯一一位"副班长"（另两位班长有事请假）我只好先站起来提问，提问前我说，张老师的授课是孔子式的授课，是苏格拉底式的授课，采用的是面对面交流的方式，希望大家想好问题踊跃提问，我先问第一个。张老师解答完我的问题后同学们攒足了问题把剩下的一个半小时塞得满满，使这堂课变得如此出彩。

阅读完《批评的准备》后，吴子林认为，张定浩"不是那种生产过剩的、正确的'废话'的'职业批评'，而是一种认真、诚实、有力的'写作'"。

2016–10–30

书　　名	《一个人的战争》
著(译)者	林白著
版　　别	北京十月文艺出版社 2004 年

女性自身的战争

2004 年 2 月我到诗人叶匡政的"合德堂"图书公司上班时，公司正在做的一本书就是林白的《一个人的战争》，叶匡政立志要让这本书与众不同，于是创意十足地挑选了中国新文人画代表画家李津的百余幅画作穿插其间，这些画作不单纯作为插画存在，而是和林白小说有着想象性的关联，本书因此变成了"文 = 图 = 书"的形式，按叶匡政的说法就是，"一种共生状态的再创作"，并美其名曰"新视像读本"（我应叶匡政之约参与了这个命名）。

于是，我们看到的就是这样一部连作者林白都感叹的书，"除了惊喜，这本新版书的设计还使我陆续想到以下的词：邪魅、诱人、色情、诡异、佻挞、怪诞、轻微的怅惘、淡淡的神秘，如在现实之外，却在生活之中。无数多面的女人，说不上是盛开还是凋谢，愤怒还是哀愁"（《写在前面的话》）。

林白对这部书在设计上的感叹用在读者对林白这部书的阅读感叹也是完全适用的。《一个人的战争》通过一个 20 世纪 60 年代出生的女性多米在经历了饥饿的童年、身体意识初萌的少年、被禁止的青年之后随着"文革"的结束而有幸走上知识女性的生活路程，呈现了一个女性完整的成长史。林白的"这一个"因其经验的丰富玄妙和叙述语言的超然宁静所构成的艺术上的卓越和人物形象的独特，已成为文学史上不可回避的典型。林白也因此成为文学史上的"这一个"。

美国哥伦比亚大学教授王德威先生在评价林白《一个人的战争》中有一个类比很有意思，他说，1958 年，中国青年女作家杨沫写了长篇小说《青春之歌》，叙述了少女林道静成长的坎坷遭遇，这部小说唤起了一代共和国人的浪漫情操。林道静从小我走向大我的革命女子形象，成为了鲜明的典型。今天，当一代新女性读着《青春之歌》成长起来之后，却在不断的追寻中发现自我身体的要素、精神的要素，开创了属于自己的全新的写作领域：私语化写作。林白即为其中的代表性人物。

这大概就是历史的悖论或曰复杂性。如果说中国女性的书写史，从杨沫到林白，其间隔着的是一部书的距离，那么从萧红到林白，隔着的就是一具躯体的距离。那具躯体就是生命本身。换个方式表达就是，林白和萧红是不同年代生命大致相同的转换形态。无论杨沫还是萧红，还是今天的林白，她们都是女性成长的各个侧面。而中国女性在知识大背景下所生成的不同时代的面目，也正体现了女性自身的隐秘、彻底和不可思议。

从这个意义上说，《一个人的战争》是所有女性自身的战争，只要女性存在一天，一个人的战争就会继续下去。而几乎一切关于女性的东西还有待女性自身来完成：女性的经验和极致……

因为参与编辑此书，我和林白见了几次面，并送她我的诗集《像杜拉斯一样生活》，之后我和同事华海玲到林白位于东四的家约请她到网易"名人坊"做访谈时，林白拿出了我的诗集说，她很喜欢我的诗，并且翻开那些折页——凡喜欢的诗作她就做了折页，她说，你就是陈仲义先生推崇过的那个安琪？我说是的。林白翻到《西安》一诗说，"多好，这句，'死去的长安不会知道，它还魂的名字叫西安'"。后来我和林白在微博上相遇，她告诉我她从北京到武汉工作时随身携带的几本不多的书里就有我的诗集《像杜拉斯一样生活》。

2004 年初稿。2016-11-30 修改。

书　　名	《长达半天的欢乐》
著(译)者	春树著
版　　别	世界知识出版社 2004 年

我们曾经或正在拥有的年轻的味道

在福建时我就知道北京娃娃春树，知道这位"残酷青春"旗号下的年轻少女高二退学，然后上网，然后写诗写小说。和韩寒一样，春树几成叛逆的代名词，他们迷惘，他们探寻，他们撕裂他们被撕裂，一句话，他们是常规概念下的反常规一族。

无论如何我们必须承认这样一群人的存在，一个时代总会有一些不想按照既定道路走的人，他们天生敏感，天生具有冲击力爆发力。像三毛，像海子，大抵就属于此类。接受他们也许比批判他们更体现了一个社会的宽容度和文明度。一个有趣的事实是，这样一群人往往有他们非一般的艺术潜质和表现力，也因此具备了彰显自身的某种优势和可能。我至今依然记得当春树在新世纪突然现身网络时，她的颖悟和语言锐性强烈地吸引了我，也吸引了所有对诗歌有感觉的人。之后，她便接二连三地出手一批又一批浸透青春的痛楚、欣喜、迟疑和顽强的诗篇，并以此被诗界接受和认同。有个性的诗人总会受到诗歌的欢迎与鼓励的，这是春树给我的阅读体会。

到北京后，我在两个场合与春树相遇，一次是北大未名诗歌节。那时我们都是特约嘉宾和朗诵者。我记得春树上去朗诵了一首在立交桥看到乞丐的诗，她散漫的形态和声音有一种懒洋洋的洒脱。我看着台上这个消瘦的少女，看着她下台后的沉默，隐约感到她确实有她的魅力。第二次恰好也在一次诗歌朗诵会上，这是由沈浩波牵头组织的在海淀图书城举办的名为《睁开眼睛》的朗诵会，其成员以民间写作群体为主。春树那天榜上有名，但因为去得晚了没有上台，倒是我朗诵了被他们开玩笑说是下半身写作的《学爱情》和《命名的必要》。两次朗诵会我和春树都没有谈话，但彼此是知道对方的。

又过了几天，我看到了春树新近出版的长篇自传体小说《长达半天的欢乐》，这部版式前卫、图文并茂的小说给了我全新的认识春树的视角。它叙述了一个少女在石家庄，在武汉，在天津，在各个不同地方漂泊寻找的过程，充斥其间的思考告诉我们这不是一部颓废之作，它所流露出的对"麻木"的反省，对曾经"坍塌"的重塑，无不令我们感慨，这一个14岁的叛逆女生，终于走出了忧郁和战栗的阴影，来到了欢乐中。

正如文中她的一首诗所表述的：洗掉文身 / 你就是一个干干净净的人 / 我的脑子被灌了水 / 保持距离以策安全。

有一种约定俗成的说法是，凡诗人改行写小说的总是会有很多出人意料的语言奇迹显现，《长达半天的欢乐》再次印证了这一观点。我相信任何一个对语言有感觉的人都会喜欢这样的句子"还有我蓝色的眼影，也紧紧地贴住皮肤"。《长达半天的欢乐》是用漂亮语言成就的一个人的青春，是我们曾经或正在拥有的年轻的味道。

2004-5-20 初稿，2016-11-30 修改。

书　　名	《大学生诗歌家谱》
著(译)者	姜红伟编著
版　　别	广东人民出版社 2017 年

这价值甚至大于诗人个体的创作

断断续续读完姜红伟编著的《大学生诗歌家谱》，觉得有话要说。这本书我是自己买的，虽然收有我的一篇文章我还是很自觉地自己购买，必须以此向姜红伟表达敬意。我根据《寻找诗歌史上的失踪者——20世纪80年代校园诗歌运动备忘录》出版于2008年约略判断，姜红伟是在2006年—2007年突然冒了出来，并矢志不移执着于80年代校园诗歌运动的挖掘、考古以及呈现工作。

诚如我在收入《大学生诗歌家谱》一书中的短文《我的大学写作》所言，在没有网络、通讯极为不便的20世纪80年代中期，我在地处偏远的漳州师范学院读书，与外界接触几乎为零，只在学校里参与校刊和班刊的编辑工作，对现今一说起必冠之以"轰轰烈烈"并"伟大"的20世纪80年代诗歌运动一无所知，如今一读《大学生诗歌家谱》诸位诗人的回忆文章，算是乘着文字的列车，回了一趟80年代。

本书有一个主题，"《飞天·大学生诗苑》创办史（1981–2014）"，现今"中国诗坛的绝对中流砥柱"（潘洗尘语）许多都曾在这个栏目刊登过作品，而且都是在他们的大学时代刊登的，这个栏目成为他们诗歌起步的第一推助力而铭刻进他们的诗歌生命中。每个人都饱含深情地写到这么一个人：张书坤。因此这本书也可以视为由姜红伟策划并约稿的、中国当下众多优秀诗人共同为"大家的张老师"（伊沙语）撰写的一部人物传记，没有一个编辑享有张书坤先生的荣耀。因为"再不可能有这样的编辑了：他用工整的字迹、宽容和鼓励的态度，回复每一位年轻的投稿者，让他们的忐忑和迷茫变为信心与鼓舞，喜悦与成功"。

近几年，我越来越认识到姜红伟工作的价值之所在，这价值甚至大于诗人个体的创作。姜红伟做的是一种史料的搜集和整理工作，迄今他目标明确，选定的主题是"80年代大学生诗歌运动"，为此他已投入十年的精力，当他如数家珍从1977级到1989级一个一个点出每个诗人的名字及他们当时所就读的学校时，当他一篇一篇列出每个诗人当时所成立的诗社、所写出的代表作时，你就会为他的钻研劲肃然起敬。和诗歌创作单纯依靠自身即可完成不同，姜红伟的工作必须来自众人对资料的提供，来自众人愿意配合他的创意约稿，为此他肯定要几次三番地联络、催稿。我就曾好几次被姜红伟要求提供某人的联系电话、微信等，在我不理解他的工作时我有过不耐烦，现在我告诉自己，要尽力配合姜红伟，因为他不是为自己做事，他是为诗歌、为历史做事。

我也曾经想过，与其状态消退磕磕碰碰地写诗，还不如像姜红伟这样扎扎实实抓一个主题做建设性的情景再现工作。想归想，知道自己没有这个毅力和恒心。近期，姜红伟又转向寻找海子散佚诗篇的寻找工作并且已见成效，所撰写的万字长文被《花城》刊用。今年 10 月在阿右旗，燎原老师也说到姜红伟所挖掘的海子散佚诗作连他也没读过。当众多诗人的诗留不下，人也留不下，但姜红伟苦心编撰的 80 年代诗歌运动史留下了，姜红伟留下了。一定是这样。

2017-12-3

书　　名	《中国新诗百年大典》(总 30 卷)
著(译)者	洪子诚、程光炜主编
版　　别	长江文艺出版社 2013 年

热爱诗歌的、研究诗歌的都应备一套

《中国新诗百年大典》这套书是我家迄今卷数最多的一套，一栏书柜都放不下。个人以为热爱诗歌的、研究诗歌的都应备一套。这套书对我帮助最大的是收入台湾诗人的那三卷，2012 年 12 月应《海峡瞭望》编辑鲁亢之约开始在该刊开设《台湾诗人推介》专栏，迄今已撰写 47 位，大部分诗歌资料来源于这三卷。"大典"依照时间顺序从百年新诗发端期胡适前辈开始，到最年轻的生于 1987 年的荣荣，时间跨度近百年。每卷收入诗人十几位，每位诗人收入 20 余首诗作，相对能呈现一个诗人的写作水准。我的计划是一本一本读下来，虽然尚未完成计划，但也已读了几本，前十卷收入的诗人许多已故去，他们的诗作若非专事诗歌研究之人轻易也读不到，因此更显珍贵。记忆比较深的是第二卷冰心前辈的一首，诗题《我劝你》，苦口婆心既劝且讽，煞是有趣，所劝讽的对象读者自是心中有数。每次因写作需要我就会去书架上翻找"大典"，它确实已成为我的工具书了。

2016-9-10

书　　名	《那些年我们读过的诗》
著(译)者	邱华栋主编，周瑟瑟编选
版　　别	人民日报出版社 2016 年

"从经典中选经典"

  2015 年 10 月 31 日，我在作家邱华栋诗集《光谱》读者分享会上认识了编辑陈红，邱华栋是这样介绍她的：人民日报出版社中小学生读物编辑中心主任，策划出版了许多有影响的书。陈红年纪不大，气质沉稳，那天她身着淡蓝色羊毛针织套头衫辅之以深蓝色筒裙，很有职业女性范儿。我送了陈红一本《极地之境》，陈红回赠我她策划出版的《成长，请带上这本书》，说此书销量颇佳，她拟继续策划推出《那些年我们读过的诗》。现在，这本陈红口中的"书"已变成实体结结实实摆放在我的书桌上，这里面除了有陈红的策划力，更有主编邱华栋、编选周瑟瑟对诗歌的精准把握和高效的执行力。

  2016 年 9 月 24 日，《那些年我们读过的诗》新书发布朗诵会在北京大学英杰交流中心阳光厅举行，发布会还创新了一个"致敬诗人"环节，诗人翟永明、欧阳江河、西川当选"致敬诗人"。此后，《那些年我们读过的诗》便开始在中国传媒大学、中国农业大学等首都各高校巡回朗诵，种种迹象表明，陈红正把她推广诗歌到社会各阶层的活动付诸实践。手头的这本《那些年我们读过的诗》精装 32 开、白色封面，简约、干净，分"中国卷"和"国际卷"，共收入中外诗人 82 位，近百首诗作，每一位作者均有照片和简介，每一首诗均有简短导读并有可供扫描的二维码，扫描后便可听到名家、主播对本诗的诵读。诗人吉狄马加在题为《诗歌的生命比青铜更为永久》的序言中称本部诗选"时间跨度大"，是"从经典中选经典"。

  作为一个资深的诗歌写作者，本书的大部分诗作自然都是我耳熟能详的，我想，本书的意义更重要在于，提供给普通诗歌爱好者一个了解中外经典诗歌的普及读本。收入本书的中国卷诗人截止于第三代，按策划人陈红的说法，不排除今后继续编选第二辑、第三辑的可能。

2016-12-2

书　名	《春秋来信》
著(译)者	张枣著
版　别	北京十月文艺出版社 2017 年

"这是接近大诗人的大诗人"

"只要想起一生中后悔的事／梅花便落了下来"，"后悔的事"与"梅花"有何必然联系？没有。但诗人张枣说有，便有了。这就是强力诗人的创造力，他们可以指认物与物的关系，可以改变一个约定俗成的词汇的词性，好比张若虚"春江花月夜"，不相干的五个字被强行组合，成了一个常用词语，仿佛早已有之。强力诗人自己也不一定知道自己之强，据柏桦文中得悉，张枣写《镜中》时并无把握此诗的好坏，他随意丢弃此诗于一地诗稿中，恰好被来访的好友柏桦读到，柏桦当即赞叹此诗。事实证明柏桦所赞所叹不虚，中国当代诗人谁人不知此诗，谁人不会背诵这两句？

"只要想起一生中后悔的事／梅花便落满了南山"，短短 12 行诗，便有语意相近的四句放置于起始，中间八句则是梦境一样的游离，独坐的女子脑电波的流转，仿佛到前世走了一遭，游泳、登梯、骑马、遇到皇帝，然后又回坐到窗前。读者对此诗的共鸣来自心中的古典情结，中国读书人再西化，骨子里也流淌着传统的血，总能心领神会于古意悠然的词句，譬如，梅花、皇帝、南山，如果把"梅花"

换成"玫瑰",这首诗便露出洋味,其古典气息便大打折扣。

青年学者胡亮在《窥豹录》"张枣篇"言及张枣,"既有对元典的运用之妙,亦有对汉语的运用之妙,其结果,是从'旧'里挤出了锱铢必较的'真先锋'"。胡亮要我"放慢读"张枣,因为,"这是接近大诗人的大诗人"。

读《春秋来信》,能读到敏感得神经质的张枣,这点他和早期的柏桦相似。但在语言表达上,张枣绵软而粘,柏桦猛烈而脆,张枣中国,柏桦西化,张枣写的洋人莫妮卡、卡夫卡、茨维塔耶娃,也是柔肠百结的旧式中国文人的婉转哀诉,柏桦写清朝,也剪掉了长辫子而露出坚硬的短发。张枣是阴柔的,早期的柏桦是阳刚的(后期的柏桦也转阴柔)。

记不得有没有见过张枣,仅从照片,张枣的前后期相貌差别很大,年轻时俊朗忧郁,中年则臃肿邋遢,让人吃惊。从资料获悉,张枣创作量极少且大都在青年时期便已完成,整本《春秋来信》收入张枣诗作63首,有若干长诗,这便是张枣的全部诗作?答案确乎是。

"他留存下来的诗作如此之少……但仅凭一本薄薄的《春秋来信》足以展露他卓越的诗歌天赋",宋琳在题为《精灵的名字》的后记中写道。第三代诗人群体,男张枣、女陆忆敏,都是以少少许胜多多许的典范。除了他们自身的优秀,有一群同样优秀的朋友发现了他们、认可了他们并不余遗力推举他们,这也是张陆二人迅速经典化的重要原因。

对量少的大诗人,我总有一些些不服气。

2018-1-4

书　　名	《长亭听云》
著(译)者	杨匡汉著
版　　别	陕西人民教育出版社 2017 年

建设中国新诗理论

杨匡汉先生入选《当代新诗话》的专著《长亭听云》给我的是理论的进益，杨先生认为，"20 世纪以来中国新诗理论的发展比较缓慢，建树尚属薄弱。新诗在我国的发生和发展，主要是受西方（包括西欧、北美、俄罗斯）18—19 世纪的浪漫主义和批判现实主义艺术理论的影响，加上部分诗人吸收过现代主义象征派、意象派的诗学主张，但他们似乎没有更充裕的时间将这些主张加以'归化'，形成'中西合璧'、独具东方色彩的现代诗学"，因此他在本书里做的就是一种建设中国新诗理论的工作，仅以"诗话段语"的方式便能让读者读到杨先生深厚的学养和诗思英华。在"思维空间"一章里，杨先生提醒我们注意两个信息流：具象产生的可感性信息流和意蕴所散发的启迪性信息流。在"意以象立"一章，我获悉西方一个叫卫律的编选有中国古典诗选《中国诗 170 首》，要是有人能把这 170 首古典诗再回译成现代汉语诗就好了。在"美之高蹈"一章，杨先生比较了中西方对诗美的理解，指出，"为诗之难，难于以崇高的审美意识对客体的把握"。在"侜谬语言"一章，杨先生开篇即引用俄罗斯谚语"语言不是蜜，却可以黏住一切"，如何"黏"，杨先生主倡"侜谬"，如何"侜谬"，请看本章分解。

本书第六章"长亭谢师"捕捉与珍藏了杨先生与冰心、艾青、郭小川、冯牧、臧克家、朱光潜、钱锺书、吴世昌、卞之琳、季羡林、萧乾、唐弢、袁可嘉、牛汉、曹辛之等"诸位先生学脉心传的涓滴剪影，虽重思致，但饱蘸浓情，情真意远"。这一部分的写作笔触温柔，篇幅短，入口小，却因为每人只记录一二事或几句话，给读者留下的印象反而更深了。此章最令人难忘的是杨先生记录下的诸位前贤的只言片语，譬如郭小川的"不让我拿笔，我还握过枪。一旦风云有变，我还能跟毛主席上山打游击",譬如臧克家的"我是一个两面派,新诗旧诗我都爱",譬如钱锺书的"人谓我狂,我实狷者"。

2018-2-11

书　　名	《民国诗论精选》
著(译)者	肖向云编
版　　别	西泠印社出版社 2013 年

民国文学大家们开诗歌课了

"肖向云,这不是浙江诗人胡人吗",浏览书柜,意外看到肖向云编选的《民国诗论精选》,在我家,我负责读书不负责买书,吴子林买了什么书我是不知道的,也因此经常有惊喜。本书手感特好,厚薄适中,内文字体、字号俱佳,有非常内行的版式设计,对我这样经受过张小波"共和联动图书公司"训练过的编辑兼读者,印制粗糙的书很难让我有阅读的兴致。当然本书最值得说道的还是它的内容,这些现代文学史上的名家大家,说起名字个个比亲人还亲,要问他们写过哪些诗论,相信除了诗学教授们心中有数,寻常诗人们脑中想必一片空白。

我觉得必须先把入选本书的 28 位现代文学中人罗列一下,以便你决定买还是不买、读还是不读,括号文字为我的即兴发挥:胡适(永远绕不过的新诗第一人,我们都走在胡老师开创的新诗路上)、俞平伯(我心中的两个关键词:桨声灯影里的秦淮河、《红楼梦》,却没有与诗有关的,这回算补课)、康白情(收入本书的诗论题为《新诗短论》其实好长,差不多是本书最长的)、叶圣陶(知道他是作家、教育家,和其子叶至善、其孙叶兆言并称中国现当代文学"三叶",类比"三曹""三苏"）、徐志摩（诗歌圈和娱乐圈的双圈明星，收入本书的《坏诗、假诗、形似诗》很有见地，只要诗歌存在一天，这三种诗就死不了，如何鉴别，徐志摩告诉你）、饶孟侃（了解饶老师不多，简介说是新月派诗人）、周作人（只读过他的译著，他的专著倒还没完整读过，记一笔）、刘大白（浙江绍兴人，顺带说一句，本书收入许多浙江人，不知是因为现代文学史浙江人多，还是编选者毕业于浙江大学）、陈梦家（也是新月派的，陈太太赵萝蕤女士翻译的艾略特《荒原》影响了太多中国当代诗人）、戴望舒（丁香姑娘）、废名（读过废老师《谈新诗》，向卫国兄当年访学北京时借给我的后来我没还）、穆木天（最初是从与杨骚有关的文章中认识穆老师的，穆木天、杨骚、任钧、蒲风等一起创办了中国诗歌会）、金克木（第一反应，火克金）、李长之（第一反应：《鲁迅批判》）、梁宗岱（杨四平教授主编的《大学语文》收有柏桦散文《去见梁宗岱》，我撰写的导读，感谢杨教授、感谢柏桦兄、感谢梁前辈）、沈从文（天才就是，从事什么行业都是那个行业的幸运）、艾青（小学时就听到热爱文学的父亲念叨过艾青，家里有一本小而薄的《一个黑人姑娘在歌唱》）、郭沫若（"世人皆欲杀"呀）、李广田（知道他是因为他与卞之琳、何其芳合称"汉园三诗人"）、张秀中（不认识，汗）、臧克家（唐晓渡有一文回忆《诗刊》，文中对臧克家眼神的描写你只要读过就一定忘不了）、黄药眠（童庆炳老师的授业恩师，北京师范大学文艺学研究中心的祖师爷）、何其芳（《我为少男少女们歌唱》）、闻一多（《最后一次讲演》）、彭燕郊（1999 年 12 月，远人、唐朝晖带我到湖南省博物馆拜访彭燕郊老师，彭老师听说我是福建人特别高兴，因为"我也是福建人"，后来彭老师还来信要我帮忙寻找他的同学，我托莆田朋友查询，无果）、沈宝基（又一不认识，再汗）、阿垅（七月派）、唐湜（九叶派。湜，音同"时"）。

本书江弱水的序、编者的编者弁言及题解，学理亦十分丰饶。

2018-2-14

书　　名	《中国诗歌的脸》第一辑
著(译)者	宋醉发主编
版　　别	中国文化出版社 2008 年

中国当代诗人的集体记忆

大约 2003 年 10 月，我接到了一个电话，电话那头一个浑厚的男声，用略带南方口音的普通话说，他叫宋醉发，福建人，打算拍诗人照片，经朋友引荐想过来拍我。我一听，好啊，福建老乡，自然欢迎，我告诉宋醉发，最好是到我供职的共和联动图书公司来拍，因为这里有好多诗人。

约定的时间到了，宋醉发背着大大的摄影包，风尘仆仆赶了过来，其人浓眉大眼，胡须也密，块头也大，嗓门也高，颇有南人北相之风（老话说，南人北相或北人南相均能成大器，从宋醉发身上此语得到印证）。据宋醉发所言，他是在拍了食指之后萌生拍摄中国诗人的想法，一时间无从下手，就想从福建诗人开始，这就找上了我。其时我刚北漂至京，有着对未来的茫然与恐慌，这些，在他的镜头里被毫不客气地捕捉住，我疲惫、恍惚的脸在《最后的晚餐》画作下一览无遗，那是宋醉发为我布置的场景。他先是透过翻开的书页抓了我一张正在电脑前工作的镜头，然后环顾公司，一眼盯住会议室那张《最后的晚餐》要我坐在画下，并且要我眼睛望向左边的远方，这一望，我的镜片反光出一片白茫茫更增添了画面的不确定性。这两张照片宋醉发很满意，我则是心情复杂，每当看到它们，初到北京的种种辛酸便在心里搅动。

话说那天宋醉发到共和联动除了拍我，还拍了当时到公司帮助我编辑《中间代诗全集》的格式，以及我当时的老板、诗人张小波，连同公司总编辑、诗人宋强，多年后宋醉发在他的拍摄手记中如此回顾，"我知道，宋强、张藏藏（张小波的笔名）、乔边、古清生等在 1996 年合作出版过一本名为《中国可以说不——冷战后时代的政治与情感抉择》的畅销书，首版发行 5 万册，只用了 20 多天就加印再版，吸引了世界各大媒体的关注和报道，先后被译成多国文字。20 世纪 80 年代，张小波与福建诗人宋琳等在上海读大学期间，是第一代上海'城市诗人'的代表人物。可惜的是，20 世纪 90 年代以来很难再看到他新写的诗。他不再写诗了吗？碰杯之际，我递出这个问题，他淡淡一笑，说，先喝酒，以后再谈诗"。感谢醉发鲜活的文字记录下当时这一幕，这回答确实很张小波！午餐之后我自告奋勇联系了北大教授臧棣并当场与臧大教授取得联系，臧教授说欢迎，此后我就看到那张臧教授坐在满地金黄银杏叶中的绚丽影像。再后来，我就看到越来越多的中国诗人进入到宋醉发的镜头里，以至于诗人不进入宋醉发的镜头都感到遗憾之至了。

十三年来，宋醉发奔走于大江南北，持续不断的拍摄使他成为见过最多中国诗人的摄影家，这期间他多次举办"中国诗歌的脸"专题摄影展，出版了《中国诗歌的脸》（第一辑）摄影集，现在，第二辑正在紧张的出版进程中。这是宋醉发一个人的诗歌记忆，也必将是中国当代诗人的集体记忆！

2016-11-27

后记

快递小哥拿走了出版协议后我开始无所事事地喜悦，微醉的感觉，脸上带着傻笑，心里却很清醒。我牢牢地记得那一天，我开始第一篇读书记的2016年9月7日，此前读到过的邱华栋博客上几百条读书手记，和吴子林时常在我耳边念叨的"读书要记笔记，不然等于没读"，等等，均在那天发酵成一种写作的冲动，我开始了读书记的写作。这一写便不曾停下。

读书一直就有，偶尔也写写读后感，但似这般为写读书记而读还真没有。每次我把读书记发到微信上，总引来许多朋友跟帖交流他们的体会，慢慢地，我的微信就成为了这本书的"研讨会"。有时我这边刚发布读书记，那边便有朋友私信我他们下单的截图，他们信任我的推荐，第一时间购买了该书。我喜欢这样的互动，也因此有了一份责任，便不能胡乱写，以免误导他人。微信的"现场感"激发我写读书记的热情，几天不发布一篇就觉得让朋友们白等了。这是一种积极的心理暗示，也是当今发达的媒介之于一个人的正面价值。

我开始有意识地拓宽阅读视野，确保能全方位、多维度地满足不同口味的朋友们的阅读期待。我是一个读者，而我的读书记在想象中也有许多不同的读者，我自觉地充当起书的媒介，自认为有义务把好书引荐给他人。这样的一种感觉促使我不断加快阅读速度，不断加快更新读书记的速度。很多人问我为什么书读得这么快，答，很简单，读书记写了一篇就会想再有一篇，自然就读得快了。很多人说，你写读书记是不是很轻松？答，不轻松，几百字的读书记也是一只小麻雀，也有五脏，我用两天读一本书，却要用半天写一篇几百字的读书记。坚持，会变成一种习惯。我想，从今以后，无论读什么书我都会写读书记，看到它的篇目在增长，我就有一种成就感。

有时你只是想走路锻炼身体，可路却把你带到意想不到的丰收之地。我永远感谢《海峡都市报》的宋晖，《富阳日报》的蒋立波，《珠江商报》的朱佳发，《星火》

的范晓波,《福建文学》的小山、陈美者,《闽南风》的何也,《海峡瞭望》的鲁亢,《西海都市报》的郭建强, 谢谢你们用专栏或 6 ~ 11 则刊用的方式, 鼓励一个诗人成为一个热爱写读书记的人。

　　谢谢邱华栋兄慨然应允为本书作序, 谢谢张清华、李少君、汪剑钊、敬文东、师力斌、吴子林等诸位师友为本书撰写推荐语, 谢谢玄武兄在云南个旧采风时抓拍的封面照。读书、写读书记是一辈子的事, 本书的出版只是开始, 不是结束。

安琪

2018-4-28, 北京, 不厌居